Ursula Bertram (Hg.)

KUNST FÖRDERT WIRTSCHAFT
Zur Innovationskraft des künstlerischen Denkens

Mit Beiträgen von

Francis Alÿs, Ursula Bertram, Maria Eichhorn, Eckard Foltin, Simon Grand, Andreas Gursky, Reinhild Hoffmann, Gerald Hüther, Jean-Baptiste Joly, Gerhard Kilger, Thomas Locher, Gerald Nestler/Sylvia Eckermann, Julian Nida-Rümelin, Werner Preißing, Mika Rottenberg, Albert Schmitt, Santiago Sierra, Metin Tolan, Timm Ulrichs, Peter Weibel, Helga Weiß, Erwin Wurm

Publikation im Anschluss an das Symposium »Kunst fördert Wirtschaft« vom 21. und 22. November 2010, veranstaltet von der Technischen Universität Dortmund / [ID]factory, der DASA Dortmund und dem BfI, Mainz

Ursula Bertram (Hg.)

KUNST FÖRDERT WIRTSCHAFT

Zur Innovationskraft
des künstlerischen Denkens

[transcript]

INHALTS-
VERZEICHNIS

INHALTSVERZEICHNIS

Ursula Gather
9 **GRUSSWORT I**

Oliver Scheytt
11 **GRUSSWORT II**

Ursula Bertram
21 **STATT VORWORT: THE MISSING LINK**

Francis Alÿs
29 **WHEN FAITH MOVES MOUNTAINS**

Ursula Bertram
33 **EIN MUSTER FÜR DIE ZUKUNFT**

Ursula Bertram
45 **TEXTPERFORMANCE**

Maria Eichhorn
51 **AKTIENGESELLSCHAFT**

Gerhard Kilger
55 **GESTALTUNG VON LEBEN UND ARBEIT**

Ein Gespräch mit Albert Schmitt
71 **DAS 5-SEKUNDEN-MODELL**

Timm Ulrichs
81 **WOLF IM SCHAFSPELZ – SCHAF IM WOLFSPELZ**

Simon Grand
87 **ZUKUNFT GESTALTEN**

Metin Tolan
105 **NON-LINEARE WISSENSCHAFT MIT JAMES BOND**

Erwin Wurm
115 **CARRYING EDELBERT KÖB**

Ein Gespräch mit Peter Weibel
119 **DIE ERBEN LEONARDO DA VINCIS**

Reinhild Hoffmann
127 **BEGRENZUNG**

INHALTSVERZEICHNIS

Ein Gespräch mit Gerald Hüther
141 **POTENTIALE ENTWICKELN**

Sylvia Eckermann und Gerald Nestler
149 **THE TREND IS YOUR FRIEND!**

Eckard Foltin
161 **WIE WERDEN WIR IN 2030 LEBEN?**

Thomas Locher
173 **#8 / #11 / #12**

Ein Gespräch mit Jean-Baptiste Joly
179 **EINE ZEIT OHNE EIGENSCHAFTEN**

Werner Preißing
189 **VISUAL THINKING**

Santiago Sierra
211 **250 CM LINE TATTOOED ON SIX PAID PEOPLE**

Julian Nida-Rümelin
215 **MODERNE KUNST ALS PARADIGMA WIRTSCHAFTLICHER INNOVATION**

Andreas Gursky
225 **CHICAGO BOARD OF TRADE II**

Best Practice I
229 **SCHNITTSTELLE WIRTSCHAFT**

Best Practice II
233 **HELGA WEISS: ABENTEUER KULTUR**

Mika Rottenberg
241 **SQUEEZE**

244 **RESOLUTION**

253 **BIOGRAFIEN**

259 **BILDNACHWEISE**

262 **IMPRESSUM**

THERE IS NO DOUBT AT ALL THAT CREATIVITY IS GOING TO BE THE MOST IMPORTANT ECONOMIC DRIVER OF THE FUTURE.

Edward de Bono

Sehr geehrte Damen und Herren,

ein herzliches Willkommen zum Symposium »Kunst fördert Wirtschaft«. Ich freue mich besonders, dass ich Herrn Prof. Scheytt begrüßen darf, genauso wie Frau Prof. Bertram als Organisatorin des Symposiums und Herrn Prof. Kilger, unseren Gastgeber.

Vielleicht ist Ihnen bei der Lektüre des Faltblatts zu dieser Veranstaltung ein Satz aufgefallen. Es heißt dort sinngemäß, die Verbindung von wissenschaftlichem und künstlerischem Denken bietet eine neue Perspektive, die ein Exzenter für die Forschung sein kann. Einen Exzenter kennt man vielleicht eher von alten Dampfmaschinen, wo sie manchmal sichtbar außen an den Rädern sitzen. Der Brockhaus verrät: Ein Exzenter »[...] ist eine runde Scheibe, die sich exzentrisch, d.h. nicht in ihrem Mittelpunkte, um eine Achse dreht.« Deshalb kann diese Konstruktion eine Drehbewegung in eine Längsbewegung umwandeln und umgekehrt.

Erst die Tatsache, dass die Achse abseits vom Zentrum liegt, ermöglicht also eine Bewegung nach vorne. Ich finde dieses Prinzip passt sehr gut zum Ansatz und ist quasi das Motto dieses Symposiums heute. Das Adjektiv exzentrisch erklärt es vielleicht noch besser: Man weicht von der Norm, der Mitte, ab, wählt eine andere Denkweise – einen anderen Dreh, wenn man so will –, um vorwärtszukommen. Nun, Künstler zeichnen sich dadurch aus, dass sie abseits der gängigen, geradlinigen Vorstellungen denken und so Neues, Unerwartetes schaffen.

In der Wissenschaft und auch in der Wirtschaft hingegen steht ein Ziel im Vordergrund, auf dieses Ergebnis wird auf möglichst direktem Weg hingearbeitet, Umwege werden als zeitaufwändig und teuer betrachtet. Doch genau diese Umwege können auch der Ursprung von Neuem sein, neuen Ideen, Erfindungen, Innovationen.

Deshalb bin ich sehr froh, dass die TU Dortmund an einer so spannenden Veranstaltung beteiligt ist, die sich genau mit diesen Umwegen und den Möglichkeiten, die sich aus ihnen ergeben, beschäftigt. Auch an der TU versuchen wir, sooft es geht, Grenzen zu überschreiten. Das zeigt sich in unserer Forschung, in der viele Fächer oder Fakultäten an gemeinsamen Projekten arbeiten.

In der Konzeption unserer Studiengänge, in der in vielen Bereichen Studierende verschiedener Fachrichtungen gemeinsam lernen. Und man sieht es auch schon in dem einzigartigen Ensemble unserer Fakultäten. Da wären die Natur- und Ingenieurwissenschaften, aber auch Gesellschafts- und Kulturwissenschaften. Letztere haben in gewisser Weise die Aufgabe, den Wandel durch Technik in der Kultur zu begleiten, aber – wie wir heute und morgen erfahren werden – sie können diesen Wandel auch mit vorantreiben.

Eine ganz besondere Stellung nimmt dabei die [ID]factory ein. Dieses Denklabor gibt es mittlerweile seit drei Jahren, es ist an Prof. Ursula Bertrams Lehrstuhl Plastik und Interdisziplinäres Arbeiten der TU angebunden. Ziel des Labors ist es, das künstlerische Denken auch in andere Felder zu übertragen, die TU Dortmund will so neue Wege beschreiten.

Sicher ist, dass uns heute und morgen spannende Vorträge von renommierten Referenten aus verschiedensten Disziplinen erwarten. Alle Namen zu nennen würde meine Redezeit sprengen, aber so viel sei gesagt: Die Vortragenden sind Menschen, die als Querdenker bekannt sind, die zwischen Fächern keine unüberwindbaren Grenzen sehen und Kreativität keinesfalls nur in der Kunst verankern.

Ich bin auch schon sehr gespannt auf das Buch, das zum Symposium herausgegeben wird. Unter dem Titel »Innovation, wie geht das?«[1] definieren Wissenschaftler aus zehn verschiedenen Fachgebieten, was für sie Innovation bedeutet.

Dass all dies entstehen wird, dafür sage ich vielen Dank an Prof. Ursula Bertram und dem [ID]factory-Team, die auch das Symposium organisiert haben. Ebenso geht ein Dankeschön an das Büro für Innovationsforschung und Dr. Werner Preißing, an das Groenemeyer Institut und die RUHR.2010, die allesamt diese Veranstaltung unterstützen. Wir danken außerdem dem Leiter der Kulturredaktion des Südwestdeutschen Rundfunks, Herrn Thomas Koch, der sich bereit erklärt hat, die Moderation zu übernehmen. Und last but not least vielen Dank für die Unterstützung an Herrn Prof. Kilger, dem Hausherren der DASA. Auch dafür, dass er uns diesen wundervollen Veranstaltungsort zur Verfügung gestellt hat.

Ich wünsche Ihnen allen zwei wundervoll inspirierende Tage, auf denen Sie die gewöhnlichen Pfade des Denkens mehr als einmal verlassen!

Prof. Dr. Ursula Gather
Rektorin der Technischen Universität Dortmund

---

1 | Bertram, Ursula (Hg.): Innovation – wie geht das?, Dortmunder Schriften zur Kunst, Studien zur Kunst in außerkünstlerischen Feldern, Bd. 1, BoD, Norderstedt 2010.

**Sehr geehrte Frau Professorin Dr. Gather,
sehr geehrte Damen und Herren,**

Sie alle kennen den Ausdruck »brotlose Kunst«. Der Bankier Salomon Heine, der zu den reichsten Männern Europas zählte, schüttelte über seinen dichtenden Verwandten Heinrich Heine den Kopf und merkte an: »Wenn mein Neffe hätte gelernt machen Geschäfte, hätte er nicht gebraucht schreiben Gedichte.«

Kunst und Kultur müssen (zuweilen) bis heute betteln gehen – bei der öffentlichen Hand, bei Sponsoren aus der Wirtschaft und bei privaten Mäzenen. In Zukunft wird der Kultursektor sogar noch stärker auf privatwirtschaftliche Zuwendungen angewiesen sein. So beträgt der Anteil der kommunalen Haushalte für Kultur in Nordrhein-Westfalen lediglich drei bis fünf Prozent. Und allerorts drohen durch Nothaushalte weitere Kürzungen. Hier geht es nicht um die Aussicht auf Butter, sondern um den Bestandserhalt des blanken Brotes – besser bekannt als kulturelle Grundversorgung.

Unter diesen Gesichtspunkten darf die Frage erlaubt sein: Wie kommt man überhaupt auf die Idee, ein Symposium unter das Thema »Kunst fördert Wirtschaft« zu stellen? Jahrhunderte lang förderte die Wirtschaft im weitesten Sinne doch die Kunst – und nicht umgekehrt. – Diese Einbahnstraße besteht aber vor allem in den Köpfen.

Darum freue ich mich sehr, dass im Rahmen der Kulturhauptstadt Europas RUHR.2010 das Symposium »Kunst fördert Wirtschaft« stattfindet und dass hier in Dortmund renommierte Naturwissenschaftler, Philosophen, Manager sowie bildende und darstellende Künstlerinnen und Künstler zusammenkommen, um kreative Ansätze im interdisziplinären Transfer von Kunst, Wissenschaft und Wirtschaft zu befördern.

So kann die Einbahnstraße in den Köpfen aufgehoben werden. Durch das Querdenken kann sich ein ganzes Wegenetz erschließen: Kunst, Wissenschaft und Wirtschaft kreuzen sich, sie gehen Hand in Hand. Und selbst wenn ihre Fahrtrichtungen vermeintlich entgegengesetzt sein mögen, kommen sie über Umwege oftmals doch zum selben Ziel.

Im Zuge des Strukturwandels im Ruhrgebiet finden Kunst, Kultur und Kreativwirtschaft immer größere Beachtung als regionale Standortfaktoren. Tatsächlich besitzt Kultur im Wettbewerb der Städte und Regionen einen solchen Stellenwert, dass sie kein »harter« oder »weicher«, sondern ein echter Standortfaktor geworden ist. Wir brauchen im Ruhrgebiet und ganz Nordrhein-Westfalen möglichst viele Impulse – nicht nur für die Wirtschaft an sich, sondern auch für die Bürgerschaft, damit sie einsatzfreudig und zu gegebenem Anlass auch risikobereit in die Zukunft blickt.

Oft ist die erste Assoziation bei dem Stichwort Engagement für Kultur: Geld her. Doch der Kunst- und Kultursektor erwirtschaftet auch selbst Gelder, motiviert und inspiriert die Menschen, schafft Angebotszuwachs, Umsatzsteigerung und Arbeitsplätze und sorgt nicht zuletzt für die Ansiedlung von Folgewirtschaft.

Dass Kultur- und Kreativwirtschaft ganz handfeste Standortfaktoren sind, ist nicht erst seit gestern bekannt. Dieses Wissen sollten wir gerade in wirtschaftlichen Krisen nicht verdrängen. Wer Kunst und Kultur als zu vernachlässigende Luxusartikel versteht, hat noch nicht begriffen, dass wir eine globalisierte Wissens- und Dienstleitungsgesellschaft sind. Bildung und Kultur steigern nicht nur die beruflichen und wirtschaftlichen Aussichten. Kulturelle Bildung wird auch darüber entscheiden, ob wir künftig in Frieden und gegenseitiger Akzeptanz miteinander leben.

Darum bin ich überzeugt, dass Wissenschaft und Wirtschaft durch Kunst und Kultur gefördert werden. Kunst und Kultur mögen nicht der Motor für Wissenschaft und Wirtschaft sein, dafür ihr Katalysator: Kunst und Kultur erhöhen die Reaktionsgeschwindigkeit von Wissenschaft und Wirtschaft, ohne dabei selbst verbraucht zu werden. Denn Kunst und Kultur sind erneuerbare und damit unerschöpfliche Energien.

Das Kulturhauptstadtprogramm von RUHR.2010 hat massiv auf diese Energien gesetzt. Zusammen mit dem Kulturwissenschaftlichen Institut Essen hat RUHR.2010 ein Kontaktbüro und ein virtuelles Wissenschaftsportal Kulturhauptstadt 2010 gegründet. Dieser Schulterschluss förderte zahlreiche wissenschaftliche Forschungsarbeiten, Seminare und Vortragsreihen, Projekte und Initiativen rund um die Kultur und RUHR.2010. Ganz aktuell konnten wir beispielsweise die Ergebnisse der Studie »Hochqualifizierte Zuwanderer mit Bezug zum Ruhrgebiet« vorstellen. Die Verfasserin Ulrike Ofner untersucht darin die Erfahrungen, die hochqualifizierte Migrantinnen und Migranten auf dem hiesigen Arbeitsmarkt machen.

Im Themenfeld »Europa bewegen« arbeitete RUHR.2010 auch mit vielen anderen wissenschaftlichen Einrichtungen zusammen und stellte die Frage: Wie sieht unsere Zukunft aus? Die wissenschaftliche Reflexion und der Blick in kommende Jahrzehnte durchzogen das Kulturhauptstadtjahr. Ziel war es, die Möglichkeiten der Kultur als Antriebskraft für die europäische Gesellschaft von morgen zu erkunden und in Strategien umzusetzen. Zu diesen Veranstaltungen zählt auch das Symposium »Kunst fördert Wirtschaft«.

Diese Veranstaltung reiht sich in eine ganze Reihe von Kongressen, Symposien und Akademien ein, in denen es um eine Reflektion der Arbeit in und mit der Kulturmetropole Ruhr geht. Wir sind allen Universitäten dankbar für die großartigen Beiträge zu RUHR.2010. Dazu gehören:

- Die Kongresse Arts for Education!, Global Young Faculty und Our Common Future, in denen RUHR.2010 zusammen mit der Stiftung Mercator die Themenfelder kulturelle Bildung, Globalisierung und generationenübergreifende Zukunftsfragen in den Fokus fachlicher Diskussion stellte.
- Die Frühjahrsakademie diskutierte an den Standorten der Universität Duisburg-Essen in Workshops langfristige Entwicklungsperspektiven für die Metropole Ruhr mit dem Zielhorizont 2030.
- Die Sommerakademie RUHR.2010 führte den Diskurs zum Schwerpunkt »Stellung und Bedeutung des Ruhrgebiets in Europa« interdisziplinär und spartenübergreifend fort mit der Universitätsallianz Metropole Ruhr, Fachhochschulen und außeruniversitären Forschungseinrichtungen des Ruhrgebiets.
- Die Technische Universität Dortmund begleitete das Kulturhauptstadtjahr mit der sozialwissenschaftlichen Begleitstudie »Management Multipler Divergenzen«.
- Zusammen mit der Deutschen Akademie für Städtebau und Landesplanung des Landes Nordrhein-Westfalen formulierte RUHR.2010 in der Charta Ruhr Empfehlungen für eine urbane Metropollandschaft Ruhr.
- Und auf dem Europäischen Zukunftskongress gab die Kulturhauptstadt zusammen mit dem Ministerium für Umwelt und Naturschutz, Landwirtschaft und Verbraucherschutz des Landes Nordrhein-Westfalen Ausblicke in die Zukunft des Emscher Landschaftsparks und eine Positionsbestimmung als Modell für den Wandel einer urbanen Kulturlandschaft.

Ich könnte noch zahlreiche weitere Beispiele nennen für die sich gegenseitig befruchtende Zusammenarbeit von Kunst, Kultur und Wissenschaft im Kulturhauptstadtjahr. Wichtiger als eine bloße Aufzählung ist es mir aber, Ihre Aufmerksamkeit auf einen essentiellen inhaltlichen Schwerpunkt der Kulturhauptstadt zu lenken: auf die kulturelle Bildung.

Die Aufgaben und Ziele kultureller Bildung sind vielfältig. Es geht darum, Menschen in ihrer Persönlichkeitsbildung zu unterstützen. Es geht darum, ihre sozialen, kommunikativen und kreativen Fähigkeiten zu stärken. Damit wird einerseits das kulturelle Erbe unserer Gesellschaft bewahrt, vermittelt und weiterentwickelt. Andererseits können neue künstlerische Wahrnehmungs-, Ausdrucks- und Gestaltungsmöglichkeiten erprobt werden.

So lernen Menschen über kulturelle Bildung eigene ästhetische Qualitätskriterien zu entwickeln. Das ist unabdingbar in einer massenmedial vermittelten Erlebnis- und Konsumgesellschaft. Im Verband mit der interkulturellen Bildung fördert die kulturelle Bildung zudem Integration, gegenseitige Toleranz und damit eine weltoffene Gesellschaft. Fern von Anpassungsqualifikation und reinem Informationsmanagement vermittelt die kulturelle Bildung soziale und kulturelle Kompetenzen; Orientierungs- und Schlüsselkompetenzen, wie sie in den neuen Arbeitswelten gebraucht werden. Je stärker Technik, Naturwissenschaft und Ökonomie das Veränderungstempo unserer Gesellschaft forcieren, desto notwendiger werden die Kultur und Geisteswissenschaften. Auch im Symposium »Kunst fördert Wirtschaft« ist viel die Rede von Querdenken, von non-linearem Denken, von interdisziplinärem Transfer. Kulturelle Bildung bereitet auf solche Techniken vor, weil sie nicht auf eindimensionale Rationalitäts- und Nützlichkeitserwägungen beruht und abzielt.

In zahlreichen Projekten und Veranstaltungen hat RUHR.2010 besonders Kinder und Jugendliche an kulturelle Bildung herangeführt. Durch spezielle Angebote für ältere Menschen, für Menschen mit Migrationshintergrund, für Menschen mit Behinderung und für sozial schwache Menschen sind auch diese Bevölkerungsgruppen erfolgreich mit Kunst, Kultur und kultureller Bildung in Berührung gekommen – teilweise zum ersten Mal in ihrem Leben. Allein diese Tatsache verleiht der Kulturhauptstadt unbezahlbaren Wert. Oder lassen Sie es mich so formulieren: Jeder, der aufhört zu lernen und tätig zu sein, ist alt – egal ob mit 18 oder mit 80 Jahren. Jeder, der weiterlernt und tätig bleibt, ist jung – egal ob mit 18 oder 80 Jahren.

Der Mehrwert von Kultur liegt auf dem praktischen Transfer und den Kooperationen zwischen Kunst, Wissenschaft und Wirtschaft. Lassen Sie mich nun trotzdem auf das Duo Kunst und Wirtschaft zu sprechen kommen.

RUHR.2010 hat als erste Kulturhauptstadt Europas die Kreativwirtschaft zu einem eigenständigen Themenfeld gemacht, um die Einbahnstraße »Wirtschaft fördert Kunst« aufzulösen. Die verschiedenen Branchen der Kreativwirtschaft sind treibende Kräfte gesellschaftlicher, kultureller und sozialer Veränderungen – von Film über Games bis Musik, von Literatur über Design, von den darstellenden Künsten bis zu den freien Kulturszenen. Sie stehen gleichberechtigt im Programm von RUHR.2010 neben der öffentlich finanzierten Kultur.

Zum ersten Mal in der 25-jährigen Geschichte der Kulturhauptstädte wurden die selbständigen Akteure und Urheber zu Hauptstrategen: Die Kreativwirtschaft trat neben klassische Regionalplanung, Tourismusförderung und kulturelle Veranstaltungen.

So unterschiedlich die Branchen der Kreativwirtschaft auch sein mögen; sie teilen doch den Ansatz, dass sie Ideen, Kreativität und immaterielle Kulturgüter zu Produkten und Wirtschaftswerten transformieren. In Deutschland sind hier mehr als eine Million Menschen erwerbstätig; sie produzieren zusammen mehr als 130 Milliarden Euro Jahresumsatz. Die Kreativwirtschaft ist damit eine zentrale Wirtschaftsbranche der entstehenden Wissensgesellschaft. Zudem sind ihre Akteure Impulsgeber und Vorreiter, die Stadterneuerungen einleiten, soziale Integration fördern und Integrationsprozesse unterstützen.

Kreativwirtschaft ist damit in den letzten Jahren ein neuer unverzichtbarer Partner für Politik und Wirtschaft in der Zukunftsgestaltung geworden. Sie schlägt neue Brücken zwischen Politik, Gesellschaft und Ökonomie. Mit dem Fokus auf die Kreativwirtschaft hat RUHR.2010 die Metropole Ruhr in der deutschen und europäischen Politik, aber auch im europäischen Markt der Kultur- und Kreativwirtschaft platziert. So war das 2008 begonnene Projekt Kreativ.Quartiere, das u.a. die Nutzung von Leerständen durch Kreative beinhaltet, im Deutschen Pavillon auf der Weltausstellung Expo Shanghai 2010 zu sehen. Dies zeigt, dass die Kreativ.Quartiere schon jetzt ein Modell für den Erneuerungsimpuls sind, den die Kulturhauptstadt erzeugt hat: Der Verbleib und der Zuzug von Kreativen, Künstlern und Akteuren aus der Kreativwirtschaft sind nachhaltige wirtschaftliche Treiber und Wegbereiter für den Prozess der Erneuerung und die Zukunftsfähigkeit der Metropole Ruhr.

Um die Nachhaltigkeit der kreativwirtschaftlichen Projekte über das Kulturhauptstadtjahr hinaus zu sichern, hat RUHR.2010 das European Centre for Creative Economy – kurz ecce – gegründet. Maßnahmen von ecce – wie z.B. das interaktive Web-TV 2010LAB, die Musikförderung oder die Branchen-Kommissionen – sind dabei dem Ansatz verpflichtet, der schon die Kreativ. Quartiere zum Erfolg geführt hat: Integrative Konzepte zu entwickeln, die Anliegen der Akteure zu ermitteln und dann zu unterstützen. Prozessförderung und Strukturaufbau stehen am Anfang der Gesamtstrategie. Ziele sind die Realisierung einzelner sowie der Aufbau neuer Strukturen und größerer Zukunftschancen.

Durch RUHR.2010 wurde vieles möglich und manches eingeübt. Aber wir stehen erst am Anfang. Darum bildet das Finale des Kulturhauptstadtjahres gleichzeitig den Aufbruch in eine neue Dekade der Metropolenentwicklung unter dem Motto »Wandel durch Kultur«.

Dabei erhoffe ich mir persönlich auch sehr viel von dem Symposium »Kunst fördert Wirtschaft«. Die Veranstaltung wird ja mit einer Resolution enden, die sich im Verlauf des Symposiums an der großen Stahlwand entwickelt. Das verspricht, die Idee der Kulturhauptstadt Europas RUHR.2010 sowie die Vernetzung von Kunst, Wissenschaft und Wirtschaft neu zu positionieren und von der Metropole Ruhr aus ins Land zu tragen.

Martin Luther wird mit folgenden Worten zitiert: »Die Kunst geht jetzt nach Brot, aber das Brot wird ihr wieder nachlaufen und nicht finden.« Das sollten Wirtschaft und Politik bedenken, wenn sie noch in der Vorstellung einer Einbahnstraße von Wirtschaft nach Kunst verhaftet sind.

Ich wünsche Ihnen in den zwei folgenden Tagen viele interessante Vorträge, Diskussionen, Workshops und Vernetzungen. Nehmen Sie sich dabei bitte viel Zeit zum Querdenken und erinnern Sie sich daran, was schon in der Bibel stand: Der Mensch lebt nicht vom Brot allein.

Prof. Dr. Oliver Scheytt
Geschäftsführer der RUHR.2010 GmbH

GRUSSWORTE

Prof. Dr. Ursula Gather
Rektorin der Technischen Universität Dortmund

Prof. Dr. Oliver Scheytt
Geschäftsführer der RUHR.2010 GmbH

BIOGRAFIEN

Zeitschrift für Kulturwissenschaften

Dorothee Kimmich,
Schamma Schahadat (Hg.)

Essen

Zeitschrift für Kulturwissenschaften,
Heft 1/2012

Mai 2012, 202 Seiten,
kart., 8,50 €,
ISBN 978-3-8376-2023-8

■ Der Befund zu aktuellen Konzepten kulturwissenschaftlicher Analyse und Synthese ist ambivalent. Die **Zeitschrift für Kulturwissenschaften** bietet eine Plattform für Diskussion und Kontroverse über »Kultur« und die Kulturwissenschaften – die Gegenwart braucht mehr denn je reflektierte Kultur sowie historisch situiertes und sozial verantwortetes Wissen. Aus den Einzelwissenschaften heraus wird mit interdisziplinären Forschungsansätzen diskutiert. Insbesondere jüngere Wissenschaftler und Wissenschaftlerinnen kommen dabei zu Wort.

Lust auf mehr?
Die **Zeitschrift für Kulturwissenschaften** erscheint zweimal jährlich in Themenheften. Bisher liegen 11 Ausgaben vor.
Die **Zeitschrift für Kulturwissenschaften** kann auch im Abonnement für den Preis von 8,50 € je Ausgabe bezogen werden.
Bestellung per E-Mail unter: bestellung.zfk@transcript-verlag.de

www.transcript-verlag.de

Ursula Bertram

STATT VORWORT:
THE MISSING LINK
INTERKULTURELLE, ÜBERFACHLICHE UND INTERNATIONALE PROBIERBEWEGUNGEN

Was haben ein Physiker, ein Neurologe und ein Künstler gemeinsam? Werden wir eine gemeinsame Sprache finden? Können wir uns verstehen? Ist die Zeit reif für die Durchlässigkeit von fachlichen, kulturellen und politischen Grenzen?

Die Generation, die noch einen unterschiedlichen Pausenhof für evangelische und katholische Schüler kennt, ist heute gerade mal 60 Jahre alt. In getrennten Terrains waren die Kinder gut sortiert, haben sich angefremdelt und nach der Schule verprügelt. Auch Hochschulen verantworten letztendlich fachspezifische Abgrenzungen als Folge der disziplinären Wissensvermittlung. Die Grenzziehung der unterschiedlichen Fächer an einer Universität führt beileibe nicht zu Prügeleien, aber das Fremdeln kann man erstaunlicherweise bei Studierenden, die eben noch in einer gemeinsamen Abiturklasse saßen, schon nach wenigen Semestern eines Fachstudiums feststellen. Mitunter verstärkt sich das und reicht ins Berufsleben hinein, in dem sich dann ein interdisziplinäres Team gegenübersitzt, dass hinreichend Integrationsprobleme hat, da der ungeübte Blick über die Fachgrenze hinaus Unsicherheiten erzeugt.

Der Wandel scheint heute seine Richtung zu wechseln. Bildhaft gesehen von der traditionellen Richtung des vertikalen Fortschrittglaubens in die quer dazu liegenden Netze und von hier in ein vibrierendes System von sich gegenseitig potentiell zur Verfügung stehenden Möglichkeiten, interdisziplinär, interkulturell und international.

Disziplinäre Monokulturen sind out, fachübergreifende Gegenbewegungen sind in. Dazu gehört die Begegnung von Kindern aus zehn Nationen und Fachvertretern zum Thema interkulturelle Bildung auf dem jüngsten Symposium der Stiftung Mercator im Juli 2010 in Essen, ebenso die Konzeption der Ruhr.2010, die sich gleichermaßen in der angedachten beweglichen offenen Formation des Dortmunder U widerspiegelt, die Fragen des Symposiums »Artistic Research« und das Stipendiumskonzept von Schloss Solitude in Stuttgart. Ausstellungen wie die des bekannten Dortmunder Hartware MedienKunstVereins, dessen mediales Konzept – wie auch das der ISEA – Grenzen auflöst, schaffen neue Positionen. Bildungsprojekte, wie »Rhythm is it«, wo ein professionelles Tanzprojekt mit Schülern und den Berliner Symphonikern nicht eigentlich dem Tanzen diente, sondern der Kompetenz- oder Potentialentwicklung von jungen Menschen durch eine non-lineare Methodik. Das durch den Choreografen entfachte leidenschaftliche Engagement und die Erprobung einer Zugehörigkeit gaben den Kindern neue Werte, und zwar ausgerechnet den eingangs genannten und sogenannten bildungsfernen Schichten aus sozial schwierigen Schulen des Berliner Milieus.

Zu den überfachlichen Bewegungen gehört auch, dass es neue vernetzte Studiengänge gibt, dass Chemiker, Mathematiker, Künstler, Raumplaner, Journalisten und Orientalisten schon in der Ausbildung zusammen agieren, auch in kleinen innovativen Modellen wie der kreativen Kompetenzförderung des Bronnbacher Stipendiums an den Universitäten Bochum und Mannheim, die Erforschung von musikalischen Mustern in Unternehmensorganisationen seitens des MICC Projekt der Universität Duisburg-Essen oder die fachübergreifenden Innovationswerkstätten für künstlerisches Denken der [ID]factory an der TU Dortmund. Interdisziplinär arbeiten bedeutet frühzeitig Integrationskompetenz erwerben, für alle nur denkbaren Verschiedenheiten, darunter natürlich auch die der Migration. Die unterschiedlichen Denk- und Erfahrungswelten von Wissenschaft, Kunst und Wirtschaft besitzen ein hohes Potential für eine neue Form des Austauschs. Nur unzureichend erfassen die Begriffe Interdisziplinarität oder Transdisziplinarität die möglichen Abläufe in der Realität.

Wir sind in Bewegung. Nur bewegen sich bekanntlich nicht mehr Kategorien und feste Schichten aufeinander zu oder voneinander weg, sondern formieren sich längst immer wieder neue temporäre Leistungs- und Forschungskonstellationen, wie Schneisen quer durch die vibrierenden Systeme, die eher mit dem System Google zu vergleichen sind als mit geordneter Analyse und abgrenzenden Definitionen. Die meisten Wissenschaftler und Unternehmer sind überzeugt, dass wir die Zeit der engen Kategorien und Abgrenzungen überwunden haben und die Zeit der Vernetzung und Zusammenschlüsse gekommen ist, um die Zukunft zu bewältigen.

Die Frage ist: Sind wir mit dem Denken schon hinterhergekommen? Und sind wir in der Lage, das Gedachte zu leben, in die Alltagsebene zu transferieren und als Haltung zu realisieren? Welcher Kompetenzen bedarf es denn in einer Gesellschaft, die Grenzen hinter sich lässt, flexibel ausgerichtet ist, hybride Energiebalancen sucht, bei klarer Positionierung integrativ, überdisziplinär, transnational und folglich ohne kategorische Sicherheiten non-linear agiert? Wie denkt man grenzenlos ohne beliebig zu werden? Und wo können wir hinschauen, um Beispiele oder Persönlichkeiten zu sehen, die die neue Denkrichtung schon verinnerlicht haben und verbreiten? Gibt es Disziplinen oder Felder, die in den neuen Kompetenzen geübter sind als andere? Gibt es Personen, die diese »Probierbewegungen« (nach Popper) schon vorweggenommen haben und die Non-Linearität bereits leben? Und wie übertrage ich dies von einem Feld auf das andere, nachhaltig und nicht als Kurzschluss von der Physik auf die Neurologie und das Management, von der Kunst auf die Wissenschaft und auf die Wirtschaft?

Um dieser Frage näher zu kommen, möchte ich Ihnen Persönlichkeiten vorstellen, die dies schon leben und sie ermutigen, Ihre eigenen Entdeckungen von interdisziplinären Querverbindungen zu machen. Ich bin davon überzeugt, dass sich von hier aus ein Zug entwickelt, oder ein Sog, der mit dem Rückenwind ähnlich denkender Gruppen, die hier anwesend, oder im Energiepack der Ruhr.2010 vertreten sind, eine große Bewegung sein könnte. Allein die Tatsache, dass es gelungen ist, diese Anzahl großer Denker hier auf das Symposium mit dem provokanten Titel »Kunst fördert Wirtschaft« zu holen, die bereit sind, in diesem exotischen Themenzusammenhang zu sprechen, obgleich ihr Schwerpunktthema mitunter weder Kunst noch Wirtschaft ist, zeigt, dass »Kunst« mittlerweile als eine bestimmte Denkweise gesehen wird, die sich in anderen Disziplinen abbilden lässt. Zu erwarten sind also keine Kreativrezepte, sondern Haltungen. Diese Haltungen haben etwas mit Neugier zu tun, mit Offenheit, authentischer Positionierung, mit Vorstellungskraft und Entdeckerfreude, mit Werten und unüblichen Zugängen, mit Querdenken und Zulassen, Zweifeln, Aufräumen und Neuentwerfen. Dabei sind die anzutreffenden Strategien von einer hohen Entdeckerlust, non-linearen Experimenten, einer radikalen Risikobereitschaft und einem außerordentlichen Durchsetzungsvermögen gekennzeichnet. Prozesse, die das künstlerische Denken und Handeln bewegen, bedürfen genau solcher Elemente und Potentiale. Um es vorwegzunehmen: Künstlerisches Denken hat viele Namen und lässt sich in Prozessen wissenschaftlicher Forschung genauso finden wie in den Gedankennetzen der Innovationsabteilung eines Wirtschaftsunternehmens, so das Potential erkannt, gefördert und wertgeschätzt wird.

Wie das funktioniert und welche Ergebnisse grenzüberschreitendes, überfachliches Denken und Handeln produziert, kann man am Besten in den folgenden Wort- und Bildbeiträgen derer ablesen, die sich das Doppelleben wissenschaftlicher Präzision und künstlerischer Innovationsfähigkeit zu eigen gemacht haben.

»Should Art be good to you?« fragt die Tate Gallery in der groß angelegten Offensive der »Great British Art Debate« derzeit im Herbst 2011 und berührt damit die Frage des Transfers von Kunst und Kultur.

Ganz offenbar hat die Fokussierung auf das »Produkt« in der Wirtschaft und in der Kunst den Blick auf den »Prozess« immer wieder verstellt und im Ergebnis auf das eigene Terrain verwiesen. Der Transfer zwischen den Disziplinen und die Ergänzung wissenschaftlichen Denkens durch künstlerisches Denken, auch laterales, inventives oder »culture-based creativity« Denken, bietet eine neue Perspektive der Heranbildung und Ausbildung von Kompetenzen, die ein Exzenter wissenschaftlicher Forschung bedeuten kann und somit zu einer ungleich höheren Innovationsfähigkeit führen wird. Die Hochzeit der Gegensätze wird im Ergebnis für unser Wirtschaftssystem der Zukunft von großer Bedeutung sein, wenn sie denn leidenschaftlich erfolgt. Die europäische Studie von KEA kommt bereits 2009 zu dem Schluss: »Die einzigartige Eigenschaft der Künste und der Kultur sich über rein wirtschaftliche und nutzenorientierte Zwänge hinwegzusetzen, hat zur Folge, dass Kunst und Kultur maßgeblich dazu beitragen Wohlstand mit Nachhaltigkeit und der Achtung gemeinsamer humanistischen Werte zu verbinden. Als Bürger und Verbraucher können wir Kultur und Kreativität nutzen und dazu beitragen, neue, nachhaltigere Wege für unsere Lebens-und Arbeitswelt zu schaffen. […] Europa sollte zur zentralen Plattform für die Zusammenkunft und Plattform von Einflüssen und Ideen werden, um Kreativität und innovatives Unternehmertum zu steigern. Auf diese Weise können Kreativität, Kunst und Kultur als treibende Kraft des wirtschaftlichen und sozialen Fortschritts in Europa genutzt werden.«[1]

Die Zusammenführung von Künstlern, Wissenschaftlern und Wirtschaftsexperten auf dem Symposium »Kunst fördert Wirtschaft« soll die relevante Rolle non-linearer und künstlerischer Denkprozesse und Methoden in Erkenntnisprozessen identifizieren, eine nachhaltige Verankerung in Lehre und Praxis anstoßen und die zukünftige Zusammenarbeit der Experten verschiedener Disziplinen optimieren.

Es versteht sich von selbst, dass die Untersuchung eines vielversprechenden non-linearen Feldes nicht linear erfolgt. Es geht nicht um Rezepte und eine passgenaue Integration künstlerischen Denkens in eine erfolgreiche ökonomische oder außerkünstlerische Anwendung. Der angestrebte Diskurs ist eine enorm indirekte Angelegenheit, wodurch erst Raum geschaffen wird für eine interdisziplinäre Begegnung und Bewegung. Das wirkliche Abenteuer findet in den Köpfen der Zuhörer und Leser statt, die im Sinne der [ID]factory zu Entdeckern ihrer eigenen Sehnsucht werden können. Das dürfte der Missing Link sein, der uns befähigt unser Wissen in Bewegung zu setzen, um in uns selbst Potentiale zu erschließen, die uns neue und bisher unvorstellbare Möglichkeiten des gemeinsamen Handelns eröffnen.

Wir laden Sie ein mit Architekt Werner Preißing visuelle Potentiale zu entdecken, die zur Unternehmersprache geworden sind. Philosoph Julian Nida-Rümelin begründet uns, wie Entlastung von Wissenschaft ein intellektuelles

---

1 | Aus der europäischen Studie »Der Einfluss von Kultur auf Kreativität«, eine Studie im Auftrag der EU-Kommission.

Kreativitätspotential freisetzt und warum Innovationspotentiale in der Ökonomie nicht aus der Ökonomie selbst schöpfen.

Musiker Albert Schmitt erklärt uns, warum Manager etwas sehr Wertvolles vom Berliner Symphonieorchester lernen können, was auf fünf Sekunden beruht, und Neurologe Gerald Hüther hat uns davon überzeugt, dass die kreative Entwicklung unseres Gehirns maßgeblich davon abhängt, wie wir es benutzen.

Kunsthistoriker Jean-Baptiste Joly vom Schloss Solitude verrät, wie Freiräume zum Denken und non-lineare Lektüre beruflichen Erfolg versprechen, ergänzt von dem analytischen Blick des Wirtschaftswissenschaftlers Simon Grand aus St. Gallen, der auch an der Kunstakademie unterrichtet. Unternehmerprofi Eckard Foltin aus einem Global Player-Unternehmen zeigt, wie seine Firma die Zukunft entwirft, während Helga Weiß die Gegenwart beleuchtet.

Totalkünstler Timm Ulrichs hält es mit Bert Brecht, der verlangte: »Ich will ein eigenes Haus zur wissenschaftlichen Erzeugung von Skandalen«[2], und entwirft visuelle Statements zum Thema, wie auch Choreografin Reinhild Hoffmann, deren bildhafte Antwort in der selbst auferlegten Begrenzung der Möglichkeiten liegt.

Sylvia Eckermann und Gerald Nestler zeigen in ihrem Werk »THE TREND IS YOUR FRIEND«, wie sich ökonomische Muster und Methoden mit aktueller Kunst vernetzen und konstruieren eine Bild- und Klangmaschine, die durch autonome Roboter algorithmisch getriggert wird.

Konstruierte Wirklichkeiten montiert Andreas Gursky als Chronist einer globalisierten Welt, der die Börse von Tokyo in einer Art digitaler Malerei verdichtet. Thomas Lochner beschäftigt sich intensiv mit dem Verhältnis von Sprache und Ökonomie, dem Überschuss an Dingen bzw. Bedeutungen.

Santiago Serra setzt politische und ökonomische Einschreibungen, Normierungen und Zwänge in seiner Arbeit »250 cm Line tattooed on six paid People« direkt auf den Körpern bezahlter Performer um, während Francis Alÿs in »When Faith Moves Mountains« gegen ökonomische Sinnbehauptungen anschaufeln lässt, um eine Poesie gemeinsamer Zeit zu erzeugen.

Maria Eichhorn dringt direkt in ökonomische Strukturen ein und konterkariert sie, indem sie etwa eine Aktiengesellschaft gründet, die keinen Kapitalzuwachs zulässt. Mika Rottenberg widmet sich in ihrem Werk »Squeeze« der Arbeit und ihrer Ausbeutung zu, speziell weiblicher Arbeit.

---

2 | Dieses Zitat ist von Heiner Müller überliefert, vgl. ders.: Werke. Bd. 8: Schriften, Frankfurt a.M.: Suhrkamp 2005, S. 311, zitiert nach: Dombois, Florian, Zur Forschung an der Hochschule der Künste Bern, in: Forschung - Hochschule der Künste Bern, Jahrbuch Nr. 4/2009, S. 18.

Erwin Wurm lässt die Skulptur über ihre traditionellen Grenzen hinauswuchern und begreift sie als Prozess, der sich im Leben wiederfindet und Eigentum, Werbung, Gesundheitsvorsorge genauso betrifft wie etwa das Zu- und Abnehmen von Gewicht.[3]

Physiker und Museumsleiter Gerhard Kilger beschreibt die Nahtstelle zwischen Kunst und Wissenschaft mit seinen Ausstellungsprojekten, die die Wissenschaft in Szene setzt. Medientheoretiker Peter Weibel, zuerst als Künstler und dann als Kurator bekannt, gibt Einblicke in sein Erfolgskonzept, das inzwischen weltweit kopiert wird.

Und James Bond wird vom Naturwissenschaftler Prof. Dr. Metin Tolan physikalisch untersucht, wobei die Art der wissenschaftlichen Vermittlung ein Kunstwerk in sich ist, ganz im Sinne einer radikalen und non-linearen Grundlagenforschung der [ID]factory, die im weiteren noch unter das Mikroskop gelegt wird.

Mit dem besonderen Dank für den Aufschlag zum Wagnis einer Forschung zu künstlerischem Denken an den ehemaligen Rektor der TU Dortmund, Herrn Prof. Dr. Becker, sowie Herrn Prof. Dr. Weihs, und mit dem herzlichem Dank für den Rückenwind der Rektorin der TU Dortmund, Prof. Dr. Ursula Gather, und dem stellvertretenden Direktor der Ruhr.2010, Prof. Dr. Oliver Scheytt, unseren Veranstaltungspartnern Dr. Werner Preißing und Prof. Dr. Gerhard Kilger, geht unser ausdrücklicher Dank an unsere Referenten, Autoren und Interviewpartner, deren weitreichende Gedanken einen Meilenstein zum Thema setzen.

LITERATUR

Dombois, Florian: Zur Forschung an der Hochschule der Künste Bern, in: Forschung – Hochschule der Künste Bern, Jahrbuch Nr. 4/2009, S. 11–22.

Müller, Heiner: Werke. Bd. 8: Schriften, Frankfurt a.M.: Suhrkamp 2005.

Eckermann, Sylvia & Nestler, Gerald: The Trend is your friend!, in: Bertram, Ursula (Hg.), Kunst fördert Wirtschaft. Zur Innovationskraft des künstlerischen Denkens, Bielefeld: transcript 2012, S. 145–155.

---

3 | Siehe Beitrag »The Trend is your Friend!« von Eckermann & Nestler, S. 155f.

DIE KUNST IST DIE ZUKUNFT DES WISSENS

Chus Martínez

FRANCIS ALŸS
WHEN FAITH MOVES MOUNTAINS

WHEN FAITH MOVES MOUNTAINS 29

Der in Belgien geborene und in Mexiko lebende Künstler ist Maler, Fotograf, Video- und Aktionskünstler. Seine Arbeiten stehen in der Tradition der Konzeptkunst: Es geht nicht um Objekte, sondern um Prozesse. Das Flüchtige ist zentrales Prinzip seiner Kunst, seine Aktionen sind Forschungen, Kommentare und Versuchsanordnungen im sozialen und politischen Raum Mexikos.

Immer wieder machen seine spektakulären Aktionen Schlagzeilen: zum Beispiel spaziert er mit einer soeben gekauften und entsicherten Waffe durch Mexico City, bis er nach einigen Minuten von der Polizei festgenommen wird, er schiebt einen Eisblock durch die Stadt, bis er geschmolzen ist, oder führt einen Magnet-Hund spazieren, der Metallschrott anzieht.

In seinem wohl aufsehenerregendsten Projekt »When Faith Moves Mountains« ließ er von 500 Freiwilligen eine Sanddüne im Norden Limas (200 m hoch und 500 m lang) durch wochenlanges Schaufeln um einige Zentimeter versetzen. Die Arbeit versteht sich als Kommentar zum Verhältnis eines maximalen Aufwandes zu einer minimalen Veränderung, auch als Kommentar zu Sozialreformen in Südamerika.

Abbildung Seite 30–31: Francis Alÿs, »When Faith Moves Mountains«, in collaboration with Cuauthemoc Medina and Raffael Ortega, Photographic documentation of an event, Lima, Peru, April 11th, 2002, Courtesy of the artist and Galerie Peter Kilchmann, Zürich

Ursula Bertram

EIN MUSTER FÜR DIE ZUKUNFT

VOM KÜNSTLERISCHEN DENKEN IN AUSSER-KÜNSTLERISCHEN FELDERN

Wer hat das nicht als Kind gemacht: mit Zitronensaft auf Papier geheime Botschaften geschrieben, die nur durch die Flamme einer Kerze zu entschlüsseln waren? Für Erwachsenenaugen unlesbar, unsichtbar, eine geschützte Sprache nur für Kinder. So dachten wir als Kinder zumindest, da wir uns schwerlich vorstellen konnten, dass die Erwachsenen auch mal Kinder waren und unsere Geheimschrift bereits von Generation zu Generation weitergegeben und immer wieder begeistert ausprobiert wurde.

Und nun dürfen Erwachsene das auch oder wieder tun in Emden in der Kunsthalle bei einem Projekt mit dem Namen: »WTFT-11/1«.[1]

Ist das nicht albern? Schreiben in einem weißen Raum, ohne dass es erkennbar ist. Nur einmal am Tag wird das Schwarzlicht eingeschaltet und dann werden Gedanken sichtbar, heute durch Fluor, früher durch Zitrone. Keiner kann sehen, was der Stift macht, es bleibt unsichtbar.

Ich schreibe also an die Wand. Es hat etwas Archaisches, aber auch ungewohnt Unkontrolliertes und Unkontrollierbares, weil ich selbst nicht sehen kann, ob ich die Gedankenspuren eines anderen kreuze. Ich muss mir das aber auch nicht überlegen, denn ich könnte – selbst wenn ich suchte – keine Regeln und Vorgaben entdecken. Also bleibe ich Anarchist, Erfinder und Kind. Und während das ganz viele Museumsbesucher so in Emden machen und immer weitere unsichtbare Zeichen in dem weißen Raum sprießen, passiert zeitgleich etwas wirklich Unerwartetes: Die Kunst wächst aus dem Museum hinaus mitten ins Leben. Und das ist das eigentliche Geheimnis, das zunächst oder vielleicht auch für immer unsichtbar bleibt. Während ich mich an den Fluorzeichen aufhalte, schreibt mir die Museumspädagogik einen Prozess in den Kopf, genau so hinterhältig wie fantastisch, der nicht durch Schwarzlicht, sondern durch parallele Erfahrung ans Tageslicht kommt, als eine Art »Geheimschrift der Kunstvermittlung«, die zweifelsohne weit über die Zitronenschrift hinausweist.

Nein, ich bin kein Alchemist. Ich spreche von der Kunst außerhalb der Kunst, genauer gesagt vom künstlerischen Denken und Handeln in außerkünstlerischen Feldern, wie denen der Wissenschaft und der Wirtschaft. Auch wenn ich befürchte, dass in Emden eine Geheimsprache erfunden wurde, die so geheim ist, dass es vermutlich Jahrzehnte dauert, bis sie erkannt und ent-

---

1 | Die partizipatorische Ausstellung WTFT-11/1 fand in der von Henry und Eske Nannen gegründeten Kunsthalle in Emden statt bis zum 29. Januar 2012. Mit Fluorstiften konnte frei und beliebig an die Wand geschrieben werden. Einmal am Tag wurden die Inskriptionen durch Schwarzlicht sichtbar. Siehe unter: http://www.ndr.de/regional/niedersachsen/oldenburg/kunsthalle277.html (Abruf: 01.03.2012).

schlüsselt wird, schließen sich viele dieser Grenzgänger zusammen zu einer Bewegung, die spürbar macht, dass wir noch nicht alle Potentiale erschöpft haben, um die Veränderungen zu bewirken, die für ein Navigieren in Zukunftsfeldern notwendig sind.

Vielleicht bedarf es gar keiner »kreativen Zerstörung«, wie sie der österreichische Ökonom Joseph A. Schumpeter[2] vorschlug, um in offenen Systemen zu navigieren.[3] Möglicherweise eignen sich vielmehr Konzepte, die sich wie hier auf leisen Sohlen ins Leben einmischen, mit einer enorm indirekten und daher desto effektiveren Komponente. Partizipationen, die wie gute Kunst ein Geheimnis bewahren, teilen sich nicht durch Wissensvermittlung, sondern über Erfahrung mit. Mit der Erkenntnis des Chemikers und Nobelpreisträgers Ilya Prigogine[4], dass »die Unbestimmtheit das Schlüsselmerkmal natürlicher Phänomene ist«, hat die Idee des Diffusen längst einen Stellenwert in den Naturwissenschaften gewonnen und sich in den Schriften des Physikers Fritjof Capra fortgesetzt. Die rationale, reduktionistische und lineare Analyse ist einer kontextbezogenen, intuitiven, ganzheitlichen und nicht-linearen Synthese gewichen.[5]

Arbeiten wie »Fashionloop«[6] der Künstlerin Sabine Groß beschäftigen sich mit Ordnungssystemen und so mit dem inhärenten Chaos aller Art, das immer wieder die Subjektivität der Wahrnehmung und der Beurteilung verdeutlicht. Groß ließ Außenstehende an der Auswahl ihrer Kleidung und ihrer Erscheinung partizipieren und versuchte, genau die Ratschläge umzusetzen, die ihr gegeben wurden. Das realisierte Ergebnis ihres neuen Outfits stellte sie dem nächsten Betrachter vor mit der Bitte, einen Rat für Verbesserungen zu geben. Es entstand eine unendliche Reihe von fotografisch festgehaltenen Optimierungsversuchen, die mit jedem neuen Blick eine Variante erfuhr, ohne zu einer Lösung zu kommen.

---

2 | Das Konzept der schöpferischen Zerstörung ist ein Grundmotiv von Schumpeters Werk »Kapitalismus, Sozialismus und Demokratie«, vgl: Schumpeter, Joseph A.: Kapitalismus, Sozialismus und Demokratie, Bern: Francke 1946.
3 | Bertram, Ursula & Preißing, Werner: Navigieren im offenen System, Filderstadt: Container 2007.
4 | Vgl. Prigogine, Ilya & Stengers, Isabelle: Das Paradox der Zeit. Zeit, Chaos und Quanten, München: Piper 1993
5 | Vgl. Capra, Fritjof: Lebensnetz. Ein Verständnis der lebendigen Welt, Bern: Scherz 1996.
6 | Fashionloop, Kunsthalle Göppingen 2001, dazu auch der Ausstellungsband: Groß, Sabine: Sabine Groß. Fashionloop, hrsg. von Goldrausch Künstlerinnenprojekt Frauennetzwerk Berlin e.V., Ausst.-Kat. Kunsthalle Göppingen 2001.

Der Philosoph Vilém Flusser hat Unsicherheiten als Chance begriffen. »Alles, woran man bisher als etwas Wirkliches glaubte und zu dem man bisher als etwas Realem Vertrauen hatte, hat sich als eine notwendig gewordene, zufällig entstandene Möglichkeit erwiesen […] Zur Überraschung aller Beteiligten führt dieser Glaubensverlust an die Wirklichkeit nicht in eine dunkle Verzweiflung, als sei uns der Boden unter den Füßen entzogen worden. Sondern es erfasst uns ein Taumel der Befreiung für kreatives, künstlerisches Leben.«[7]

Das mag für Flusser, Heisenberg, Prigogine, Capra, Bazon Brock und andere innovative Wissenschaftler und Künstler als Lebenskonzept gelten und zudem für einige wenige Unternehmen, darunter die erfolgreichen wie Google und Apple. In den Alltag unseres Bildungs- und Wirtschaftssystems sind dissipative Strukturen und nicht-lineare Systeme jedoch noch nicht eingezogen. Unsicherheiten sind noch immer negativ konnotiert, trotz aller Erkenntnisse, dass instabile oder flexible Systeme zur Selbstorganisation des Lebens gehören. Der Künstler Joseph Beuys beklagte in den 80er-Jahren bereits die »Aufsplitterung des ganzheitlich angelegten Menschen in Spezialisten« und die Atomisierung der Welt in Fachbereiche. Erst langsam gewinnt die Einsicht Boden, dass wir möglicherweise nicht ständig versuchen sollten, das Chaos

> Wir sollten nicht ständig versuchen, das Chaos zu besiegen, sondern eine neue Haltung zur Unsicherheit entwickeln.

zu analysieren, zu besiegen und aufzuräumen, sondern lernen sollten, damit umzugehen und eine neue Haltung zur Unsicherheit zu entwickeln, die bei Flusser kreatives, künstlerisches Leben genannt wird, bei Edward de Bono laterales Denken und im Zentrum für Kunsttransfer[8] in Dortmund schlicht IDdenken. »Wir kümmern uns um non-lineares Denken«, haben wir in Dortmund auf die Außenfassade unserer Querdenkerfabrik inmitten einer technischen Universität geschrieben, um künstlerische Kompetenz mit anderen zu teilen.

Kunst als Lust, ohne Orientierung auszukommen. Angstfrei Worte und Sätze entwickeln, ins Ungewisse schreiben, Fehler zulassen, aus Lust an Strukturen mitwirken, deren Ergebnisse sich erst im gemeinsamen Prozess ergeben, Unsichtbares und Non-lineares als EntwicklungsPotential für intuitive Prozesse nutzen, bewusst spielen und unnütz sein, sich fallen lassen und Unerwartetes zulassen, entspannen und so sein, lachen, das Gegenteil von etwas denken, künstlerisch an Wissenschaft herangehen und wissenschaftlich an Kunst, neu-

---

7 | Vgl. Flusser, Vilém: Das Ende der Tyrannei, arch+ 111, 1992, S. 20–25.
8 | www.id-factory.com

gierig werden, Begeisterung entfachen, mit Lust arbeiten, Neues erzeugen ... Wie klingt das? Und vor allem: Wie geht das?

Die Wirtschaft hat großes Interesse an diesen Prozessen, die aus jedem Mitarbeiter einen Überzeugungstäter seiner Aufgabe machen würden, so wie in der Kunst. Das ist also einfach. Je näher man an die Kunst kommt, je näher kommt man an das Profil der Zukunft. Machen wir uns auf den vielversprechenden Weg. Versuchen wir also ganz einfach ein Ziel non-linear anzugehen. Nur wie das geht, haben wir leider fast vergessen. Non-linear war in den letzten 500 Jahren nicht gefragt, seit Descartes begann, die Welt mit einem Filter zu versehen, der nur noch objektiv nachvollziehbare Beweisketten zuließ. Erst Mitte des letzten Jahrhunderts hat das Non-lineare in der Chaosforschung einen bescheidenen Platz gefunden. Da dynamische Systeme jedoch sehr schwierig zu berechnen sind, erwiesen sie sich als untauglich für unseren Alltag, der auf ein funktionstüchtiges mechanistisches System kalkulierbarer Fakten setzt, wo die Vernunft vorherrscht. Die Unvernunft durfte in der »Natur« vorkommen, die sich dem Fortschrittsdenken nicht anschloss. Sie zeigt sich beispielsweise in wilden Wolkenformationen, in Wildwasserbächen und Wetterveränderungen, die sich immer noch nicht, beziehungsweise allenfalls für eine banale Zeit von Tagen berechnen lassen. Non-lineare Prozesse zeigen sich auch in der Vielfalt der Gesichter und Gestalten, die unsere Gene produzieren, und überhaupt in allem, was nicht linear zu verstehen, zu kategorisieren, zu ordnen, zu fixieren und zu lernen ist wie künstlerisches Handeln. Nun zeigt sich jedoch das Unbestimmbare plötzlich auch in der Kommunikation, deren festgelegte hierarchische Konventionen nicht mehr funktionieren seit das Internet alle Möglichkeiten der Partizipation zulässt, auch die der Anonymität. Am Höhepunkt der Unordnung sind wir aktuell gerade angekommen, nachdem die Bienenkönigin unseres Systems sich als unzuverlässig erwiesen hat. Das Banken- und Finanzsystem als Wertegarant ist angeschlagen. Alan Greenspan hat abgeschworen. Und jetzt?

Nun reiben sich die Experten aller Disziplinen die Augen und beginnen mit einem System zu hadern, das uns in den vergangenen Jahrhunderten getragen und durchaus großen Fortschritt gebracht hat. Haben wir etwas übersehen? Müde und gefasst schauen wir nach Inseln aus, die andere Überlebensstrategien entwickelt haben und versuchen herauszufinden, nach welchen Mechanismen sie funktionieren und was ihr Geheimnis ist. Managementthe-

> Die Wirtschaft hat großes Interesse an diesen Prozessen, die aus jedem Mitarbeiter einen Überzeugungstäter seiner Aufgabe machen würden, so wie in der Kunst.

oretiker schauen hinter die Kulissen des Kulturbetriebs und interessieren sich für dessen Organisation und dessen Arbeitsbedingungen. Lange Zeit überwogen in den Wirtschaftsunternehmen Tugenden wie Pünktlichkeit, Sparsamkeit, Gehorsam et cetera, die langsam aber stetig durch künstlerische Kompetenzen beziehungsweise individuelle Talente wie Kreativität, Spontanität, Improvisationsvermögen abgelöst werden.[9] Zudem hat eine weltweit angelegte Untersuchung von Prof. Dr. Anne Bamford[10] bezüglich der Grundlagen für die Innovationsentwicklung bei Heranwachsenden ein erstaunliches Ergebnis hervorgebracht: Die Innovationsqualität steigt mit der Partizipation an Kunst und Kultur.

Und nun wird diese Insellage Kunst nicht nur als gesellschaftsfähig, sondern vielleicht sogar als betriebsfähig in Augenschein genommen. Eine unverbrauchte Ressource für anderes Handeln, deren unkonventionelle Zugangsweisen eine Art Muster für unkontrollierbare Vorgänge hervorgebracht hat. So hofft man jedenfalls. Aber dieses Muster ist schwer zu erkennen, da es sich aus der Antithese von linearer Berechenbarkeit und Logik heraus entwickelt hat, erfahrungsbasiert und in ständiger Wandlung begriffen ist. Und es kommt noch schlimmer: Das Muster der Kunst, das uns Bilder gibt, Bewegung, Tanz, Klänge, Farben und unsere Fantasie entfacht, ist kein Kleid, es ist eine Haut. Es lässt sich nicht einfach ausziehen und weitergeben. Das Muster muss mit der Person wachsen, ganz langsam, Schicht für Schicht. Es existiert nicht als käufliches Produkt, auch nicht in der Verpackung einer Kreativtechnik. Es bedarf eines Prozesses, der eine Haltung hervorbringt. Die Abfallprodukte dieser Haltung erzeugen die Produkte. Wenn man nur die Produkte in den Mittelpunkt der Bemühungen stellt, verflüchtigt sich das Muster. Alle blicken gespannt und neugierig auf ein unsichtbares Muster, das ganz besonders wertvoll erscheint für die Felder außerhalb der Kunst und das verspricht, die Zukunft zu verändern.

> Wenn man nur die Produkte in den Mittelpunkt der Bemühungen stellt, verflüchtigt sich das Muster.

---

9 | Vgl. dazu die Studien von Doris Ruth Eikhoff: http://www.management.stir.ac.uk/people/stirling-institute-for-socio-management/academic-staff/dr-doris-ruth-eikhof (Abruf: 23.02.2012).
10 | Anne Bamford erstellte 2006 die von der UNESCO beauftragte Studie »Der Wow-Faktor«, die unter anderem feststellt, dass Innovationsfähigkeit extrem erhöht wird durch: Human Capital, Openess, Diversity, Culture environment, Technology, Institutional Environment, and Creative Output. Vgl.: Bamford, Anne: Der Wow-Faktor. Eine weltweite Analyse der Qualität künstlerischer Bildung, Münster/New York/München/Berlin: Waxmann 2010.

Wie sich non-lineare Muster bilden
Um dieses Muster zu entwickeln brauchen wir

> *Orte* der Selbstvergewisserung,
> des Loslassens von Regeln, Routinen und Normen,
> der Ignoranz und des Zweifelns, eine fehlerfreie Zone,
> einen *Raum* für ungestrafte Versuche und Irrtum,
> eine *Nische* der freien Umsetzung, was immer betrifft und betroffen macht, ein *Ermöglichungsfeld* für Potentialentwicklung und Begeisterung.
> Einen *Acker* zum persönlichen Umpflügen mit einer *Freiluftzone* für Empörung. Eine *Fläche* für das Ausprobieren eigener Fähigkeiten, für übersprachliche Kommunikation, für tiefes Schweigen und Ausmustern von Ideenplunder.
> Einen *Raum* für Ideen aus der Kinderstube, spielen und So-Sein.
> Eine *Insel* der unangefochtenen Sicherheit, auf die ich mich retten kann, wenn ich Orientierung und Liebe brauche.
> Eine *Werkstatt*, in der ich selbst denken darf und nicht etwas Bestimmtes rauskommen muss.
> Einen *Ort*, an dem ich Vorbilder sichten und wieder wegwerfen darf.
> Einen *Weg*, der Probewege erlaubt
> in Augenhöhe zu anderen Zugangsweisen.

Alle diese Orte führen zum Muster des künstlerischen Denkens und Handelns. Damit ist nicht das Denken gemeint, das zur Kunst führt oder führen muss, sondern vielmehr das Denken und Handeln, das übrig bleibt, wenn ich die Bilder von der Kunst subtrahiere. Es ist eine Zugangsweise, die dem Feld der Kunst entwächst. Sie basiert vor allem auf non-linearen Denk- und Handlungsoptionen, auf dem Umgang mit Ungewissen und Unbestimmten, dem Einbezug des Subjektiven, der individuellen Erfahrung und der Begeisterung. Ihre Absicherung findet sich nicht durch Beweise, wie es dem Verfahren in den Naturwissenschaften entspricht, sondern in der Durchsetzungskraft in offenen und unbestimmten Systemen.

Das sollten wir dringend üben und diese Orte schon morgen einrichten. Zweifellos ist das der geeignete Boden für die Entwicklung von Kompetenzen, die wir in Zukunft brauchen, um in einem System bestehen zu können, das ständig mutiert, global rotiert und nicht mehr auf Druck, sondern auf Sog gepolt ist. Eine Kompetenz, die nicht fachlich gebunden ist. Eine Kunst in außerkünstlerischen Feldern, die in den innovativsten Köpfen von Wissenschaftlern und Ökonomen genauso zu Hause ist wie in den Köpfen guter Künstler. Die Strukturen sind mit dem World Wide Web längst Wirklichkeit geworden, lediglich das Navigieren im offenen System haben wir noch nicht wirklich als notwendig erkannt, geschweige denn gelernt.

Der Maler Gerhard Richter[11] weiß es. An der Düsseldorfer Akademie hat er einer Studentin innerhalb kürzester Zeit zu einer Haltung und Entscheidungsfähigkeit verholfen, was manche ihr ganzes Leben nicht erreichen. Und dies ganz schlicht mit drei Würfeln, einem roten, einem gelben und einem blauen. Er regte an die Objekte zu malen. Nach dem ersten Bild veränderte er die Position der Würfel leicht und forderte das nächste Bild ein. Das wiederholte sich solange, bis sie sich endlich weigerte ihm zu folgen. Sie begann zu malen, was sie wirklich interessierte und wechselte das Atelier.

Der Choreograf und Regisseur Nullo Facchini[12] weiß es auch und erachtet Umwege als notwendig und effizient. Seine dänische Tanztheatergruppe war gerade dabei Dantes Göttliche Komödie auf dem Gelände der 1990 aufgelassenen Cruise Missile Station im Hunsrück/Rheinland-Pfalz zu entwickeln. Er setzte immer auf die Kreativität des Teams und ließ Choreografien von mehreren Tänzern erproben, hier im Nachlass des Kalten Krieges, in den ehemaligen Raketenbunkern, dem Übungsgelände und in den großen Hangars, deren graugrüne Leere gespenstig war. An einem Morgen gab er jeweils zwei männlichen Tänzern die Anweisung so zu tanzen, dass sie immer wieder erneut eine einzige Skulptur aus ihren zwei Körpern bildeten. Sie sollten sich in Zeitlupe versetzen.

Die abendliche Präsentation fand im technisch anmutenden kargen Hangar statt. Alle drei Teams aus je zwei Männern zeigten ihre Choreografie, jeder in einer anderen Raumecke, jemand spielte Geige. Immer wieder glitten die männlichen Körper langsam aneinander herunter in eine neue Position, in der sie kurz verharrten als untrennbares Ganzes.

Das Ergebnis war eindrucksvoll. Was die Tänzer nicht wussten und was sie somit in der Entwicklung der Choreografie nicht behinderte: Es ging um die Hölle der Homosexuellen, bei Dante noch als Missetat angesehen. Die Tänzer arbeiteten ausschließlich und unbelastet am Prozess, nicht aber am unmittelbaren Ziel einer visuellen »Übersetzung« oder gar der Illustration von Homo-

---

11 | Gerhard Richter (* 9. Februar 1932 in Dresden) ist einer der bekanntesten deutschen Maler. Er war von 1971 bis 1993 Professor für Malerei an der Kunstakademie Düsseldorf.
12 | Dantes Göttliche Komödie, Tanztheater im Raketengelände in Hahn-Hasselbach, 1990, Nullo Facchini, Ursula Bertram.

sexualität. Der Choreograf Facchini eliminierte so jegliche Musterbildung und Klischees. Diese Vorgehensweise lässt sich übertragen auf alle Prozesse, die Innovationen erforderlich machen und begreift sich als eine non-lineare Methode.

Und die zeitgenössische Wissenschaft weiß es auch. Prof. Dr. Hans Peter Dürr erklärt die Unordnung als das Normale und weist darauf hin, dass die Instabilität ein Moment der höchsten Sensibilität ist. Der ehemalige Mitarbeiter von Heisenberg und Direktor des Max-Planck Instituts für Physik wirft der modernen Naturwissenschaft Fundamentalismus vor, die einer westlichen »wissenschaftlich-technisch-wirtschaftlichen Ideologie« folgt und andere Sichtweisen vernachlässigt. Er benutzt als Beispiel das Bild einer Schallplatte, bei der die Musik in Rillen verpresst ist. Sucht man den Sopran, wird man diesen nicht finden, indem man die Rille mit einem Vergrößerungsglas untersucht. »Der Sopran mit seinen vielfältigen Klangfarben ist nämlich in der Gestalt der Rille verborgen, in einer Beziehungsstruktur verschlüsselt.« Er nennt diese Sichtweisen »poetisch«. Im Gegensatz zur »Schärfe« des Blicks auf isolierte Details richtet sich die »poetische Betrachtung« auf die Beziehungsstruktur. Wer dafür keinen Sinn entwickeln kann, verhält sich wie ein »Analphabet«, der zum Beispiel ein Gedicht von Goethe nicht lesen und schon gar nicht verstehen kann und stattdessen stolz darauf ist, die Buchstaben des Gedichtes ihren Formen nach zu ordnen und auf diese Weise eine übersichtliche Struktur zu schaffen.[13]

Der Schweizer Künstler Ursus Wehrli verdeutlicht auf seine humorvolle Weise, dass die ordnende Strategie bei künstlerischen Produkten nicht zielführend ist. Der Versuch non-lineare ganzheitliche Gefüge durch Analyse und Ordnung zu verstehen, generiert zweifelsohne verblüffende Ergebnisse.[14]

Eine Anzeige im Magazin Brand Eins, bekannt für das andere Denken in wirtschaftlichen Kontexten, lässt darauf schließen, dass das hoffnungsvolle Konzept in unternehmerischen Nischen bereits Eingang findet. Die Annonce hatte folgenden Text: »Wir suchen einen Mitarbeiter. Ihre Fachrichtung ist uns egal. Wir bieten neue Arbeitsfelder für Menschen, die in der Lage sind, eigene Qualitäten zu entdecken, zu fördern, die bewusst selbst handeln und die im Austausch ihre Intelligenz und ihren Einfallsreichtum gemeinsam im Pulk entwickeln und sich mit einer Idee identifizieren können.«[15]

---

13 | Vgl. Dürr, Hans-Peter: Das Lebende lebendiger werden lassen, oekom: München 2011; Stephan Wehowsky, Journal 21, vom 05.11.2011, http://www.journal21.ch/die-lebendige-welt-eines-physikers (Abruf: 05.08.2012).
14 | Wehrli, Ursus: Die Kunst aufzuräumen, Zürich: Klein & Aber 2010.
15 | Siehe Stellenanzeige, Magazin Brand Eins 3/2001.

EIN MUSTER FÜR DIE ZUKUNFT 41

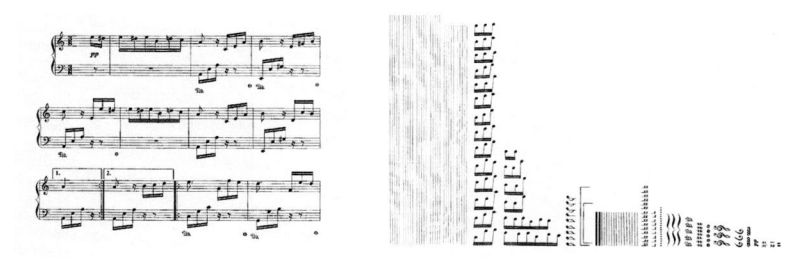

Abbildungen 1+2: Ursus Wehrli: »Beethovens ›für Elise‹ aufräumen«

Trotz der sich etablierenden Ahnung, dass Kunst ein spezifisches Potential besitzt, das unsere wirtschaftliche und wissenschaftliche Entwicklung weiterbringt, zusätzlich genährt durch das Versagen der bestehenden Systeme, sind die Berührungspunkte von Kunst und Wirtschaft heute immer noch auf einem höchst oberflächlichen, geradezu naiven Niveau. Vielleicht liegt das Missverständnis in der allzu direkten Verdrahtung von Künstlern und Unternehmern, Kunstwerken und Wirtschaftsprodukten, Kunststrategien und Wirtschaftsstrategien, die regelmäßig zum Kurzschluss führen. Kurzatmige Angebote und lineare Kreativtechniken ersetzen keine fundamentale und nachhaltige Verankerung in Aus- und Weiterbildung.

Das wirkliche Problem beim Erlernen des künstlerischen Denkens liegt in der bestehenden Standardisierung des Denkens über Lernen und über Kunst und die damit einhergehende Abwehrhaltung. Was »Sinn« macht, wird uns in der schulischen Ausbildung vermittelt und betrifft sicher nicht die beschriebenen non-linearen Übungen. Solange aber künstlerisches Denken in der Schublade der Konventionen oder in der Schublade der Wissenschaften gesucht wird, kommt es nicht zum educational turn. Wenn allein diese Schublade Gültigkeit für unsere Bildungsstruktur hat, wird es nicht zur Heranbildung dieses Potentials kommen. Nach Walter Graßkamp gehört künstlerisches Denken zur schönsten und priviligiertesten Form der Arbeit. »Diese Privilegien werden (den Kunstakademien) aber nicht gewährt, weil der Staat bestimmte Reservate unterhält, in denen Exotisches getan werden soll, sondern weil etwas extrem Schwieriges zu lernen ist«[16], hinzugefügt: und etwas enorm Wertvolles.

Künstlerisches Denken entwickelt sich allmählich. Durch das Verlassen des kreativen Paradieses im zarten Alter von sechs Jahren wird das Potential

---

16 | Grasskamp, Walter: ohne Titel, in: Klasse Olaf Metzel: Küssen und Fahrradfahren, München: Akademie der Bildenden Künste/Martin Luther Verlag 1996, S. 9.

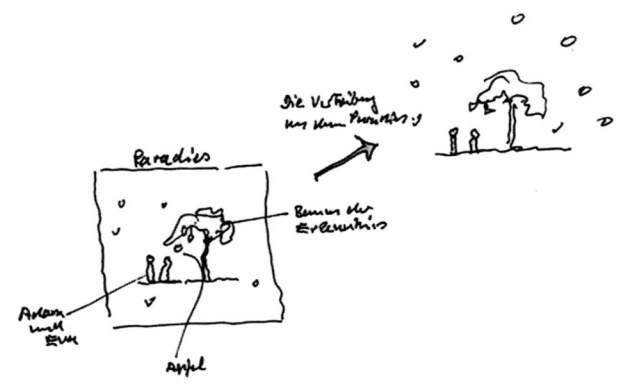

Abbildung 3: Werner Preißing, »Geschlossene und offene Systeme«, Zeichnung

mit Wissensbergen erstmal verschüttet. Künstlerisches Denken bedeutet Abstand nehmen von gewohnten Mustern und Denkklischees.

Ich habe festgestellt, dass studierende Erstsemestler voller Elan beginnen, Kunst zu studieren. Es gibt schnelle Erfolge in den Grundkursen, es wird modelliert, geschweißt und gemalt. Die meisten sind sich sicher, dass die ersten mühevollen oder kecken Werke zutiefst Kunst sind. Ab Ende des zweiten bzw. dritten Semesters kommt ein Loch. Sie spüren, dass etwas nicht stimmt, dass es wohl um eine andere Art des Zugangs geht, ihnen jedoch nicht verständlich ist. In diesem Moment findet eine nachhaltige Verabschiedung von bekannten Mustern statt – meist zunächst ohne sichtbare Alternativen. Das Verlassen fester Räume ist nicht einfach und keinesfalls bequem. Schon gar nicht, wenn Copy-Strategien sich im Sinne der Nachhaltigkeit als nutzlos erweisen und nur noch das Navigieren im offenen System bleibt.

Hier hilft ein Ort, der ohne das Handlungskonzept von richtig oder falsch auskommt, an dem persönliche Kompetenzen und Stärken ausgebildet werden. Eine Freiluftzone, um in eigener Verantwortung Erfahrungen zu machen, die nicht durch Wissen generiert werden, sondern die Wissen erzeugen. Ein überfachlicher Ort, der Kreativität zulässt, die auch die Grenzen der Kunst überwindet.

WOZU KÜNSTLERISCH DENKEN?

Wir brauchen die Fähigkeit des künstlerischen Denkens und Handelns als Korrektiv, wie die Logik die Intuition.

Es ist der Motor für Innovation, das Gleichgewicht für komplexe Entscheidungen, das Korrektiv für Objektivität, eine Plattform für Probierbewegungen und Erfahrung, ein Labor für Neuentwicklungen und seismografische Zukunftserscheinungen. Ein Exzenter für unentdeckte Perspektiven, ein Kraftfeld für Energien, die nicht nur Produkte, sondern Prozesse und auf Dauer eine Haltung erzeugen.

Künstlerisches Denken ist eine Kompetenz, die nicht fachlich gebunden ist, genauso wenig wie wissenschaftliches Denken fachlich gebunden ist. Es geht um eine Kunst in außerkünstlerischen Feldern, die perspektivisch in den Köpfen von Wissenschaftlern und Ökonomen genauso zu Hause ist wie in den Köpfen der Künstler. Eine Option, die einen neuen Umgang mit dem Ungewissen verspricht. Ein Modell für Forschung aus eigenem Antrieb und in eigener Verantwortung nach Zielen, die erst durch deren Erscheinung sichtbar werden, die uns begeistern und jedes Engagement wert sind.

> Wir brauchen die Fähigkeit des künstlerischen Denkens und Handelns als Korrektiv, wie die Logik die Intuition.

Wir brauchen künstlerisches Denken und Handeln als Selbstvergewisserung, als Potentialentwicklung für Erfahrung, als Gärungsprozess eigener Positionierung. Solche Prozesse sind transferierbar auf alle Disziplinen und Organisationsprozesse.

Und wir brauchen dies, um Fehlentwicklungen zu vermeiden, Ressourcen und Finanzen zu sparen und um endlich die Organisationsstrukturen in der Wirtschaft und in der Wissenschaftssociety zu kreieren, die Unbestimmtheit und Offenheit implizieren, ohne beliebig zu werden und authentischen Haltungen Wert beimessen.

FAZIT

Künstlerisches Denken muss zunächst in Augenhöhe zu wissenschaftlichem Denken erkannt und erprobt werden. Der Prozess, bei dem es zu subjektiver Erfahrung kommt, muss als genauso wichtig angesehen werden, wie objektive Wissensanreicherung. Die Empfehlung sind Impulswerkstätten und Erfinderlabore, die die Potentialentwicklung unterstützen durch Aufgaben, die keine Fehler haben können, die non-lineares Denken fördern durch offene Prozesse ohne vorgegebene Lösungen.

Die Innovationswerkstätten sollten so früh wie möglich in der Schule verankert und in der Weiterbildung angestoßen werden. Um Missverständnisse zu vermeiden, sollten sie nicht in den Kunstunterricht integriert werden, sondern ein eigenständiges Erfahrungslabor bilden, an dem verschiedene Disziplinen beteiligt sind. Hierzu bedarf es Vermittler, die nicht das Produkt im Auge haben, sondern den Prozess: Den transferierbaren Prozess, der zu einer

Haltung führt und erst von hier aus wieder zum Produkt. Hier müssen wir von den künstlerischen Produkten zum künstlerischen Denken abstrahieren. Es ist sicher für niemanden verkehrt, in seinem Leben ein Porträt modelliert zu haben, aber nur, wenn es nicht zum rezeptiven Selbstläufer wird. Sobald Kreativität in definierten Bahnen, als Dressur und zur Verfestigung der Ästhetik dient, ist sie zum Feind der Kunst geworden, subsumiert Heiner Goebels. Er plädiert daher für Modellprojekte zeitgenössischer Produktionsweise, die keiner institutionellen Schwerkraft unterliegen, sondern sich als Labor der Zukunft eignen.[17] Nichtwissen erproben, Zutrauen zur eigenen Erfahrung gewinnen, zu multiplen Problemlösungen und auf diesem Weg Ballast abwerfen und Freiräume für Neuentwicklungen schaffen, auch an der eigenen Persönlichkeit.

»Creativity is not a prisoner of Art« habe ich an die Wand geschrieben in der Kunsthalle Emden mit einem Stift aus Fluor in Geheimschrift, die verhindert, dass wir frontal darauf zugehen können und unser Verstand es sofort in sein dafür vorgesehenes Kästchen packt und ins Archiv verfrachtet. Überlistet! Wir müssen es nicht verstehen, wir müssen es einfach nur leben.

LITERATUR

Bertram, Ursula (Hg.): Innovation – wie geht das?, Dortmunder Schriften zur Kunst, Studien zur Kunst in außerkünstlerischen Feldern, Bd. 1, Norderstedt 2010.

Bertram, Ursula & Preißing, Werner: Navigieren im offenen System, Filderstadt: Container 2007.

Capra, Fritjof: Lebensnetz. Ein Verständnis der lebendigen Welt, Bern: Scherz 1996.

Dürr, Hans-Peter: Das Lebende lebendiger werden lassen. Wie uns neues Denken aus der Krise führt, München: oekom 2011

Flusser, Vilém: Das Ende der Tyrannei, arch+ 111, 1992, S. 20–25.

Grasskamp, Walter: ohne Titel, in: Klasse Olaf Metzel: Küssen und Fahrradfahren, München: Akademie der Bildenden Künste/ Martin Luther Verlag 1996, ohne Seitenangabe.

Groß, Sabine: Sabine Groß. Fashionloop, hrsg. von Goldrausch Künstlerinnenprojekt Frauennetzwerk Berlin e. V., Ausst.-Kat. Kunsthalle Göppingen 2001.

Magazin Brand Eins 3/2001.

Popper, Karl R.: Alles Leben ist Problemlösen. Über Erkenntnis, Geschichte und Politik, München: Piper 2009.

Preißing, Werner: Visual Thinking, Probleme lösen mit der Faktorenfeldmethode, Freiburg: Haufe 2008.

Prigogine, Ilya & Stengers, Isabelle: Das Paradox der Zeit. Zeit, Chaos und Quanten, München: Piper 1993.

Schumpeter, Joseph A.: Kapitalismus, Sozialismus und Demokratie, Bern: Francke 1946.

Wehowsky, Stephan: Die lebendige Welt eines Physikers. Wie Hans-Peter Dürr Mut zur Zukunft macht, Journal 21, Buchbesprechung vom 05.11.2011, http://journal21.ch/die-lebendige-welt-eines-physikers (Abruf: 04.07.2012).

Wehrli, Ursus: Die Kunst aufzuräumen, Zürich: Kein & Aber 2010.

---

17 | Heiner Goebels, Rede auf dem »Forum d'Avignon Ruhr«, 09.03.2012.

TEXTPERFORMANCE
URSULA BERTRAM

uraufgeführt 2007 zum Wissenschaftstag der TU Dortmund. 1 männlicher Sprecher, 1 weibliche Sprecherin, frontal zum Publikum, Zwischenraum voneinander 4,0 m auf einem Podest der Standhöhe 0,30 m. Der Text wird Satz für Satz abwechselnd mit neutralem Blick zum Publikum gesprochen. Es findet kein Blickkontakt zwischen den Performern statt.

WISSENSCHAFTLICHES DENKEN UND ARBEITEN

1. Wissenschaft unterscheidet sich von Kunst.

2. Bei der klassischen wissenschaftlichen Forschung sind künstlerische Methoden nicht vorgesehen.

3. Individuelle Herangehensweisen können nur akzeptiert werden, wenn diese entweder einer bestehenden Methode entsprechen oder mindestens zum richtigen Ergebnis führen.

4. Die Richtigkeit der Ergebnisse des wissenschaftlichen Arbeitens muss verifiziert sein.

5. Erkenntnisse, die individuelle Methoden mit individuellen Ergebnissen hervorbringen, müssen bewiesen und von anerkannten Wissenschaftlern anerkannt werden! Der Beweis muss objektiv geführt werden, so dass die individuellen Erkenntnisse objektiviert werden können.

6. Wissenschaftliches Denken und Handeln unterliegt allgemein verbindlichen Regeln.

7. Die Regeln sind formal festgelegt.

8. Um die Erkenntnisse zu kommunizieren, muss eine bestimmte Sprache verwendet werden.

9. Die Sprache muss allgemein anerkannte Begrifflichkeiten benutzen. Sollte eine Begrifflichkeit neu kreiert werden, ist diese zu definieren. Bei der Definition müssen klare Abgrenzungen zu ähnlichen Begriffen gesetzt werden.

KÜNSTLERISCHES DENKEN UND ARBEITEN

1. Kunst unterscheidet sich von Wissenschaft.

2. Bei der Generierung von Kunst sind klassische wissenschaftliche Methoden und klassisches wissenschaftliches Denken kontraproduktiv.

3. Individuelle Herangehensweisen sind erforderlich und können zu einer eigenen Methode entwickelt werden.

4. Es gibt kein richtiges oder falsches Ergebnis.

5. Erkenntnisse sind immer subjektiv und individuell.

6. Künstlerisches Denken und Handeln passiert in eigenen Subsystemen.

7. Die Stimmigkeit des jeweiligen Subsystems ist über seine Form erfahrbar. Je stimmiger ein Subsystem ist, desto eher spricht man von einer Position. Maßgeblich sind individuelle Methoden mit individuellen Ergebnissen. Der Kern der individuellen Methode ist die differenzierte Subjektivität. Das Verfahren ist frei wählbar.

8. Um die Erkenntnisse zu kommunizieren, muss eine bestimmte Sprache gefunden werden.

9. Die Sprache der Kunst besteht aus künstlerischen Mitteln, deren Kanon ständig erweitert wird.

WISSENSCHAFTLICHES DENKEN UND ARBEITEN

10. Begriffe dürfen nicht unbestimmt sein. Sie sind nach allen Seiten hin zu klären und abzusichern. Beispiele ihrer möglichen Verwendung sollen vorliegen.

11. Methoden dürfen nicht beliebig sein.

12. Die Ergebnisse wissenschaftlicher Forschung werden in der Regel in (Druck-)Medien veröffentlicht.

13. Wissenschaftliches Arbeiten erfordert Wissensbestände, die sukzessiv aufgebaut werden und zu bestimmten Wissensfeldern führen.

14. Verknüpfung von Wissen darf nicht zu unklaren Konstellationen führen.

15. Außerhalb des Wissens gibt es Erkenntnisse.

16. Erkenntnisse müssen objektivierbar sein.

17. Unerklärliche Erkenntnisse werden durch den wissenschaftlichen Diskurs erklärbar oder ausgeschlossen.

18. Erkenntnisse, die individuell sind und nur für einen Wissenschaftler zutreffen, sind nicht wissenschaftlich.

19. Die Weitergabe wissenschaftlich geführter Erkenntnisse ist Wissensvermittlung, nicht die Generierung von Erkenntnis.

20. Alle Bestandteile einer wissenschaftlichen Arbeit sollen erklärbar sein.

21. Geheimnisvolle Dinge sollen nicht verehrt, sondern analysiert und enthüllt werden.

KÜNSTLERISCHES DENKEN UND ARBEITEN

10. Medien dürfen unbestimmt sein.

11. Methoden dürfen beliebig sein.

12. Die Ergebnisse künstlerischer Forschung werden in der Regel durch Ausstellungen veröffentlicht.

13. Künstlerisches Arbeiten erfordert Innovation, die ständiger Antennen bedarf, die sukzessiv aufgebaut werden und zu bestimmten Erfahrungsfeldern führen.

14. Verknüpfung von Wissen soll zu unbekannten, innovativen Konstellationen führen.

15. Kunst ist Erkenntnis.

16. Erkenntnis ist untrennbar mit der individuellen Person verbunden.

17. Unerklärliche Erkenntnisse sind Triebfedern künstlerischen Tuns.

18. Künstlerisches Denken ist individuell und originär.

19. Kreativität ist die Generierung von Erkenntnis.

20. Bestandteile einer künstlerischen Arbeit sollen keine Erklärung abgeben.

21. Die Bewahrung von Unentdecktem ist für künstlerisches Arbeiten unabdingbar.

MARIA EICHHORN
AKTIENGESELLSCHAFT

AKTIENGESELLSCHAFT 51

Die Projekte von Maria Eichhorn (geb. 1962 in Bamberg) haben meist prozessualen oder ereignishaften Charakter. Häufig involvieren sie die Orte und Institutionen, an denen sie stattfinden, und die Personen, die dort arbeiten. Für die Documenta 11 gründete Maria Eichhorn beispielsweise die Maria Eichhorn Aktiengesellschaft, in der aufgrund einer ganz bestimmten Konstellation von Vermögen und Gesellschaft kein Kapitalzuwachs möglich ist. Gründerin und Vorstand der Gesellschaft ist Maria Eichhorn selbst, der Vorsitzende des Aufsichtsrats ist Documenta-Leiter Okwui Enwezor. Das Kapital bestand aus einem Teil des Produktionsetats, der Maria Eichhorn von der Documenta für ihr Projekt zur Verfügung gestellt wurde. Durch das Einfrieren des Betrags führte sie das Prinzip dieser eigentlich gewinnorientierten Gesellschaftsform ad absurdum und warf zugleich Fragen über das Verhältnis von Kunst und Kapitalismus und über die Autonomie des Kunstwerks auf.

Quelle: Städtische Galerie im Lenbachhaus / Kunstbau

Abbildung 1: Maria Eichhorn, »Aktiengesellschaft«, Präsentation, von 2007 bis 2010, Van Abbemuseum, Eindhoven

DOCUMENTA11, KASSEL
Van Abbemuseum, Eindhoven (Sammlung)

Medien, Materialien, Vorgänge:
Notarielle Gründungsverhandlung und konstituierende Aufsichtsratssitzung, Aktiengesellschaft, Gründungsurkunde, Satzung, Niederschrift über die erste Sitzung des Aufsichtsrats, Bericht der Gründerin über den Hergang der Gründung, Bericht der Mitglieder des Vorstands und des Aufsichtsrats über die Prüfung des Gründungshergangs, Gründungsprüfungsbericht, Anmeldung zur Gesellschaft zur Eintragung im Handelsregister, Handelsregisterkarte, Öffentliche Bekanntmachung der Registereintragung, Vertrag zur Übertragung aller Aktien an die Gesellschaft, 50.000 Euro in 500er Banknoten, Bankschließfächer, Safe, Sitzbank, Konsole, Publikation Maria Eichhorn Aktiengesellschaft, Text: »Maria Eichhorn Aktiengesellschaft. Aktiengesellschaft. Entwicklung, Funktionsweisen, Struktur und Bedeutung der Aktiengesellschaft. Kapitalaufnahme, Kapitalmobilität. Börse. Konzernverantwortung. Handel/Spekulation. Gesetz. Veröffentlichungsgebot, Mitbestimmung. Selbstbestimmung. Frage nach dem Wertbegriff. Wertbegriff. Geld, Ware. Kapitalgewinn durch Kapitalzerstörung (-auflösung). Wertakkumulation (-zuwachs, -steigerung)/Wertreduktion (-verlust). Öffentlichkeit/Zugänglichkeit eines Werkes. Handelbarkeit/Nichthandelbarkeit, Besitzverhältnisse eines Werkes, Copyright. Wissensbesitz. Bedingungen der künstlerischen Theorie und Praxis, Aufheben der Bedingungen.«, Körperschaftssteuererklärungen, Jahresabschlüsse, Lageberichte, Aufsichtsratssitzungen

Orte, Institutionen:
- Notarkanzlei Klaus Mock, Berlin
- Mittelweg 50, 12053 Berlin
  (ehemaliger Sitz der Maria Eichhorn Aktiengesellschaft)
- Uferstraße 8, 13357 Berlin
  (Sitz der Maria Eichhorn Aktiengesellschaft)
- Amtsgericht Charlottenburg Handelsregister, Berlin
- Leibnizstraße 49, 10629 Berlin
  (Kanzleiräume des Aufsichtsratsvorsitzenden)
- Industrie- und Handelskammer
- documenta GmbH, Kassel
- Documenta11
- Finanzamt für Körperschaften III, Berlin
- Van Abbemuseum, Eindhoven

Abbildung 2: Maria Eichhorn, »Aktiengesellschaft«, Präsentation, Detail, 50.000 Euro in 500er Banknoten, Safe, Fridericianum Kassel

Gerhard Kilger

GESTALTUNG VON LEBEN UND ARBEIT

»Wenn Du ein Schiff bauen willst, so trommle nicht Menschen zusammen, um Holz zu beschaffen, Werkzeuge vorzubereiten, Aufgaben zu vergeben und die Arbeit einzuteilen, sondern lehre die Menschen die Sehnsucht nach dem weiten endlosen Meer.« Die Worte stammen aus der Feder des Verfassers »Der kleine Prinz«, Antoine de Saint-Exupéry. Als Künstler hat er bis heute viel bewirkt, als Soldat und Aufklärungsflieger wurde er am Ende des Zweiten Weltkrieges abgeschossen. Die Sehnsüchte und Erwartungen der späteren Benutzer sollen die Macher im Auge haben, nicht das eigene Fachwissen! Das ist die Botschaft. So wissen auch erfolgreiche Führungskräfte: eigentliche Qualität im Maßstab des Neuen, der Innovationen, des mit umwälzender Kraft Überzeugenden bedarf eines übergreifenden und visionären Gedankens.

Abbildung 1: Arnaud Malon, »Der B 612 Asteroid« Brunnen im Museum of The Little Prince, Hakone, Japan

Noch deutlicher hat sich der ehemalige Präsident der Fraunhofergesellschaft, Hans-Jörg Bullinger, geäußert: Unsere Spitzenkräfte in der Wirtschaft machen hochqualifizierte Arbeit, aber es fällt ihnen nicht genug ein: Wir müssen die Frösche wach küssen! Doch woher bekommen wir die Kreativität?

Vor jeder Antwort ist zunächst folgende Feststellung von besonderer Bedeutung: Bei dem noch so schnellen Wandel in unserer Zeit ist für die Gestaltung der Zukunft die Sicht auf den Menschen das beste Modell: Technische Innovation hat sich an den Belangen des Mensch-Seins zu orientieren und nicht umgekehrt!

Welches Menschenbild haben wir aber heute von Arbeitenden, die meist nur am Bildschirm sitzen? Es sind die Augen, das Gehirn und allenfalls die kleinen Handbewegungen für den Mausklick, die gefordert sind. Und der Mensch mit all seinen Potentialen, seiner Geschicklichkeit, seiner Körperkraft, seinem Bewegungsdrang, seinem Einfallsreichtum, seiner Fürsorglichkeit, seiner List und Schöpferkraft, liegen diese dann alle brach?

Personalmanager in erfolgreichen Unternehmen haben längst verstanden: Im globalen Wettbewerb spricht nicht der Stand der Technik – der sich längst in den Industrieländern ausgeglichen hat – das letzte Wort, sondern seine persönlichen Potentiale und der diese umgebende Kulturraum, der sie zur Entfaltung bringen kann.

Oder noch deutlicher: Solange Menschen unter ihren Arbeitsverhältnissen zu leiden haben, haben Wirtschaftsunternehmen auf Dauer keine Chance!

Mit dieser DASA-Botschaft zeigen wir Ihnen gerne aus möglichst vielen Perspektiven den Blick auf den Menschen. All seine Potentiale, seine Belange und Befindlichkeiten können Sie in der Ausstellung erfahren und meist sogar selbst ausprobieren.

Nun werde ich zuerst auf die DASA und später auf die kreativen Prozesse eingehen:

Wer sich heutzutage wie wir mit dem Thema »Kunst und Arbeit« beschäftigt, stößt zwangsläufig auf unerklärliche Grenzen: Obwohl Arbeit als wichtiger Bestandteil menschlichen Lebens verstanden wird, wird sie als Gegenstand der Kunst immer mehr ausgeklammert. Zwar wurde die moderne Gesellschaft durch die Industriearbeit umgestaltet und geprägt, doch haben sich nur wenige kunstgeschichtliche Untersuchungen und Ausstellungen der Darstellung der modernen Arbeitswelt angenommen. Waren es noch im 19. Jahrhundert Werke wie Menzels »Walzwerk«, die neue Einblicke in eine damals nicht öffentliche Arbeitswelt gaben, so wurden Motive aus dem Arbeitsleben im 20. Jahrhundert immer seltener.

> Solange Menschen unter ihren Arbeitsverhältnissen zu leiden haben, haben Wirtschaftsunternehmen auf Dauer keine Chance!

In den Jahren des Aufbaus der DASA wurde eine Kunstsammlung angelegt mit einem großen Anteil von Arbeiten, die das Menschenbild in der Kunst aus der Zeit von der Hochindustrialisierung bis heute zeigen, so die Darstellung des durch sein »Machen« geprägten Menschen, des Homo faber, des Menschen in seiner von Arbeit geprägten Lebensumwelt. Die meisten Arbeiten in der Sammlung sind aber oft mehr als nur Dokumente aus der Arbeitswelt. Durch verschiedenartige Betroffenheit, aber auch durch die unterschiedlichen Sichtweisen von Künstlern sind sie vielmehr Dokumente von Wahrnehmungen und Empfindungen der Menschen überhaupt.

Die Belange der arbeitenden Menschen würden sich in einem Technikmuseum oder in einer technischen Ausstellung gar nicht zeigen. Auch die aufwändigste Didaktik vermag keine Empathie mit den Betroffenen zu erzeugen. Sowohl durch eine künstlerische Ausstellungsgestaltung als auch durch die Aufnahme von Kunstwerken in die Ausstellung werden diese Inhalte und Themen aus der Arbeitswelt für das Publikum interpretierbar und manchmal sogar nachvollziehbar.

Die deswegen sehr künstlerische Darstellung des Menschenbildes in der DASA, welches der heutigen Arbeitswissenschaft zugrunde liegt, hat die Absicht, seine Ganzheitlichkeit von Sinnen und Fähigkeiten, sowie seine Kompetenz in geistiger, psychischer, physischer und sozialer Hinsicht zu betonen. Dazu sind Bezüge ausgewählt, die zu seinen Tätigkeiten in modernen Arbeitswelten passen. Diese bestehen in weit verbreiteten Leitbildern, wie z.B. Virtualität, Flexibilität, Mobilität u.s.w.).

Die künstlerische Darstellung kontrastiert diese mit elementaren »Phänomen«, wie sie in »Berührung«, »Dinglichkeit«, »Machbarkeit« und »Gefühl« evident sind.

Auf diese Weise sind für eine szenografische Umsetzung vier »Elementarräume« in der DASA entstanden: Jeder ist als begehbarer Kubus ausgebildet, in dem ein meditatives Erfahren einer jeweiligen Kompetenz möglich ist. Jeder Raum ist monomateriell (geistig: Kalk, physisch: Holz, psychisch: Lehm, sozial: Filz), je eine Wand ist durch Licht als Quadrat ausgebildet, 4-Kanal-Klänge, künstlerische Chiffren und der Geruch des Materials vermitteln ein sinnliches Erlebnis. In der jeweiligen Mitte befindet sich ein zentrales Objekt, das interaktiv die elementare Kompetenz spürbar macht.

Alle vier Materialien gehören seit Bestehen menschlicher Kultur zum »Lebensraum Arbeit«. Deren »Dinglichkeit« wird in den Elementarräumen durch die Gestaltung der Wände und des Materials, mit dem man umgeht, aufgegriffen. Nicht der Produktbezug wird assoziiert, sondern der sinnlich-sinnhafte Grundzug zur Materialität menschlicher Tätigkeitsbereiche wird erfahrbar.

Abbildung 2: Elementarraum »geistige Kompetenz«, DASA-Ausstellung »Arbeitswelt«, 2000

Abbildung 3: Formendes Gestalten (Lehm)

Diese Art der Innenraumgestaltung hat sich zu einer szenografischen Methode entwickelt, deren künstlerischer Anspruch ganz entscheidend zugenommen hat. Dies hat aber auch mit der in den Kunstwissenschaften stattgefundenen Wende von der Produzentenästhetik auf die Rezipientenanalyse zu tun: Nicht der Einsatz von visuellen Reizen, sondern die Frage, welche Eindrücke beim Publikum als »Gegenleistung« entstehen, bestimmt die Gestaltung, nicht Raumwirkungen mit entsprechender »Reiztopografie« zur Erzeugung von Stimmungslagen, sondern künstlerisch szenografische Entwürfe, die sich aus dem Gebrauch, aus der Bedeutung, aus dem Verhalten oder dem Erleben von öffentlich zugänglichen Ausstellungsräumen herleiten.

Was für sogenannte »soft skills« auf solch subtile künstlerische Darstellung gelingt, kommt für wissenschaftlich-technische Themen auf viel spektakulärere Art und Weise zur Geltung. Am Beispiel der körperlichen und ästhetischen Erfahrung der Elektrizität werden auf sehr haptische und aufregende Erlebnisse weit mehr als Schulbuchwissen auf ganz elementare und nachhaltige Weise vermittelt. Der Künstler B. Hwang hat einen benutzbaren Schlitten mit einer Induktionsmaschine zusammengebaut, körperliche Bewegung wird durch faszinierende Gestaltung in funkensprühende Aha-Effekte übertragen. Gerade für junge und bildungsferne Schichten sind derartige Vermittlungsformen sehr geeignet, weil sie die aufregende Didaktik mit spannender visueller Ästhetik verbinden können.

Abbildung 4: Erfahrung der Elektrizität, DASA-Ausstellung, 2010

Aber auch Begrifflichkeiten wie »Chance und Risiko« werden durch Künstler dargestellt: Zange und Helm liegen nutzlos am Boden, solange der Mensch in seinem mechanistisch zweckorientierten Muster bleibt, ist er ewig wie Ikarus zum Sturz verdammt. Der Bildhauer Wolfgang Bier hat diese große, begehbare Plastik »der Sturz« in die DASA gebaut.

Nun zu den schöpferischen Prozessen: Bei der Gestaltung von Leben und Arbeit gilt es künftig vor allem, den Menschen – bevor wir ihn als Teil einer hoch technisierten Welt begreifen – kennen zu lernen. Denn an seinen kulturellen Fähigkeiten, wie Kreativität und Wissen, wird sich letztlich auch der globale wirtschaftliche Wettbewerb entscheiden. Allerdings stellen sowohl die qualifizierte Förderung als auch die richtige Nutzung dieser kulturellen Fähigkeiten offenbar Probleme dar, die im Arbeitsleben vielerorts auf Ratlosigkeit stoßen. Kunstschaffende verschließen sich eher dieser Frage, denn gerade die

Abbildung 5: Wolfgang Bier, »Sturz« begehbare Plastik, 1993

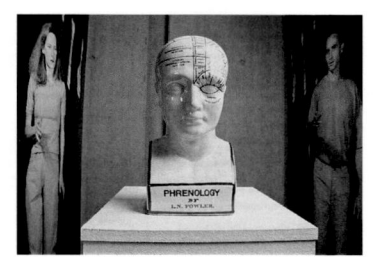

Abbildung 6: Historische Verortung von Potentialen. Der »Homo sapiens« als leitbildhaftes Funktionsmodell in Porzellan (um 1900)

kreativen Fähigkeiten bilden einige der letzten menschlichen Bastionen, die sich zum Glück nicht rationalisieren und vermarkten lassen – so betont dies etwa der angesehene Pädagoge Hartmut von Hentig.

Wie also sollten Frösche wach geküsst werden?

Wenn man heute von produktiven Freisetzungen menschlicher Begabung und Schaffenskraft im Arbeitsleben spricht, sind die herkömmlichen Bedeutungen von Kreativität und Wissen eigentlich nicht gemeint. Wissen – um Letzteres zu verdeutlichen – bedeutet die gesicherte Kenntnis, erworbenes Wissen baut auf Bildung und Erfahrung auf. Grundsätzlich ist Wissen nicht mit verfügbarer Information identisch. Im Zeitalter des Internets jedoch werden die Möglichkeit, auf alles Wissbare zugreifen zu können, wie auch die Vergrößerung der individuellen Gedächtnisleistung, zu neuen Rohstoffen der Wissensgesellschaft. Entsprechend hat sich auch die Erwartung an schöpferische Leistungen durch Kreativität zum Anspruch gewandelt, sie müsse eine hohe spontane Wertschöpfung im Arbeitsprozess erzeugen: – Ein ganz neues, vorher nicht da gewesenes, gewissermaßen aus dem Nichts geborenes, plötzlich und spontan vor uns aufgetauchtes Etwas!

Die Suche nach einem besseren Einbringen von Kreativität und Wissen in optimierte Arbeitsprozesse meint, eine Verknüpfung von Kombinationsgabe und Einfallsreichtum könne dies leisten. Als Begriff müsste man dann nach anglo-amerikanischem Vorbild »Crealedge« als Verbindung von creativity und knowledge wählen. Gemeint nämlich ist damit nicht erworbenes Wissen, Bildung oder Sachkenntnis, auch nicht das wachsende, verfügbare Wissen infolge der Informationstechniken oder in Bibliotheken, sondern die menschliche Fähigkeit, auf intelligente Weise Wissen zu erhalten und zu verknüpfen.

Gemeint ist nicht die Begabung von Künstlern und Künstlerinnen, die man den Managern in Bastelkursen oder Quizspielen von Psychologen anzutrainieren versucht, gemeint ist eben auch nicht die Fähigkeit zu geistreichen Einfällen, sondern die schon beschriebene intelligente Fähigkeit, allerdings mitsamt ihrer Gabe, eine gewonnene Idee in eine Handlung umzusetzen. Bezogen auf ein neues Produkt bilden – aufbauend auf technischem Standard – die kulturellen Fähigkeiten wie Kombinationsgabe, Einfallsreichtum und schnelle Verwirklichung den notwendigen »Rohstoff«.

Was aber passiert tatsächlich bei einem schöpferischen Akt? Er hat etwas mit der Art und Weise menschlichen Handelns zu tun. Beispiele aus der Geschichte zeigen, dass kreative Ergebnisse kaum bei rationalisierten und optimierten Arbeitsprozessen entstehen. So wurden bedeutende physikalische Theorien des 20. Jahrhunderts während der täglichen Teerunde bei Niels Bohr gefunden. Für technische Erfindungen ist der Einfall des Kreiskolbenmotors von Felix Wankel in den Weihnachtsfeiertagen mit Marzipangenuss typisch. Selbst die Arbeit im Liegestuhl auf der Dachterrasse bei modernen Werbeagenturen findet auf bisher ganz ungewöhnliche Weise statt. Die Beispiele zeigen, dass auch Anteile unseres Freizeitverhaltens in die produktive Arbeitsgestaltung rücken. Die im Zuge der Industrialisierung entstandene Abgrenzung der Freizeit von der Arbeit wird zunehmend durchlässiger werden. Das Thema Arbeitszeit, aber auch die Zeitabläufe mit wachsenden Freiheitsgraden erhalten hierdurch eine neue Zukunftsperspektive.

Produktive Schaffensprozesse sind wissenschaftlich genügend untersucht. Demnach liegt die Hauptleistung vor der Produktion, nämlich im Erwerb von Mitteln, von Kenntnissen und Fähigkeiten, die zum größten Teil auf der Leistung von Jahrhunderten aufbauen. Der schöpferische Akt basiert also auf Wissen, folgt jedoch nicht einem determinierten Ablauf. Er kann auf zwei vollkommen verschiedene Arten erfolgen. Die eine ist eine zweckrationale Kombination: Von einem schon bekannten Mittel kommt man durch Technik, mit Hilfe von verfügbarem Wissen, Routine und Fleiß zur Lösung. Die andere ist vorwiegend durch Intuition bestimmt: Durch eine oft unbewusste Zielvorstellung, über ein abstraktes Mittel, durch Wahrnehmungen, Assoziationen, innere Bilder, Fantasie etc. entsteht eine vage Idee. Von dieser Idee kommt es im Allgemeinen durch drei Wege zu einem Ergebnis: Durch strukturelles Denken in Richtung der Vorahnung, durch plötzliche Erinnerung oder durch Zufall. Auffallend bei diesen Beschreibungen ist der Eindruck einer vermeintlichen Passivität, wie sie für Inspiration, für Eingebung, für Meditation, aber auch für glückliche Konstellationen oder Chancen typisch ist. Diese scheinbare Passivität ist ebenso wie die erwähnten Freizeitaspekte nur schwer mit den bisher hauptsächlich durch Aktivität bestimmten Vorstellungen von Arbeit in Einklang zu bringen.

Natürlich ist kein schöpferischer Akt ohne seine physische oder geistige Verwirklichung denkbar. Insofern haben diejenigen nicht unrecht, die den Schweiß als wichtigstes Kennzeichen produktiver Kreativität bezeichnen. Einzelnen Mitarbeitern eines Unternehmens kann jedoch schöpferische Leistung nicht verordnet werden. Anreize oder Zulagen sind im Klima zielorientierter Gewinnabsichten, Rationalisierung und Leistungsverdichtung dazu untaugliche Mittel. Die innere Absicht, gute neue Ideen womöglich gegen Widerstände durchzusetzen, motiviert kreative Mitarbeiter und Mitarbeiterinnen höchstens einmal, besonders dann, wenn andere sich damit schmücken. Schöpferische Leistungen verdienen die Anerkennung des »Schöpfers«, wie sie in der Regel nur Freischaffenden zukommt.

Will man ein besseres Zusammenwirken von Kreativität und Wissen im Arbeitsleben nutzen, so sollte man nach dem bisher Gesagten folgende Voraussetzungen fordern:

1. Die Grenze zwischen Arbeit und Freizeit muss durchlässiger werden, wie dies für viele Freiberufler und Künstler normal ist.
2. Modernes Zeitmanagement muss Freiräume für Intuition und Reflexion schaffen.

3. Arbeitsabläufe bei produktiver Aktivität benötigen einen passiven Vorlauf.
4. Für positive Ergebnisse schöpferischer Leistung ist eine angemessene Anerkennung notwendig.

Mit solchen Forderungen kam es zu folgender Kooperation: Gemeinsam mit dem IAW der Fraunhofergesellschaft wurde bereits vor ca. zehn Jahren das ICL (integrated creative landscape) als ein durch Kunst und Wissenschaft zusammenwirkendes Experiment realisiert:

In einem durch Farbwechsel, durch Klang- und Bildfolgen gestalteten Raum, der an einen Uterus erinnert, können Mitarbeiter oder Mitarbeiterinnen in sehr entspannter Sitzhaltung regenerieren. Die über alle Sinne aufgenommenen Reize führen zu einer neurologischen Umorganisation des Gehirns, so dass bei Probanten sehr bald eine psychomentale Erholungsphase feststellbar ist, die ein Potential für neue Leistungsreserven darstellt.

Der Regenerationsraum ist ergänzt durch einen innenarchitektonisch ungewöhnlichen Raum, der auf einer »frozen cloud« – einer benutzbaren »gefrorenen Wolke« – Freiräume für inspiratives Denken einnimmt. Für die Wirtschaft ist dieses Modell ein Experiment geblieben, jedoch kommen Elemente solcher Ansätze auch heute in der Praxis zum Einsatz.

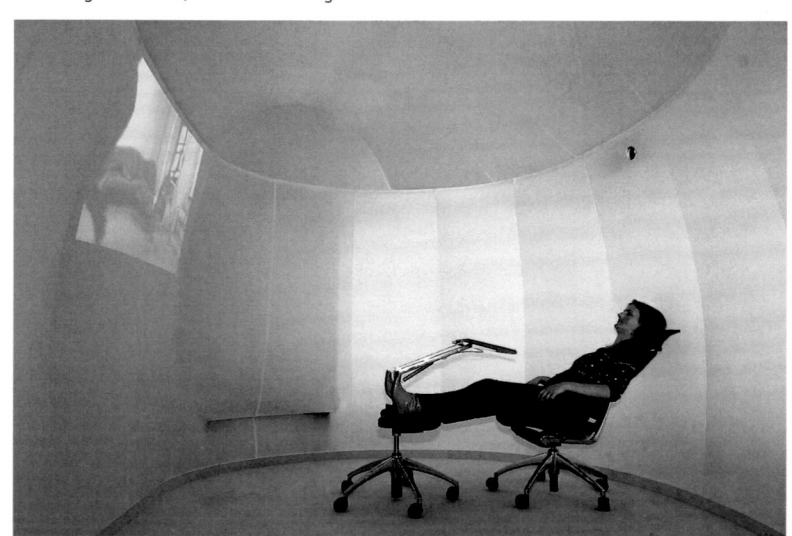

Abbildung 7: ICL Stuhl, DASA-Ausstellung

GESTALTUNG VON LEBEN UND ARBEIT 63

Abbildung 8: Blick in den DASA-Zeitraum, Raumkonzept: M. Bradke, Raumgestaltung: Atelier Wobser, Foto: Harald Hoffmann

Die Beispiele in der DASA sind innovativ, aber die Begegnung von Kunst, Wissenschaft und Wirtschaft ist nicht neu. Dementsprechend ist ihre Begegnung auch in Museen nicht neu, sie ist aber immer noch ungewöhnlich. Dies mag ihre Ursache darin haben, dass die Vermittlung in wissenschaftlichen Ausstellungen einen meist ausschließlich didaktischen Anspruch erhebt. Der Einsatz von Kunst für rein didaktische Zwecke taugt allerdings nicht. Im Gegenteil: Freie künstlerische Auseinandersetzungen mit wissenschaftlichen oder technischen Themen bleiben meist rätselhaft oder werfen noch mehr Fragen auf.

Zwar trägt Kunst nicht unbedingt zum Verständnis, aber in hohem Maße zur Förderung von Einschätzbarkeit wissenschaftlicher Erkenntnis bei. Möchte man nun künstlerische Prozesse für die Vermittlung in öffentlich begehbaren Innenräumen nutzen, so gilt die Suche vor allem nach neuen Wegen, künstlerische Entwurfsarbeiten in Prozess-Schritte zu operationalisieren. Ausstellungsplaner haben heute nicht allein Konzepte zu erstellen, sondern sie haben im Zuge der kreativen Prozesse der Ideenfindung die Rolle eines künstlerischen Moderators, der mit den Instrumentarien unterschiedlicher Praktiken ein Gestaltungsteam von der vagen Ausstellungsidee zum schöpferischen Gestalten von Raumcharakteren, Bedeutungsräumen und Raumfolgen führt. So gehen Gestaltungskonzepte hoher Qualität vom Zusammenwirken sozialpsychologischer mit wahrnehmungspsychologischen Instrumenten aus, beispielsweise von den Kriterien des Verhaltens bei Wahrnehmungsprozessen, wie sie beim erstmaligen Betreten von Publikum in Innenräumen stattfinden. Vorgaben sollten bei themenorientierten Ausstellungskonzepten möglichst offen sein, so dass spontane und intuitive Einfälle ihren Freiraum haben. Die beabsichtigte Vermittlung soll im Team zu einer Sammlung von Werthaltungen strukturiert werden, die in einer Wertepyramide darstellbar wird. Der umgekehrte Prozess für eine angenommene Rezeption wird hierbei in drei zeitlich nacheinander eintretenden Phasen untersucht: Der erste Eindruck findet nur einen Bruchteil einer Sekunde statt, in welcher ein Innenraum betreten wird oder der Augenblick ein Schaufenster streift. Es sind ganz emotional wirkende Kriterien des Raumcharakters oder anderer Signalwirkungen, die es schaffen, Aufmerksamkeit zu erreichen. Ungefähr zwei bis drei Sekunden – die Zeit eines sog. »Gegenwart-Fensters« – sind dann bestimmend, ob über eine erzeugte Aufmerksamkeit eine kognitive Neugier geschaffen wird, sich nämlich auf diesen Eindruck einzulassen. Ist bis zu diesem Zeitpunkt nichts Bedeutendes

Abbildung 9: Erika Wobser, Wertepyramide zur Ideenfindung

Abbildung 10: Erika Wobser, Vermittlungspyramide zur Ideenfindung

aufgetreten, was der Erwartungshaltung nach Unerwartetem entgegenkommt, wird der Zustand des sog. »aktiven Dösens« kaum zu durchbrechen sein. Nur dann nämlich, wenn es durchbrochen ist, wird auch die dritte zeitliche Phase der Vermittlungspyramide anzuwenden sein, dass sich Publikum tatsächlich – dann aber meist nur bis zu zwei Minuten – den Inhalten und eigentlichen Vermittlungszielen widmet.

Für eine hohe Erfolgsquote des Erreichens von non-verbalen Vermittlungszielen ist demnach eine Qualität der Gestaltungskonzepte im Hinblick auf diese drei Wahrnehmungsstufen wichtig. Diese Rezeptionsannahme stellt einen von neun iterativen Schritten dar, durch die der schöpferische Prozess der Ideenfindung stattfindet.

Warum allerdings kommt diesen künstlerischen Methoden, mit non-verbalen Vermittlungszielen besonders junge Menschen zu erreichen, eine so hohe Bedeutung zu?

Der Übergang der Welt in eine Wissens- und Informationsgesellschaft hat ein Klima erzeugt, in dem Menschen ihr Leben zunehmend auf Lernen ausrichten. Während sich die Politik weiterhin auf die Lernsituation des 20. Jahrhunderts konzentriert – nämlich das schulische Lernen –, bewegt sich das Leben in der Welt des 21. Jahrhunderts hin zu neuen Lernstrategien, insbesondere dem Lernen durch freie Auswahl (Free-Choice-Learning) und dem

Abbildung 11: Macht Musik in der DASA, Ausstellungsansicht, DASA-Ausstellung »Arbeitswelt«

informellen Lernen. Dies geschieht durch die unterschiedlichsten Angebote, freiwillig werden dafür nur sehr selten klassische Unterrichtsformen gewählt.

Innerhalb dieser Liste von Angeboten spielen erlebnishafte Erfahrungen mit möglichst allen Sinnen erfahrbare Eindrücke aufgrund ihrer nachhaltigen Wirkung eine besonders wichtige Rolle.

Relied Upon "Some or A Lot"		
Rank Order	%	Category Source
1st	76%	Books, magazines, not for school
2nd	74 % 74 %	Life experiences TV, cable
3rd	68%	School, courses
4th	65%	Museums, zoos
5th	57%	On the job
6th	55%	Family / friends
7th	31%	Radio, audiotapes
8th	15%	Internet

Abbildung 12: informal learning

Auch dazu ein Beispiel:
Sicher ist der Umgang mit der Zeit eines der großen Themen in der Wirtschaft. Theoretisch gibt es dafür viele Antworten, im operativen Geschehen gibt auch gute Handlungsempfehlungen für die Praxis. Die gefühlsmäßige Erfahrung jedoch von Zeittakt, Rhythmus, Leistungsverdichtung und Stressbewältigung wird nur im eigenen Erlebnis vermittelbar: Im Zeitraum der DASA erleben täglich Hunderte durch szenografische Vermittlung den Umgang mit der Zeit. Solche Potentiale gilt es in Zukunft gut zu nutzen.

Ein Kunstwerk in der DASA fasst schließlich alles zusammen: Bei einem Atelierbesuch des Künstlers Eberhard Linke zu Beginn der Ausstellungsplanung hat mich die große Plastik »Legionär« besonders beeindruckt. Übergroß tritt sie uns vor Kraft strotzend entgegen. Doch seine eigentlichen menschlichen Potentiale sind noch nicht entfaltet, der »Legionär« wäre zu viel mehr fähig, als nur als Soldat eingesetzt zu sein. Man sieht, dass die Schale und die Fesseln, die ihn umgeben, durch seine Kraft leicht wegzusprengen wären. Jetzt noch in eine unnatürliche Zwangshaltung eingeengt möchte man ihn zukünftig als großartigen Menschen erleben können.

GESTALTUNG VON LEBEN UND ARBEIT 67

Abbildung 13:
Eberhard Linke,
»Legionär«

DIE RATIONALE, REDUKTIONISTISCHE UND LINEARE ANALYSE IST EINER KONTEXTBEZOGENEN, INTUITIVEN, GANZHEITLICHEN UND NICHT LINEAREN SYNTHESE GEWICHEN.

Fridjof Capra

Albert Schmitt

DAS 5-SEKUNDEN-MODELL
EIN GESPRÄCH MIT ALBERT SCHMITT

Interviewer: Thomas Koch

THOMAS KOCH

Kammerphilharmonie Bremen. Sie haben angefangen in Frankfurt als basisdemokratisches Studentenorchester mit Rotationsprinzip. Das bedeutete, jeder durfte mal Stimmführer sein. Inzwischen sind Sie nun eine GmbH und geben auch Seminare für Manager aus der Wirtschaft. Haben Sie die früheren Ideen verraten?

ALBERT SCHMITT

Nein, wir haben einen langen, langen Entwicklungsweg hinter uns. Genauso wie die Grünen festgestellt haben, dass doch nicht jeder x-beliebige Basisdemokrat Außenminister der Bundesrepublik Deutschland werden kann, so haben auch wir festgestellt, dass es eben für bestimmte Aufgaben mehr und für bestimmte Aufgaben weniger Geeignete gibt, und dass es auch sinnvoll ist, die Ursprungsüberlegungen immer wieder auf ihre Gültigkeit hin zu überprüfen.

THOMAS KOCH

Die Ursprungsüberlegung. Ist davon noch etwas geblieben?

ALBERT SCHMITT

Oh, ja, jede Menge. Der Geist, der dieses Orchester nach wie vor durchweht, ist das Streben nach höchstmöglicher Authentizität. Darum geht es eigentlich, dass man versucht, Musik der unterschiedlichsten Epochen immer der jeweiligen Epoche so gerecht wie irgend möglich zu spielen. Dafür muss man zum Teil unkonventionelle Wege gehen. Dafür muss man auch tiefer als andere graben. Man fängt zum Teil erst da an zu arbeiten, wo andere schon aufgehört haben. Diese Haltung ist nach wie vor präsent.

THOMAS KOCH

Ihr Orchester bekommt ja relativ wenig Fördermittel. 60 Prozent müssen Sie einspielen. Wie wirkt sich das inzwischen auf das Repertoire aus – nur noch die kleine Nachtmusik?

ALBERT SCHMITT

Überhaupt nicht, ganz im Gegenteil. Wir haben ja kürzlich, es ist ca. zwei oder drei Jahre her, eine große Stadtteil-Oper in Bremen-Osterholz-Tenever gemacht, und zwar mit zeitgenössischer Musik. Eine Faust-Sprech-Oper, Faust 2 von Karsten Gundermann und das ist nur ein Beispiel. Wir machen nach wie vor die Musik, die uns fasziniert, und das hat mit der Art der Förderung relativ wenig zu tun.

THOMAS KOCH

Aber 60 Prozent müssen Sie ja verdienen und gerade neue Musik ist heutzutage nicht so einfach. Wie vermitteln Sie das denn, dass Sie an die Zuhörer kommen?

ALBERT SCHMITT

Indem wir sehr, sehr früh auch Kulturvermittlung als zentrales Thema für uns entdeckt haben, also seit es die Deutsche Kammerphilharmonie Bremen gibt. Das ist in der 80er Jahren der Fall gewesen – die Gründung. Seitdem sind die Musiker auch erpicht darauf, Menschen verständlich zu machen, was uns bewegt und das ist besonders wichtig im Fall der zeitgenössischen Musik. Da unternimmt man eine ganze Menge von Vermittlungsaktivitäten, Workshops vor den Konzerten, Konzerteinführungen, besondere Konzertformen, und dazu kommt natürlich auch das, was alle Kultureinrichtungen betrifft: Man braucht eine gesunde Mischkalkulation. Man muss die Dinge, die sich rechnen, in dem Maße machen, das es einem erlaubt, die Dinge, die sich nicht rechnen, mit zu subventionieren.

THOMAS KOCH

Die Musiker der Kammerphilharmonie Bremen sind inzwischen umjubelte Gäste auf der ganzen Welt, u.a. bei den Salzburger Festspielen. Abgesehen von diesem Geist, den Sie eben noch beschworen haben, wie haben Sie diese künstlerische Qualität erreicht?

ALBERT SCHMITT

Das ist immer ganz einfach am Ende des Tages. Es ist harte Arbeit. Es ist die Bereitschaft, sich um die letzten 10 Prozent zu bemühen. Um 90 Prozent zu kriegen, muss ich 90 Prozent investieren. Wenn ich die letzten 10 Prozent kriegen will, muss ich noch einmal 90 Prozent investieren. Das ist das, was die meisten eben scheuen.

THOMAS KOCH

Ihren Proberaum haben Sie vor einiger Zeit ganz bewusst in einer Schule in einem sozialen Brennpunkt in Bremen gewählt. Warum haben Sie das gemacht?

ALBERT SCHMITT

Um das zu verstehen, muss man wissen, dass wir uns sehr gezielt mit Widersprüchen auseinandersetzen. Wir haben vor einigen Jahren auch ein Managementtraining auf den Weg gebracht, das 5-Sekunden-Modell, in dem wir auf den Punkt gebracht haben, was unsere Philosophie ist. Wir haben das damals mit Prof. Scholz von der Universität in Saarbrücken herausgearbeitet und haben im Laufe dieses Arbeitsprozesses festgestellt, dass wir sehr viel mit Widersprüchen zu tun haben, und das schien mir bis dahin immer ein Problem zu sein. Durch die Arbeit mit Prof. Scholz bin ich dann irgendwie darauf gekommen, dass man das auch als eigentliches Asset des Unternehmens sehen kann, als eigentlichen Unternehmenswert, diese Bereitschaft und die Fähigkeit, mit Widersprüchen umzugehen. Und wir haben mit Scholz zusammen festgestellt, dass das eben ein Kriterium ist, das Hochleistungsteams generell ausmacht: eben genau diese Fähigkeit und die Bereitschaft, Widersprüchlichkeit anzunehmen. Ab dem Moment, in dem wir das für uns verstanden und akzeptiert hatten, dass diese Widersprüchlichkeit systemimmanent und auch wesentlich ist für die Qualitätserreichung, haben wir auch Managementprozesse immer sehr gezielt darauf hin angeschaut. Das tun wir auch heute noch, nachschauen, ob diese Widerspruchsspannung darinsteht, darin steckt. Wenn man das tut, dann kommt man auf ganz andere Lösungen, als wenn man das nicht tut. Und so war dann, als wir unser Probendomizil suchten, das Angebot nach Osterholz-Tenever zu gehen, erst einmal erschreckend. Es ist ein sozial benachteiligter Stadtteil an der Peripherie der Stadt Bremen und in der direkten Nachbarschaft zum reichsten Stadtteil der Stadt, also eine unglaublich brisante und spannungsreiche Situation. Aber nachdem man so den ersten Unglauben überwunden hatte, setzte eben genau das ein, dass man sagte »ja Moment mal, Spannungsreichtum, das ist doch genau das, was sich in unserer Philosophie eigentlich immer als nutzbringend erwiesen hat«, und wir haben begonnen, Projekte zu entwickeln, die die Potentiale, die eben in dieser Widersprüchlichkeit, in dieser Spannung liegen, entfalten.

THOMAS KOCH
Nämlich welche?

ALBERT SCHMITT
Auch da muss ich ein bisschen ausholen. In der Armutsforschung weiß man, dass das Problem nicht die Armut selber ist, sondern das tiefer liegende Problem ist die Perspektivlosigkeit. Erst in dem Moment, wo sich der sozial Benachteiligte aufgibt, hat er wirklich verloren. Bis dahin ist er benachteiligt. Und wenn er erkennt, dass er durch eigene Aktivität an seiner Situation etwas ändern kann, dann hat er auch gute Chancen, diese Situation zu verändern. Wir

haben festgestellt, dass wir ideal dafür geeignet sind, diese Haltung, dieses »Du hast immer eine Chance, Du hast immer eine Wahl«, das ist unser Motto auch da draußen. »Du hast immer eine Wahl.« Um diese Haltung zu vermitteln, sind wir deswegen so geeignet, weil unsere Musiker ihr Orchesterunternehmen allen Unkenrufen zum Trotz bis an die Weltspitze geführt haben – einfach aus der tiefen Überzeugung heraus, das schaffen zu können und entgegen allem, was einem täglich gespiegelt und gesagt worden ist, dem inneren Antrieb folgen zu müssen. Und das ist etwas, was wir jetzt in den Stadtteil hineinstrahlen möchten. Wir sind seit 2007 dort und haben erste sehr bemerkenswerte Erfolge dort erreicht. Wir haben CDs dort gespielt, die den »Echo Klassik« gewonnen haben, zwei Stück sogar. Wir haben große Aktivität verstärken können, die in dem Stadtteil durch einen sehr aktiven Stadtteil-Manager ohnehin gegeben war. Gerade heute wird die Studie veröffentlicht, die die Jakobs-University zu dem Thema aufgelegt hat, von der Bosch-Stiftung finanziert, wo eben auch nachvollziehbar gemacht wird, wie Bewegungen, die Entwicklungen in dem Stadtteil eben tatsächlich sind und eine Randnotiz noch in der Frage: Der jüngste Armutsbericht der Stadt Bremen weist unseren Stadtteil Osterholz-Tenever zum ersten Mal seit vielen Jahren nicht mehr als letzten Stadtteil aus, sondern als vorletzten. Und das ist ein Riesenerfolg, der, da sind wir ganz bescheiden, am wenigsten mit uns zu tun hat, sondern mit der Aktivität der Bevölkerung, mit dem Engagement, mit der Initiative, die im Stadtteil entfacht worden ist. Und die haben wir ein Stück weit verstärken können. Darauf sind wir sehr stolz.

THOMAS KOCH
Kommen wir mal zu dem Kapitel Musik und Wirtschaft und vielleicht auch kurz zu Ihrer Person. Als Sie damals die Seiten gewechselt haben, also vom Kontrabass ins Managementbüro, da haben Sie die Musiker aus dem Orchester auf Wirtschaftsseminare geschickt. Wieso das denn?

ALBERT SCHMITT
Die Managementherausforderung in unserer Struktur liegt natürlich darin, dass am Ende alle entscheiden, d.h. die Vollversammlung aller Musiker entscheidet alle relevanten Fragen, sowohl künstlerischer als auch wirtschaftlicher Natur. Als ich das Orchester übernommen habe, befanden wir uns in einer dramatischen Überschuldungssituation. Ich hatte zwar Ideen, wie man das ändern konnte, wusste aber auch, wenn ich diese Ideen umsetzen will, brauche ich das backing meiner Leute. Ich muss sie mitnehmen. Und um sich entscheiden zu

können, muss man sich qualifizieren. Das ist bei uns so wie überall sonst auch. Darum hab ich nach einfachen Mitteln und Wegen gesucht, um diese Qualifikation der Musiker anzuregen und habe damals Prof. Klaus Brandmeier, den Markenpapst in Deutschland, gebeten, doch mal für die Musiker ein Seminar zum Thema »Markenführung« zu machen. Und das war ein großer Erfolg, weil Brandmeier eben ein hochkarätiger Fachmann aber auch ein genialer Entertainer ist. Er hat die Leute schlagartig erreicht, hat bewirkt, dass da was in Bewegung gekommen ist, und das war für mich die Basis, auf der ich dann arbeiten konnte. Also wir haben verschiedenste Kompetenzen aus dem wirtschaftlichen Bereich an uns herangezogen und durften davon profitieren.

THOMAS KOCH
Nicht nur, dass die Musiker von den Ideen der Wirtschaft profitieren, sondern auch Manager sollen von den Künstlern lernen. Das heißt, Sie geben Seminare für Manager. Was passiert denn da?

ALBERT SCHMITT
Dieses Thema »Kultur – Wirtschaft« ist ja im übrigen auch eines dieser Widerspruchspaare, eine dieser Sekunden. Und auch das ist charakteristisch für uns, dass wir eben nicht wie die herkömmlichen Kultureinrichtungen sagen »wir machen Kultur und der Staat oder das Theater oder wie auch immer der Intendant muss das Geld bringen«, sondern dass wir sagen, »wir wollen diese Spannung, das Spannungsfeld Kultur und Wirtschaft bestreiten«. Wir haben von der Wirtschaft sehr viel gelernt, am Anfang insbesondere ich, als es darum ging, das Orchester aus der Überschuldung herauszuführen, weil einer meiner Gedanken eben gewesen war, es konsequent als Unternehmen zu führen, zu sagen, die Musiker haften sowieso alle dafür, sind alle Gesellschafter, also muss man schauen, dass man auch unternehmerische Strukturen wählt. Alles andere wäre inkonsequent. Wir haben dann sehr viel durch Studium der wirtschaftlichen Gegebenheiten gelernt und auch bei uns umgesetzt und irgendwann kommt dann der naheliegende Gedanke, dass man sagt, Moment mal, also wenn das alles funktioniert, wenn man diese Dinge übernehmen kann, wenn die Kultur auch funktioniert, dann muss doch der umgekehrte Weg im Grunde auch gehen. Von dem Moment an habe ich dann konsequent angefangen, nach Themen zu suchen, die für die Wirtschaft relevant sein könnten. Wir haben uns dann sehr früh für das Thema Hochleistung entschieden, weil wir selber in diesem Hochleistungsbereich zu Hause sind und dieses Hochleistungsthema auch immer noch ein sehr mysteriöses Thema ist. Also es gibt keine wirklich

einfachen Rezepte, wie man das erreicht und was man tun muss, um dahin zu kommen oder um diese Qualität zu erhalten. Deswegen habe ich Prof. Dr. Scholz aus reinen Forschungszwecken schon interessieren können, sich mit uns zu befassen. Ergebnis war, dass wir einen gemeinsamen Organisationsentwicklungsworkshop gemacht haben. Er hat uns da auf Herz und Nieren geprüft, hat so die Hochleistungsfähigkeit des Orchesters in Frage gestellt und dann über einen längeren Prozess schließlich doch konzedieren müssen. Das Ergebnis dieser Arbeit war dann das 5-Sekunden-Modell, dass diese Hochleistungsphilosophie in unserem Falle beschreibt.

THOMAS KOCH
Es handelt sich da nicht um Zeitintervalle sondern um Tonintervalle?

ALBERT SCHMITT
Tonintervalle. Und es wird Sie jetzt nicht mehr furchtbar überraschen, wenn ich Ihnen sage, dass die Sekunde das widerspruchsstärkste Intervall in der Musik ist.

THOMAS KOCH
C und Cis?

ALBERT SCHMITT
Ja, C und Cis, genau. Die zwei, die direkt nebeneinanderliegen. Das ist wie im richtigen Leben auch: Am schönsten streitet man sich mit dem Nachbarn oder mit der Ehefrau. Also, da wo die größte Nähe ist, da ist auch das höchste Konfliktpotential. Das ist immer so und das ist in der Musik nicht anders. Die Sekunde beschreibt das einfach deswegen so wunderbar, weil, wenn ich die Cs und die Cis hintereinanderlege, dann krieg ich schöne Melodien wie »Die Ode an die Freude« von Beethoven oder »Yesterday« von den Beatles. Es besteht weitgehend aus Sekundenabfolgen, mal eine Terz drin oder eine Quarte. Aber im Wesentlichen sind das Sekunden, die da hintereinanderliegen.

THOMAS KOCH
Erklären Sie uns noch einmal in zwei Sätzen das 5-Sekunden-Modell.

ALBERT SCHMITT
Das 5-Sekunden-Modell beschreibt erst mal die Widerspruchspaare, die für uns systembildend, systemimmanent sind, und diese fünf Paare haben wir in

fünf Trainingsmodule umgesetzt, d.h. wir vermitteln Unternehmen im Laufe eines Tages von morgens 9:30 Uhr bis abends 18:00 Uhr die fünf Sekunden anhand von fünf maßgeschneiderten, auch didaktisch aufbereiteten Modulen. Die Manager werden da abgeholt, wo sie zu Hause sind, d.h. das erste Sekundenmodul zum Thema Notwendigkeit und Sinn läuft sehr vertraut ab. Das ist eine PowerPoint-Präsentation von Scholz zum Thema Hochleistungsteams und von Schmitt zum Thema Deutsche Kammerphilharmonie, damit man sich da hineinfindet. Dann kommt die nächste Sekunde, die heißt dann Hierarchie und Demokratie. Da werden die Manager dann mitten ins Orchester gesetzt und das Orchester exerziert einmal einen Prozess, der für uns sehr charakteristisch ist, nämlich das Erarbeiten eines Musikstückes ohne Dirigenten. Wir haben das in der Organisationsentwicklung mit Scholz als Testfall für das Orchester damals probiert, in dem er die Musiker unter Druck gesetzt hat, indem er gesagt hat, »Ihr habt 20 Minuten Zeit, das ist das Stück«, das idealerweise niemand kennt. Es gibt keine Partitur, also der Masterplan fehlt. Es ist auch kein Dirigent da. Vielleicht fehlt auch die eine oder andere Stimme im Orchester. Alle Einzelstimmen liegen vor und die Aufgabe ist es, innerhalb von 20 Minuten das Stück aufführungsreif einzustudieren.

THOMAS KOCH
Und das machen die Manager dann auch, d.h. sie müssen ein Instrument spielen können, oder?

ALBERT SCHMITT
Nein, überhaupt nicht. Es gibt überhaupt keine Vorbedingung für das Seminar. Sie sitzen im Orchester, spüren, fühlen, hören, sehen, wie dieser Prozess abläuft und reflektieren den dann auch.

THOMAS KOCH
Müssen sie denn auch dirigieren?

ALBERT SCHMITT
Ja, das kommt dann im weiteren Verlauf. Das ist die Sekunde Energie und Konzentration. Da geht es darum, dass jeder Manager einmal ein achttaktiges musikalisches Werk dirigiert, um mittels dieser Erfahrung zu lernen, wie er seine innere Vorstellung übertragen kann auf eine Gruppe, die ihm ausgesetzt ist. Das heißt, die Musiker spielen tatsächlich das, was er dirigiert. Das ist teilweise sehr lustig, aber richtig verheerend ist es nicht.

THOMAS KOCH
Dann machen die Manager nun zusammen mit dem Orchester und Ihnen diese Seminare. Was haben die dann davon?

ALBERT SCHMITT
Die Manager lernen sehr viel über das Phänomen Hochleistung. Es gibt dann auch noch einen theoretischen Teil, da geht es um Betriebswirtschaft. Und vor diesem Hintergrund reflektieren die Manager ihre eigene unternehmerische Situation und gleichen das auch ab, gleichen ab: Was haben wir hier heute erlebt, was kommt uns bekannt vor, was kam uns nicht so bekannt vor, wo hat das mit unseren Problemen zu tun, inwieweit stecken da neue Lösungsansätze drin.

Die Teams, die wir hier hatten, sind bislang ausnahmslos sehr begeistert und stark bereichert nach Hause gegangen. Für mich ist das Kriterium für den Erfolg übrigens nicht die Begeisterung. Für mich ist das Kriterium für den Erfolg die Wiederbuchung. In dem Moment, wo das Unternehmen zurückkommt und sagt, wir haben hiermit eine substantielle Verbesserung, Potentiale bis hin zum wirtschaftlichen Ergebnis erreicht und wir möchten jetzt, dass dieses oder jenes Team auch noch bei Euch vorbeikommt und das auch verinnerlicht. Das ist für mich der Maßstab dafür, dass wir mit diesem Produkt erfolgreich sind.

THOMAS KOCH
Sollten Manager künstlerisch denken können?

ALBERT SCHMITT
Ja und nein. Es gibt dafür viele Negativbeispiele. Es gibt die Beispiele des Speditionsunternehmens, dessen Chef großen Wert darauf gelegt hat, dass jeder Mitarbeiter sich mit Goethes Werken auseinandersetzt. Die sind dann irgendwann furchtbar in die Krise geschlittert. Das wird dann natürlich auch daran festgemacht. Man kann das so pauschal nicht sagen. Entscheidender ist eigentlich, dass in der künstlerischen Betrachtungsweise Potentiale liegen, die für Wirtschaftsunternehmen nutzbar sein können. Und die muss man sehr klug und sehr gezielt fördern, dann kann ein Unternehmen in hohem Maße davon profitieren und unter Umständen eben auf diese Weise auch Potentiale entdecken, die ohne die Befassung mit dem künstlerischen Bereich nicht förderbar gewesen wären, weil diese non-verbale und emotionale Qualität der Musik die irrationalen Aspekte anders anspricht und damit auch Kreativität und Innovationsfähigkeit anders befördern kann.

THOMAS KOCH

Ein wichtiges Schlagwort beim Symposium in Dortmund war das non-lineare Denken, also ein Denkprozess, der die gewohnten Strukturen verlässt, und beispielsweise Versuch und Irrtum oder auch Spannungen zulässt, wie in Ihrem 5-Sekunden-Modell. Sind auch Sie auf non-lineares Denken angewiesen?

ALBERT SCHMITT

Auf jeden Fall. In der Musik sowieso. Musik funktioniert nicht linear. Wir haben vieles ausprobiert in unserer Vergangenheit. Wir haben auch immer mal versucht, Musik und Computer zusammenzubringen. Und das hat ganz klare Grenzen. Der richtige Kracher war nicht dabei. Weil man irgendwie feststellt, diese Linearität, dieses Null- und-Eins-Denken, das haut in der Musik nicht hin. Musik ist komplexer, Musik ist irrationaler und diese Irrationalität ist die Matrix für Innovation und Kreativität. Und darum ist ja auch das Interesse der Wirtschaft zunehmend am Kulturellen sehr nachvollziehbar.

> Musik ist komplexer, Musik ist irrationaler und diese Irrationalität ist die Matrix für Innovation und Kreativität.

THOMAS KOCH

Wir würden Sie denn abschließend Ihre Tätigkeit beschreiben? Was machen Sie als Manager dieses Orchesters? Machen Sie Kunst, Wirtschaft oder gar Wissenschaft?

ALBERT SCHMITT

Ich betrachte meine Aufgabe als eine ganzheitliche Aufgabe und alles, was Sie gerade beschrieben haben, gehört dazu. Im Wesentlichen geht es darum, das Ganze durch einen speziellen Filter zu betrachten. Also man kann auf das große Ganze durch den musikalischen Filter schauen, man kann auch durch den wirtschaftlichen Filter draufschauen. Aber die Ressourcen, auf die man blickt, sind im Grunde immer dieselben und Wirtschaft und Wissenschaft und Kultur sind verschiedene Ausprägungen. Darum ist man einfach gut beraten, wenn man auch in den anderen Bereichen gezielt nach Verbindungen sucht und Anregungen aufnimmt und sich bereichern lässt.

TIMM ULRICHS

WOLF IM SCHAFSPELZ – SCHAF IM WOLFSPELZ

EIN VERWANDLUNGSKUNSTSTÜCK

AUF DEM SPRUNG

Totalkunst ist für mich die Möglichkeitsform, in jede Richtung zu denken, die unterschiedlichsten Themen (auch solche der Wirtschaft) zu behandeln und alle Gattungen und Medien der Kunst in Anspruch nehmen zu können. Das L'art-pour-l'art-Prinzip Kunst, also den Gedanken, dass sich Kunst aus sich selbst ableite, sich nur auf sich selbst beziehe und nur um sich selbst kreise, habe ich stets als lebensfremd und blutleer abgelehnt: Wozu soll Kunst taugen, wenn sie sich vom Leben abkoppelt, anstatt ihm zu dienen? Ich verstehe – und praktiziere – Kunst gerade als Verbindung, als Verschränkung von Kunst und Leben, als anschaulich gemachtes Denken, Philosophie mit ästhetischen Mitteln. Und um Kunst, um Leben zu bestimmen, zu definieren, muss man – ganz in diesem Wortsinne – sie von den Enden, von den Grenzen her denken. Daher ziehen mich Grenzen und Grenzüberschreitungen an, die Grenzgänge an den Rändern des Denkens, Fühlens und Handelns. Das ist in meinen Augen die Aufgabe des Künstlers: Pfadfinder und Wegbereiter, Vorläufer und Schrittmacher zu sein. Nur so lässt sich Neuland gewinnen.

In seinem berühmten Buch »Der göttliche Funke« (1966) hat Arthur Koestler den bekannten Begriff der »Assoziation« erweitert zur »Bisoziation«, einer schöpferischen Verknüpfungstechnik, die nicht lineare Verbindungen, sondern das netzartige, komplexe Verflechten unterschiedlichster Bereiche versucht und verfolgt. Diese Methode der sprunghaften Kombinatorik beherrsche ich wohl ganz gut, weniger den logischen Diskurs. Und bei diesem neugierigen, entdeckungsfreudigen Herumstreunen und Wildern in sowohl naheliegenden als auch entlegenen Terrains – bevorzugt den alogischen und paradoxen – sind mir, wie ich hoffe, Bilder-Findungen und Bild-Erfindungen geglückt, die nicht erwartbar waren und sogar mich selbst – der ich doch stets auf Überraschungen gefasst bin – in Erstaunen setzen. Gern also kündige ich auch weiterhin an: Sie werden sich noch wundern!

Timm Ulrichs
04.12.2011

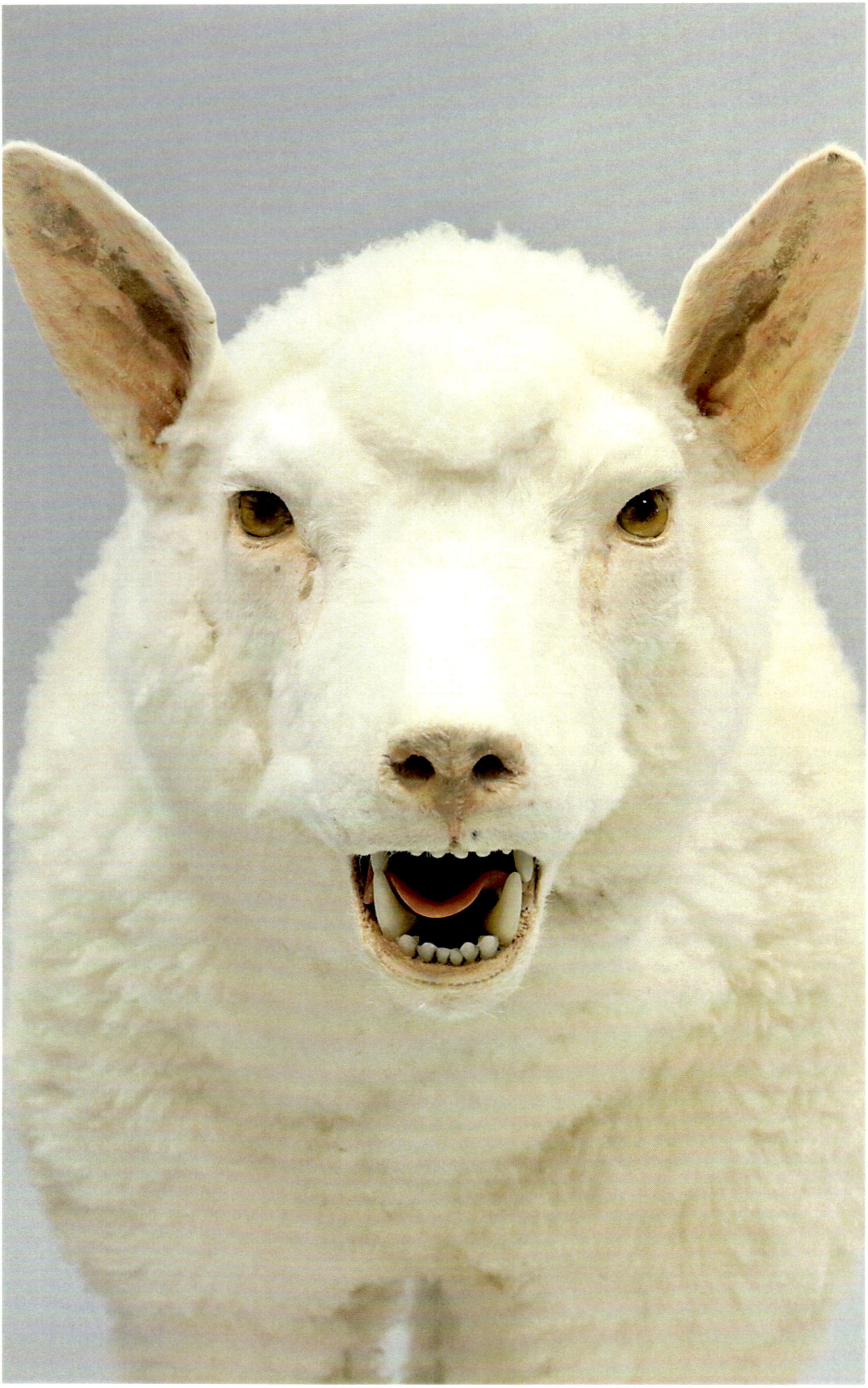

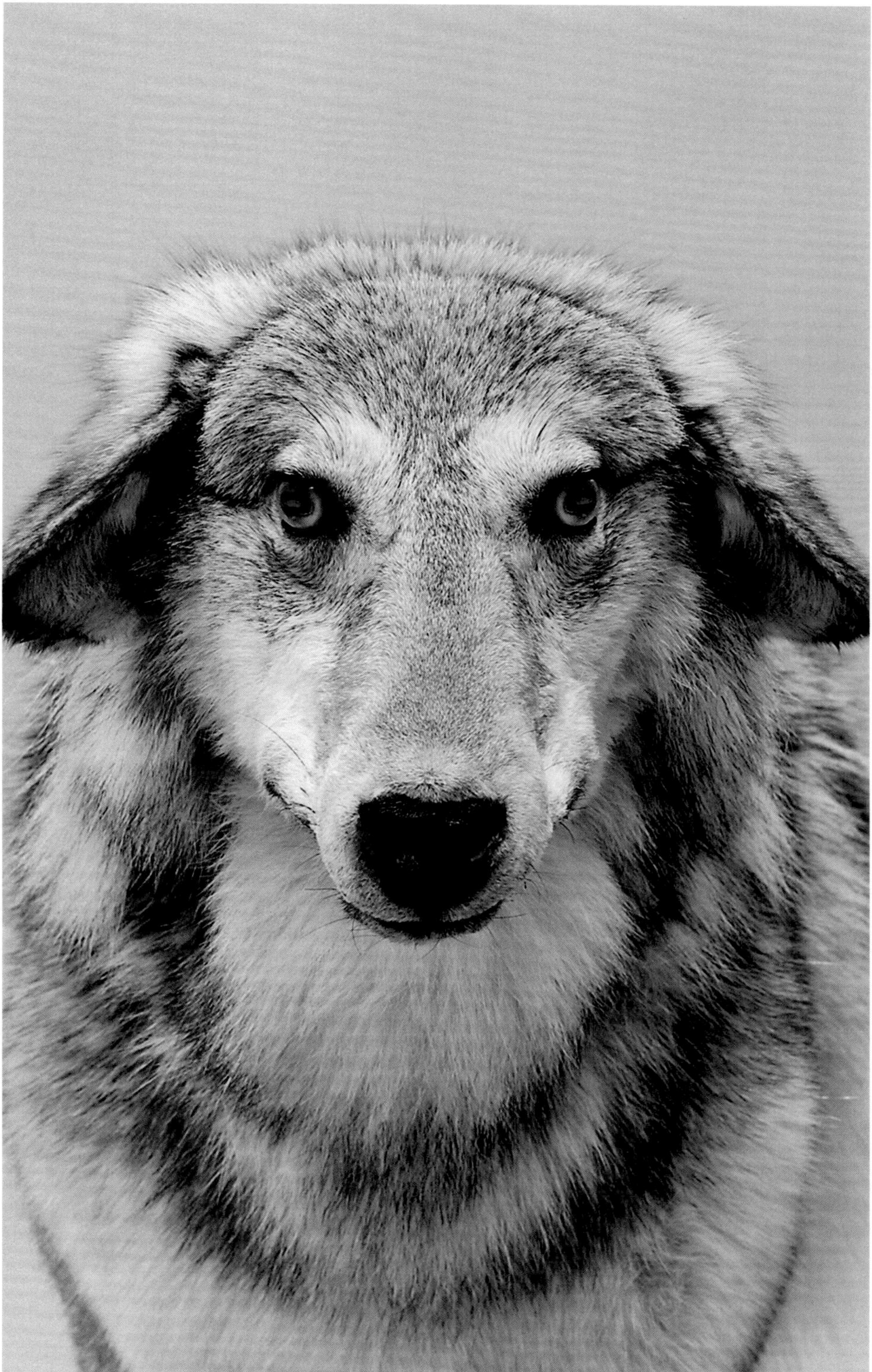

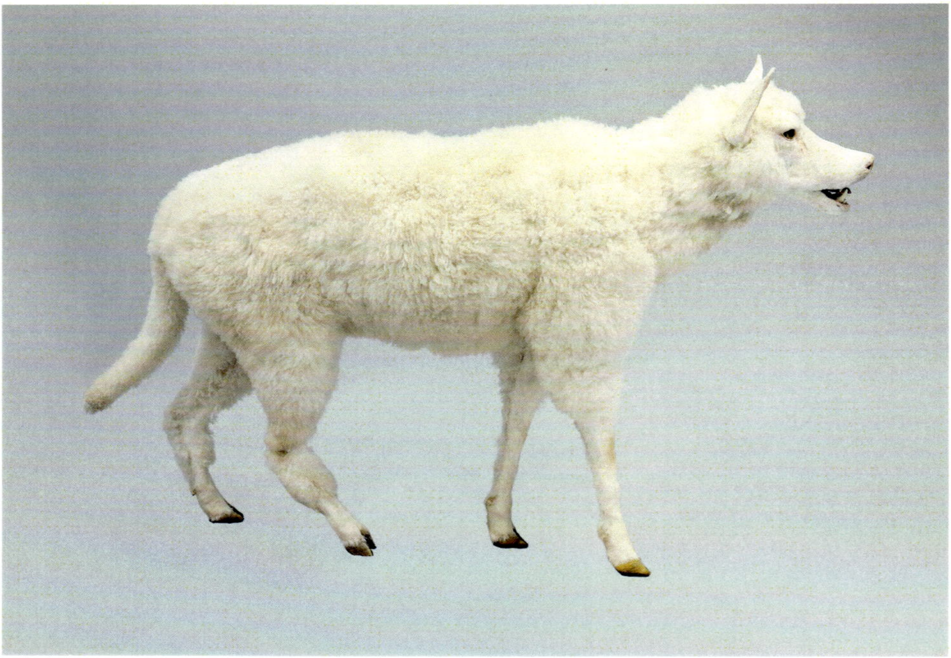

WOLF IM SCHAFSPELZ – SCHAF IM WOLFSPELZ 85

Abbildungen S. 82–85: Timm Ulrichs, »Wolf im Schafspelz – Schaf im Wolfspelz. Ein Verwandlungskunststück«, 2005/10

Simon Grand

ZUKUNFT GESTALTEN

STRATEGIEDESIGN FÜR INNOVATIONEN, DIE EINEN UNTERSCHIED MACHEN

EINLEITUNG: WELCHE ZUKUNFT WOLLEN WIR?

Unternehmer und Künstlerinnen, Designerinnen und Ingenieure, Forscherinnen und Executives, Strategen und Architektinnen beschäftigen sich aus unterschiedlichen Perspektiven mit einem Fragenkomplex immer wieder neu: Welche Zukunft wollen wir? Und: Wie gestalten wir Zukunft? Dieser Beitrag arbeitet mit der Behauptung, dass alle diese Akteure Gestalter sind, und zwar Gestalter der Zukunft, das heißt Gestalter einer zukünftigen Welt, wie sie sein könnte.

Der skizzierte Fragenkomplex ist aus unterschiedlichen Gründen wichtig. Zunächst ist klar: Wir alle bewegen uns in eine offene Zukunft hinein, die wir nicht kennen, für die wir aber zumindest teilweise eine Verantwortung tragen. Das ist mit Unsicherheit und mit grundlegenden Kontroversen verbunden, die wir als Bedrohung oder als Chance sehen können. Eine gestalterische Perspektive sagt: Die Offenheit und Unsicherheit der Zukunft bietet Möglichkeiten, die Zukunft mitzugestalten, lebenswert und spannend zu machen, Neues zu ermöglichen und Bestehendes zu hinterfragen, offene Kontroversen zu führen und wesentlichen Entscheidungen zu provozieren. Daraus folgt ein weiteres Thema: Wie soll sich die Zukunft von der Vergangenheit und der Gegenwart unterscheiden, sowohl ästhetisch wie technologisch, kulturell wie gesellschaftlich, politisch wie kommerziell. Gestaltung entwirft und behauptet eine ganze Vielzahl möglicher zukünftiger Welten, jede der Behauptungen und Entwürfe steht im Wettbewerb mit anderen Entwürfen und Behauptungen, die auch möglich und attraktiv sind. Eine gestalterische Perspektive ist strategisch, wenn sie erkennt: Entwürfe sind Behauptungen, die nur einen Unterschied machen und eine Wirkung haben, wenn sie sich gegen andere Möglichkeiten durchsetzen. Branko Lukic, Gründer von Nonobject, sagt zu einem strategischen Verständnis von Gestaltung aus Sicht seiner Designpraxis: »The impossible drives the possible. […] A designer's motto should always be: What if?«[1]

In den unterschiedlichsten Feldern suchen wir heute nach neuen Möglichkeiten und möglichen Zukünften: in der Wissenschaft durch die Entwicklung neuen Wissens und mit komplexen Experimenten an der Grenze des Verstehbaren, beispielsweise mit dem neuen Teilchenbeschleuniger am CERN in Genf; in der Technologie durch die Entwicklung neuer Infrastrukturen für die Telekommunikation, mit fundamentalen Konsequenzen für die globale und lokale Film-, Fernseh-, Medien-, Unterhaltungs- oder Musikindustrie; in der

---

1 | Vgl. Lukic, Branco & Katz, Barry, M.: Nonobject, Cambridge, Massachusetts: MIT Press 2010.

Wirtschaft durch kollektive Experimente auf den Finanzmärkten, mit unterschiedlichen Modellen und Vorstellungen, wie ein zukünftiges Finanzsystem robuster gemacht werden kann; in der Kunst, für die der Entwurf neuer Möglichkeiten und die Gestaltung möglicher Zukünftige durch permanente Grenzverschiebungen ein Grundprinzip ist; in der Spitzenmedizin durch die laufende Ausweitung des technisch Möglichen, und der damit verbundenen Debatte des medizinisch Sinnvollen und menschlich Richtigen; oder im Städtebau durch das schnelle Wachstum und die globale Vernetzung von urbanen Räumen, und zugleich durch die Virtualisierung sozialer Beziehungen. Unternehmer, Künstlerinnen, Designerinnen, Ingenieure, Forscherinnen, Executives, Strategen und Architektinnen sind wichtige Akteure in diesen Handlungsfeldern.

Für die Gestaltung von Zukunft ist dabei ein Thema fundamental. Gelingt es, eine Zukunft so zu entwerfen und Möglichkeiten so zu entwickeln, dass sie sich auch tatsächlich etablieren und durchsetzen, das heißt: Werden aus attraktiven Ideen und spannenden Möglichkeiten auch wirklich Innovationen und Realitäten, die eine Wirkung haben und die einen Unterschied machen?

STRATEGIEDESIGN: WIE GESTALTEN WIR ZUKUNFT?

Vor diesem Hintergrund formuliert Julian Bleecker, Gründer und Partner des Near Future Laboratory, ein Programm: »It would be useful to prototype things in a way that helps us imagine and wonder and consider unexpected, perhaps transformative alternatives.«[2] Wir argumentieren in diesem Beitrag: Damit diese Prototypen und Möglichkeiten die Welt verändern und Neues möglich machen, braucht es Strategiedesign. Unter Design verstehen wir dabei die Gestaltung von Zukunft, das heißt den Entwurf und die Durchsetzung möglicher zukünftiger Welten. Unter Strategie verstehen wir die Behauptung, Etablierung und Durchsetzung von gemeinsamen Erfolgsvorstellungen. Dabei ist entscheidend: In unserer heutigen Welt und noch mehr in der Zukunft funktionieren Strategien nur, wenn sie gesellschaftliche, kulturelle, wissenschaftliche, technologische, ästhetische und kommerzielle Qualitäten in einer attraktiven und nachhaltig robusten Art und Weise miteinander verknüpfen. Strategiedesign ist der Entwurf robuster Strategien zur Gestaltung der Zukunft.

---

2 | Vgl. Bleecker, Julian: Design Fiction: A short essay on design, science, fact and fiction, Near Future Laboratory 2009, http://nearfuturelaboratory.com/2009/03/17/design-fiction-a-short-essay-on-design-science-fact-and-fiction/ (Abruf: 04.07.2012).

Diese Perspektive wird aktuell in mehreren Disziplinen und Handlungsfeldern verfolgt und weiterentwickelt, diskutiert und debattiert: im Designbereich mit dem sehr klassischen Begriff »Entwurf«, der in der aktuellen Diskussion unter dem Label »Design Thinking« neu lanciert wird; in der wissenschaftlichen Forschung und in der Wissenschaftsforschung mit einem Fokus auf das Experiment im Laboratorium, und mit einer Konzeption des Laboratoriums als »Experimentalsystem«; im Bereich der technologischen Innovation mit der Perspektive von »Design Fiction«; im Bereich der Strategie, im Handlungsfeld zwischen technologischen und politischen, wissenschaftlichen und kommerziellen Strategien, mit »Critical Design«; in der Kunst mit der Debatte um »Cultural Hacking«, einem Sammelbegriff für subversive künstlerische Verfahren und Kreationsprozesse. Jede dieser Disziplinen, Diskussionen und Konzepte bewegt sich mit einer spezifischen Perspektive auf unsere Einstiegsfragen zu: Welche Zukunft wollen wir? Und: Wie gestalten wir Zukunft? Wir skizzieren hier einige Antworten aus diesen aktuellen Perspektiven:

1. Design Thinking

Design als Entwurfsprozess zu verstehen, hat Tradition. Otl Aicher sagt in seinem Buch »Die Welt als Entwurf«: »Man kann die Welt sehen als einen stetigen vorgegebenen Kosmos, einen gegebenen Zustand. [...] Man kann die Welt verstehen als einen Prozess der Entwicklung. [...] Und man kann die Welt verstehen als Entwurf, das heißt als Produkt einer Zivilisation, als eine von Menschen gemachte und organisierte Welt.«[3] In der neueren Debatte wird diese Perspektive unter dem Label »Design Thinking« unter anderem von Tim Brown, CEO von IDEO, neu lanciert, als allgemeingültiges Vorgehen bei Innovationen. Die Idee ist, dass entwerfendes Denken und Handeln in den unterschiedlichsten Handlungsfeldern und (inter-)disziplinären Kontexten einen wichtigen Beitrag leisten kann. Ausgangspunkt ist eine genaue Beschreibung der Welt, wie sie ist, und entsprechend eine genaue Analyse der Art und Weise, wie Technologien und Produkte gebraucht werden: »Design in Use«. Auf dieser Basis beginnt dann ein durchstrukturierter Entwurfsprozess, in dem Welten gestaltet werden, wie sie sein könnten. Dabei ist einerseits wesentlich, dass neue zukünftige Realitäten nicht nur abstrakt und konzeptionell diskutiert werden, sondern dass sie sich konkret in Prototypen und Modellen, Bildern und Skiz-

> Damit Prototypen und Möglichkeiten die Welt verändern und Neues möglich machen, braucht es Strategiedesign.

---

[3] | Vgl. Aicher, Otl: Die Welt als Entwurf: Schriften zum Design, Berlin: Ernst & Sohn 1991.

zen materialisieren. Andererseits ist wichtig, dass diese Entwurfs- und Gestaltungsprozesse so strukturiert werden, dass sie systematisch neue Perspektiven und innovative Möglichkeiten schaffen. Der Fokus verschiebt sich von Design als Ergebnis zu Design als Prozess, als Verfahren, als Methode, als Haltung des Entwurfs.

2. Experimentalsysteme

In der neueren Wissenschaftsforschung wird versucht, hinter die Kulissen der wissenschaftlichen Forschung zu sehen und im Detail zu verstehen, wie neues Wissen geschaffen, wie wissenschaftliche Erkenntnisse neu entwickelt, wie Experimente in Laboratorien tatsächlich durchgeführt werden. Hans-Jörg Rheinberger bringt seine Erkenntnisse in seinem Buch »Toward a History of Epistemic Things« auf den Punkt: »As the smallest possible, complete working unit of research, experimental systems are arranged in a way that they can give unknown answers to questions, which the experimenter cannot clearly formulate.«[4] Zentraler Fokus wissenschaftlicher Forschung ist das Noch-nicht-Wissen, das Formulieren von Fragen, das Bauen von Laboratorien, die für die Beantwortung dieser Fragen die richtigen Methoden, Instrumente, Strukturen und Systeme zur Verfügung stellen. Rheinberger sagt weiter: Experimentalsysteme sind »[…] machines to manufacture the future […]«, wissenschaftliche Forschung schafft Zukunft.[5] In dieser Perspektive wird die große Nähe von Experimenten in der wissenschaftlichen Forschung und Entwürfen im Design sichtbar. Man kann mit Ranulph Glaville von »Research as Design« sprechen, Forschung ist eine bestimmte Form von Design als Entwurf und Gestaltung von Zukunft. Es ist vor diesem Hintergrund auch nicht überraschend, dass der Kunstkritiker Hal Foster über OMA / AMO, das Architekturbüro von Rem Koolhaas sagt: »[…] then OMA would be a ›machine to fabricate fantasy‹, and its first proposals were more surreal narratives than practical programs […].«[6]

3. Design Fiction

Im Bereich der technologischen Innovation findet im Moment eine sehr spannende Diskussion statt. Es wird immer wieder darauf hingewiesen, dass wichtige technologische Innovationen nicht rein technisch gesehen werden sollten. Insbesondere grundlegende (technologische) Innovationen beinhalten im-

---

4 | Vgl. Rheinberger, Hans-Jörg: Toward a History of Epistemic Things. Synthesizing Proteins in the Test Tube, Stanford: Stanford University Press 1997.
5 | Ebd.
6 | Vgl. Foster, Hal: The Return of the Real, Cambridge/Massachusetts: MIT Press 1996.

mer auch neue Behauptungen und Perspektiven für die Zukunft, die für neue Kontexte, Märkte, User attraktiv sind. Clayton Christensen nennt das »Disruptive Innovation« und sagt: »Disruptive technologies bring to the market a very different value proposition than had been available previously.«[7] Neue Technologien kann man nicht bewerten und diskutieren, ohne zugleich mitzuverhandeln, worin die Wertschöpfung dieser neuen Technologien besteht, mit welchen Interessen, für wen. Dazu kommt, dass neue Technologien meist systemische Qualitäten haben, die von den meisten gar nicht mehr genau verstanden werden können. Damit wird die Interaktion mit diesen Technologien zentral, das Interface, die Orientierung, die Navigation. Die große Herausforderung und das zentrale Gestaltungsthema sind dann nicht mehr die technischen features, wie Roberto Verganti in seinem Buch »Design-Driven Innovation« sagt: »Design as making sense of things. [...] Products embody notions of identity that are socially recognized and thus become tokens in the symbolic exchange of meaning.«[8] Innovation wird zu einer Frage der möglichen Bedeutungen, die Gestaltung von Innovation wird zur Gestaltung von Geschichten, von »Design Fiction«.

4. Critical Design

Dabei ist die Frage entscheidend, wer eigentlich bestimmt, was »Wert« hat; worin der »Mehrwert« von technologischen Innovationen und der damit verbundenen möglichen Zukunft besteht; was es bedeutet, dass sich ein Entwurf oder eine Perspektive »erfolgreich« durchsetzt. Damit wird das Kernthema von Strategie angesprochen, die Behauptung, Etablierung und Durchsetzung von gemeinsamen Erfolgsvorstellungen in Unternehmen und Institutionen, Kulturen und Gesellschaften. Hier setzt das »Critical Design« von Anthony Dunne und Fiona Raby an: »The design proposals in What if [d.h. eine Ausstellung der beiden] [...] probe our beliefs and values, challenge our assumptions, and encourage us to imagine how things could be different – that how things are, is only one possibility, and probably not the best one.«[9] Die Gestaltung der Zukunft setzt immer auch voraus, dass man Aussagen dazu macht, wie man die Welt bewertet, wie sie ist, und dass man Vorstellungen skizziert, worin die

---

7 | Vgl. Christensen, Clayton: The Innovator's Dilemma, Cambridge/Massachusetts: Harvard Business School Press 1997.
8 | Vgl. Verganti, Roberto: Design Driven Innovation, Boston/Massachusetts: Harvard Business Press 2009, S. 27.
9 | Vgl. Dunne, Anthony & Raby, Fiona: Critical Design FAQ, o.J., http://www.dunneandraby.co.uk/content/bydandr/13/0 (Abruf: 04.07.2012).

Wertschöpfung in der Zukunft genau bestehen soll. Damit werden zwei Perspektiven sichtbar, die James Auger so auf den Punkt bringt: eine Perspektive in die Zukunft, »[...] to project current emerging technological developments to create speculative futures: hypothetical products of tomorrow«, und eine Perspektive auf die Gegenwart, »[...] to break free of the lineage to speculate on alternative presents«.[10] Durch die Entwicklung von »theoretischen Objekten«, »Placebo Produkten«, »fiktiven Artefakten« werden diese Perspektiven konkret gemacht und Kontroversen zu den impliziten und expliziten Wertvorstellungen neuer Möglichkeiten lanciert.

5. Cultural Hacking

Die Kunst hat im Kontext dieser verschiedenen Perspektiven auf die Gestaltung der Zukunft einen zentralen Platz: Bestehendes in Frage zu stellen, unhinterfragte Selbstverständlichkeiten sichtbar zu machen, Grenzen zwischen dem Möglichen und dem Unmöglichen zu verschieben, Möglichkeiten für die Zukunft zu entwerfen und durchzuspielen. Das alles gehört schon seit langem zum Kern»geschäft« der Kunst. Und damit wird die Kunst zu einer zentralen Referenz für die Zukunftsgestaltung ganz generell, und für unseren Ansatz des Strategiedesign im Speziellen. Franz Liebl weist explizit auf die »strategische Bedeutung« von Kunst hin, wenn er sagt: »Today subversion might be the only way to create innovations that result in sustainable competitive advantage [...]«,[11] nicht nur in der Kunst. Mit Innovation können Unternehmen und Institutionen, Designerinnen und Forscher, Executives und Künstlerinnen nur dann machen, wenn sie sich im Wettbewerb der vielen Möglichkeiten, der vielen Behauptungen, der vielen Positionen durchsetzen können. Dafür ist gerade die Subversion eine vielversprechende Strategie: »[...] subversive strategies of innovation: recordings, detournements, missappropriations, etc.«[12] Und dabei ist Kunst doppelt subversiv: Es geht nicht nur um neue Positionen in der Kunst, sondern immer zugleich auch um eine Neudefinitionen der Kunst selber. Das Verfahren des »Ready made« ist dafür das universelle Prinzip. Entscheidend ist auch hier, dass neue Positionen nicht nur

Wie sieht ein Motorrad aus, das nicht der Stromlinienform entspricht?

---

10 | Vgl. Auger, James: »Alternative Presents and Speculative Futures«, in: Swiss Design Network (ed.), Negotiating Futures – Design Fiction, Basel: HGK Basel 2010, S. 42–57.
11 | Vgl. Liebl, Franz & Düllo, Thomas: Cultural Hacking, Wien: Springer 2005.
12 | Ebd.

konzeptionell postuliert werden, sondern dass sie realisiert, materialisiert und »performed« werden.

Strategiedesign, wie wir es in diesem Beitrag postulieren, verdichtet diese fünf sehr unterschiedlichen, und zugleich parallel argumentierenden Positionen zu einer eigenständigen Perspektive auf die Gestaltung von Zukunft. Strategiedesign ist erstens als Position spannend, weil sie sich auf unterschiedliche Disziplinen und Handlungsfelder bezieht, und zugleich zwischen und jenseits dieser Disziplinen und Felder operiert: Hintergrund dieser Position ist, dass wichtige Entwicklungen nicht in, sondern zwischen etablierten Handlungsfeldern stattfinden: Es geht nicht um neue wirtschaftliche oder künstlerische Möglichkeiten, sondern um Möglichkeiten jenseits dieser Unterscheidung; es geht nicht um ein Designperspektive oder einen Forschungsansatz, sondern um »Forschung als Design«. Strategiedesign ist als Position zweitens spannend, weil sie die Parallelität von wichtigen Entwicklungen im Design und in der wissenschaftlichen Forschung, im Bereich der technologischen Innovation und in der Strategieentwicklung, und immer mit Bezug zu künstlerischen Positionen, Perspektiven und Verfahren ernstnimmt. Strategiedesign ist drittens als Position spannend, weil sie nicht nur konzeptionell argumentiert, sondern weil sie konkrete Methoden und Verfahren vorschlägt, wie die Gestaltung der Zukunft in der Praxis gelebt und realisiert werden kann.

STRATEGIEDESIGN METHODEN: WIE ENTWERFEN WIR STRATEGISCH?

Eine neue Perspektive wird dann in der Praxis wirksam, wenn sie in spezifische Methoden übersetzt werden kann. Dabei verstehen wir unter Methoden mit John Law etwas sehr Spezifisches: »Method is not a more or less successful set of procedures for reporting on a given reality. Rather method is performative. It helps to produce realities.«[13] Ausgehend von unseren bisherigen Ausführungen identifizieren wir sechs grundsätzliche Methoden, die für Strategiedesign [»strategy design«] zentral sind: erstens der Entwurf neuer Strategien der Gestaltung für eine mögliche Zukunft [1. »projecting«]; zweitens die Materialisierung dieser Strategien [2. »materializing«]; drittens dann die Diskussion der Strategie aus ganz unterschiedlichen Perspektiven [3. »perspectivizing«]; viertens die Fokussierung auf den Prozess des Entwerfens dieser Strategie

---

13 | Vgl. Law, John: After Method: Mess in Social Science Research, London: Routledge 2004.

[4. »processualizing«]; fünftens der systemische Zugang zu einer Strategie [5. »systematizing«]; und sechstens ein explizites Interesse an den möglichen Übersetzungen und Verknüpfung dieser Strategie mit unterschiedlichen Situationen, Entwicklungen, Kontexten und Akteuren [6. »translating«].

Ausgehend von dieser Übersicht lassen sich die einzelnen grundsätzlichen Methoden im Detail so diskutieren:

1. Entwerfen

Zunächst braucht Strategiedesign den Entwurf möglicher Strategien, wie zukünftige Welten geschaffen, gestaltet und durchgesetzt werden können. Dabei ist jeder Entwurf einer möglichen Strategie zugleich eine Perspektive in die Zukunft (»Denken in Möglichkeiten«) und eine Perspektive auf die Gegenwart (»Bezug zum Bestehenden«). Dieser Bezug zum Bestehenden kann affirmativ oder ironisch, kritisch oder subversiv, pauschal oder fokussiert sein. Dabei gibt es nicht eine oder wenige mögliche Strategien zur Gestaltung der Zukunft, sondern eine große Vielzahl möglicher Strategien. Diese Strategien sind alle im Detail bereits als Verfahren beschrieben und Teil des Repertoires von Künstlerinnen und Forschern, Designern und Unternehmerinnen. Strategisch werden diese Verfahren dann, wenn man sie als systematische Kombination von Verfahren interpretiert, um sich auf eine ganz bestimmte Art und Weise mit der Zukunft auseinanderzusetzen; und dabei bestimmte Erfolgsvorstellungen durchzusetzen und zu realisieren. Die Vielzahl möglicher Strategien lässt sich im Sinne von Umberto Eco am ehesten als einfache Liste sinnvoll darstellen, wobei die Reihenfolge beliebig ist. Zu diesen Strategien und Verfahren gehören etwa: das »Imaginieren«, »Spekulieren«, »Behaupten«, »Verändern«, »Experimentieren«, »Improvisieren«, »Interpretieren«, »Beobachten«, »Basteln«, »Brainstormen«, »Skizzieren«, »Falsch-lesen«, »Umdeuten«, »In-Frage-stellen«, Falsch-gebrauchen«, »De-kontextualisieren«, »Re-kontextualisieren«, »Umwerten«, »Hacken«, »Fiktionalisieren«, »Um-programmieren«, »Performen«, »Aufbrechen«, »Kritisieren«, »Provozieren«, »Unterwandern« …

Aus dieser Vielzahl von Verfahren entsteht eine Strategie durch die präzise Bündelung einzelner Verfahren, mit Blick auf gewisse Erfolgsvorstellungen und ihre erfolgreiche Durchsetzung. IDEO etwa bezieht sich mit »Design Thinking« unter anderem auf das »Beobachten« des Gebrauchs, das »Brainstormen«, das »Skizzieren« und das »Basteln«. So entstehen in einem strukturierten und standardisierten Entwurfsprozess vielversprechende Prototypen [siehe dazu Punkt 4. »Processualizing«], die Selbstverständliches in Frage stellen und neue Perspektiven eröffnen. Nonobject arbeitet mit dem systematischen »In-Frage-stellen« von unhinterfragten Selbstverständlichkeiten: Wie sieht ein Motorrad aus, das nicht der Stromlinienform entspricht (im Projekt »nUCLEUS concept bike«). Dabei wird das Etablierte »umgedeutet«, und dann werden mögliche Lösungen »skizziert« und überprüft durch das prototypische Bauen von Artefakten [siehe dazu Punkt 2. »Materializing«], sowie durch das neu »Interpretieren« der Prototypen [siehe dazu Punkt 6. »Translating«]: So entstehen überraschende Konzepte und innovative Sichtweisen auf ein klassisches Objekt. MVRDV arbeitet in ihrem Projekt »Five minutes city« mit der Formulierung von nicht-beantwortbaren »Fragen«: Wie kann man eine Großstadt konzipieren, so dass man von jedem beliebigen Punkt in der Stadt in fünf Minuten zu jedem anderen beliebigen Punkt kommen kann. Die (un-)möglichen Antworten auf diese Fragen werden »skizziert« und in Form von Modellen und Plänen auch konkret durch-»experimentiert«. So werden neue Sichtweisen und Entwicklungsoptionen sichtbar, mit Bezug zu Fragen der Distanz, Geschwindigkeit, Beschleunigung und Verlangsamung als Themen urbanistischer Strategien.

2. Materialisieren

Strategiedesign lebt, und das zeigen auch schon die Beispiele unter Punkt 1 [»Entwerfen«], von der konkreten Materialisierung neuer Ideen und Konzepte. Skizzen, Prototypen oder Modelle haben eine größere Verbindlichkeit als Ideen, Konzepte und Behauptungen. Zudem ermöglichen sie es sehr gut, sich mit einem Entwurf zwischen [»in between«] der Gegenwart und der Zukunft, zwischen dem Möglichen und dem Unmöglichen, zwischen dem Bekannten und dem Unbekannten zu bewegen. Dadurch bleiben neue Möglichkeiten offen und undefiniert genug, um für die weitere Entwicklung und Konkretisierung Raum zu lassen. Zugleich werden gewisse Möglichkeiten doch hinreichend genau auf den Punkt gebracht, dass man sie diskutieren und verhandeln kann. Ein spannendes Beispiel für die Bedeutung des »Skizzierens« und »Modellierens« in der Architektur ist natürlich die Arbeit von Frank Gehry, insbesondere seine jahrelange Arbeit an verschiedenen Versionen und Entwicklungsphasen der »Lewis Residence«, einem Projekt, das letztlich nicht realisiert wurde, sondern nur aus einer großen Vielzahl von Prototypen und Modellen, Materialstudien und Formexperimenten, Skizzen und Ansichten besteht. Für die weitere Arbeit von Frank Gehry an den berühmten Projekten, für die wir ihn kennen, war dieses unrealisierte Projekt ein wichtiges Laboratorium und ein Versuchsraum für Neues.

Dabei ist eine wesentliche strategische Frage, in welchen spezifischen Medien die Materialisierung einer Strategie durchgespielt wird. Um sich einen Begriff von der Vielzahl möglicher Medien zu machen, die man strategisch nutzen und dann auch kommunikativ gestalten kann, ist das Beispiel von Maison Martin Margiela im Bereich Fashion Design spannend: von der Website zum Label, vom Show Room zu den Einladungskarten für die Modeschauen, vom Shopdesign bis zur einzelnen Kollektion, von den Publikationen zu den Ausstellungen, von den verschiedenen Produktelinien bis zu den eigenen Beiträgen in Modemagazinen werden alle Medien als Chance gesehen, die Vorstellungen und Strategien von MMM konkret zu materialisieren, und dadurch systematisch einen Unterschied zu machen. Ein weiteres Beispiel, diesmal aus der Kunst, macht deutlich, dass man nicht nur konkrete Artfekate, sondern auch abstrakte Spielregeln »materialisieren« kann: im Projekt »Stadio« erfindet Maurizio Cattelan den Tischfussball neu, indem er einen Spieltisch baut für zwei Mannschaften à elf Spieler. Und auch der Körper kann zu einem Ort der Materialisierung werden. In einer seiner »recherches théâtrales« untersucht Peter Brook, was es für einen Menschen bedeutet, mit einer Schädigung des Gehirns zu leben, ausgehend von den Case Studies von Oliver Sacks in seinem Buch »Der Mann, der seine Frau mit einem Hut verwechselte«. Die Schauspieler »verkörpern«, »performen« und »materialisieren« die diversesten Erfahrungen dieser Menschen, indem sie auf der Bühne diese Menschen sind, und durch das »Spielen« erfahren, was die Schädigungen für diese Menschen ganz konkret bedeuten in ihrem Erleben.

3. Perspektivieren

Es sollte bereits bis hierher deutlich geworden sein, dass Strategiedesign nicht davon ausgeht, dass es eine objektiv richtige Sicht auf die Gegenwart oder auf die Zukunft geben kann. Wir leben in einer Welt der vielen Möglichkeiten, jede Strategie ist die Behauptung einer möglichen Realität, die sich vielleicht etabliert und vielleicht nicht. Entsprechend ist es wichtig, dass die Entwicklung einer neuen Strategie für die Zukunft aus ganz unterschiedlichen Perspektiven angesehen, geprüft, diskutiert und hinterfragt wird. Dabei ist eine der zentralen Fragen: Über welche Instrumente und Methoden verfügen wir, um unterschiedliche Perspektiven sichtbar zu machen, heterogene Sichtweisen zu erfahren, die Kontroversen zwischen konkurrierenden Interessen nachvollziehen zu können. Bruno Latour bringt die Frage in einem Vortrag »Towards a Philosophy of Design« auf den Punkt:

> Es geht darum, für das Unbekannte und Überraschende in einem Prozess offen zu sein.

»So here is the question I wish to raise: Where are the visualization tools that allow the contradictory and controversial nature of matters of concern to be represented?«[14] Es erstaunt nicht, dass Kunst und Design, Architektur und Politik die unterschiedlichsten »mapping«-Methoden entwickelt haben, die hier weiterführen, Thomas Hirschhorn mit seinen »Maps«, in denen heterogene Themen und persönliche Perspektiven in einer Konstellation zusammenkommen; Rem Koolhaas mit seinem »Information Design« in der Urbanistik und Architektur, die fundamentale Dynamiken und grundlegende Zusammenhänge sichtbar machen; Jenny Holzer mit ihren »Map Series«, die verborgene Themen und kontroverse Haltungen öffentlich präsentieren; Bruno Latour und Peter Weibel in einer Übersicht in ihrer Ausstellung »Making Things Public« im ZKM, die zeigen, wie die Art der Repräsentation von Interessen und Perspektiven Entscheidungen steuern. Strategiedesign heißt, für jede Strategie die angemessenen Sichtbarkeiten, »maps«, Darstellungsformen zu finden, die jenseits von »bulletpoints« und »Powerpoint« die Strategie visuell und medial, kommunikativ und strukturell wirklich auf den Punkt bringen.

4. Prozessualisieren

Es gibt beliebig viele mögliche Wege von der Gegenwart in die Zukunft. Entsprechend ist die Gestaltung des Prozesses wichtig, mit dem eine Strategie durchgesetzt werden soll. Entscheidend ist die Frage, was man unter einem Prozess versteht, und wie ein konkreter Prozess mit den Unsicherheiten, Offenheiten, Komplexitäten und Ambivalenzen umgeht, die für jede Bewegung in die Zukunft charakteristisch sind. Um im Kern zu verstehen, was »Prozess« genau bedeutet, ist eine Serie von künstlerischen Experimenten von Sophie Calle sehr aufschlussreich. Ausgehend von ihren »Filatures Parisiennes« hat sie eine Serie von Recherchen verfolgt, in denen sie das Leben anderer Menschen beschreibt und dokumentiert; in Zusammenarbeit mit Paul Auster hat sie zudem ausgehend von »Gotham Handbook« eine Serie von Experimenten entwickelt, in denen sie nach literarischen Vorgaben des Autors das eigene Leben gestaltet. Spannend an dieser Serie von künstlerischen Projekten ist, dass sich aus den Erfahrungen, Beobachtungen und Erkenntnissen eines Projektes iterativ Folgefragen und Folgerecherchen entwickeln, die zu neuen Antworten und wieder neuen Fragen führen, Strategiedesign wird zur Prozessgestaltung. Entscheidend dabei ist: Strategie ist nicht nur die Etablierung und Durchset-

---

14 | Vgl. Bruno Latour, Keynote lecture for the Networks of Design* meeting of the Design History Society, Falmouth, Cornwall, 3rd September 2008.

zung von Erfolgsvorstellungen, sondern die Strukturierung der Prozesse, die gemäß diesen Vorstellungen zum Erfolg führen (können). Zudem geht es darum, für das Unbekannte und Überraschende in einem Prozess offen zu sein und als Ressource für das weitere Vorgehen zu nutzen. Lucius Burckhardt bringt das in seiner unkonventionellen »Spaziergangswissenschaft« auf den Punkt: »Promenadology explores the sequences, in which an observer experiences the environment.«[15] Entsprechend geht es im Strategiedesign immer auch darum, die eigene Handlungs- und Entscheidungsfähigkeit sicherzustellen und zu realisieren.

5. Systematisieren

In den bisherigen Ausführungen haben wir gesehen, dass es beim Strategiedesign nicht um einzelne Experimente, Methoden, Situationen und Projekte geht, sondern darum, ein »Experimentalsystem« zu entwickeln, durch eine Serie von Experimenten, durch die Bündelung von Methoden, durch die Schaffung spannender Situationen, durch die Verknüpfung von Projekten. Dafür gibt es ganz unterschiedliche Möglichkeiten und Positionen. Es ist Gegenstand des Strategiedesign, die geeigneten Systeme und Formate zu entwickeln für die Gestaltung von Zukunft. Rei Kawakubo von »Comme des garçons« bringt für sich die Herausforderung so auf den Punkt: »My work takes place where creating a company as a whole and creating clothes overlap. It cannot be one or the other«,[16] Produkt und Produktionsbedingungen, Innovation und Kreationsprozess sind wechselseitig aufeinander bezogen. Peter Brook fokussiert sein Theater »Bouffes du Nord« als Experimentalsystem, indem er sagt: »Experimentation requires just the desire to experiment, imagination, and quite scarce materials«,[17] für gutes Strategiedesign braucht es eine Vorstellung, welche Prozessqualitäten und Experimentalserien ein spezifisches Setting fördern und ermögliche soll. Thomas Hirschhorn macht sich dabei auch Gedanken über die Grenzen eines solchen Experimentalsystems: »I want people to be inside my work, and I want spectators tob e a part of this world surrounding them in this moment. Then they have to deal with it.«[18] In seiner umfangreichen »Spärentrilogie« entwickelt Peter Sloterdijk daraus die These, dass es immer wieder

---

15 | Vgl. Burckhardt, Lucius: Warum ist Landschaft schön? Die Spaziergangswissenschaft, Berlin: Martin Schmitz 2006.
16 | Vgl. Shimizu, Sanae & NHK: Unlimited: Commes des Garçons, Tokyo: Heibonsha 2005.
17 | Vgl. Brook, Peter: Der leere Raum, Berlin/Köln: Alexander 2009.
18 | Vgl. Buchloh, Benjamin H.D.: »An Interview with Thomas Hirschhorn«, in: MIT Press Journals, No. 113, 2005.

neu darum geht, (Atmo-)Sphären, Räume, Zonen zu schaffen, zu etablieren und zu stabilisieren, in denen Kreations-, Innovations- und Reflexionsprozesse stattfinden können: »We are enveloped, entangled, surrounded; we are never outside without having recreated another more artificial, more fragile, more engineered envelope, life support system, environment [...].«[19] Die Gestaltung der Zukunft braucht ihr eigenes Ökosystem.

6. Translating

Strategiedesign ist nur dann erfolgreich, wenn sich eine Strategie durchsetzt, einen Unterschied macht, und in unterschiedlichen Kontexten und Situationen eine Wirkung hat. Das bedeutet: Strategien müssen immer wieder neu wirksam gemacht und in konkrete Situationen übersetzt werden. Aus dieser Übersetzungsaufgabe hat Hans-Ulrich Obrist ein großes Projekt gemacht, eine Art globale Konversation, mit seiner ausfernden, vielschichtigen, permanent weiterentwickelten Interviewserie. Hans-Ulrich Obrist kuratiert sozusagen ein unendliches Gespräch, durch Interviews mit Künstlern, Architekten, Philosophen, Forschern, durch Interviewmarathons, gemeinsam mit Rem Koolhaas als öffentliche Ereignisse, durch einen »experimentation marathon«, gemeinsam mit Elafur Eliasson, als öffentliche Debatte im Medium der Experimentalserie, als Installation der Interviews auf der Biennale di Venezia. Mit einer ganz anderen Strategie »übersetzen« James Auger und Jimmy Loizeau in ihrem Projekt »Audio Tooth Implant« ein »Placebo Produkt« in eine globale Behauptung: Die beiden Designer schlagen ein mit Mobiltechnologie ausgestattetes Zahnimplantat als innovatives Produkt vor (das es so nicht gibt, aber bald geben könnte, dank den Möglichkeiten des »ubiquitous computing«), gestalten das entsprechende Artefakt als attraktives Objekt (das technisch nicht funktioniert, aber kommunikativ die Idee auf den Punkt bringt), etablieren eine kommunikative Website und gründen ein Unternehmen für die Kommerzialisierung (das es real nicht gibt), und provozieren so innerhalb kurzer Zeit eine globale Debatte auf der Titelseite von The Sun, auf CNN ... zur Frage, ob diese technische Möglichkeit (und generell die Realisierung technologischer Möglichkeiten) wirklich sinnvoll, medizinisch vertretbar und sozial zumutbar ist. Strategiedesign übersetzt Möglichkeiten, Entwürfe und Perspektiven in greifbare Artefakte, konkrete Geschichten und explizite Referenzen, als Basis

---

19 | Vgl. Sloterdijk, Peter: »Das Zeug zur Macht«, in: Seltmann, Gerhard & Lippert, Werner (eds.), Entry Paradise: Neue Welten des Designs, Basel: Birkhäuser 2006, S. 98–111.

für die robuste Überprüfung und kontroverse Auseinandersetzung mit Möglichkeiten, »as if« es Realitäten wären.

Strategiedesign, wie wir es in diesem Beitrag postulieren, verbindet diese sechs grundlegenden Methoden zu einer spezifischen Strategie für die Gestaltung der Zukunft: Es braucht erstens die systematische Verknüpfung unterschiedlicher Entwurfsmethoden zu einer eigenständigen Strategie [1. »Projecting«]; es braucht zweitens die Überprüfung und Konkretisierung dieser Strategie in unterschiedlichen Medien und Materialitäten [2. »Materializing«]; es braucht drittens die kritische Reflexion der Strategie aus möglichst unterschiedlichen und kontroversen Perspektiven [3. »Perspectivizing«]; es braucht viertens die Gestaltung von Prozessen für die Entwicklung, Durchsetzung und Veränderung der Strategie [4. »Processualizing«]; es braucht fünftens die Etablierung eines strukturierten Systems, das die Entwürfe und die Überprüfung der Entwürfe, die Kontroversen und die Entscheidungen schützt und koordiniert [5. »Systematizing«]; und es braucht sechstens multiple Formen der Übersetzung dieser Strategie, in unterschiedliche Kontexte und Situationen [6. »Translating«]. Dabei ist wichtig: diese sechs grundsätzlichen Methoden des Strategiedesign beziehen sich aufeinander, entwickeln sich gleichzeitig, müssen für jedes kommerzielle Unternehmen, jede künstlerische Position, jede technologische Innovation spezifisch entwickelt, behauptet, durchgesetzt und realisiert werden.

LITERATUR

Aicher, Otl: Die Welt als Entwurf: Schriften zum Design, Berlin: Ernst & Sohn 1991.

Auger, James: »Alternative Presents and Speculative Futures«, in: Swiss Design Network (ed.), Negotiating Futures – Design Fiction, Basel: HGK Basel 2010, S. 42–57.

Bleecker, Julian (2009): Design Fiction: A short essay on design, science, fact and fiction, Near Future Laboratory, http://nearfuturelaboratory.com/2009/03/17/design-fiction-a-short-essay-on-design-science-fact-and-fiction/ (Abruf: 04.07.2012).

Bleecker, Julian: »Design Fiction: From Props to Prototypes«, in: Swiss Design Network (ed.), Negotiatig Futures – Design Fiction, Basel: HGK Basel 2010, S. 58–67.

Bonami, Francesco & Spector, Nancy: Maurizio Cattelan, Phaidon Press 2003.

Brook, Peter: Der leere Raum, Berlin/Köln: Alexander 2009.

Brown, Tim: »Design Thinking«, in: Harvard Business Review, June 2008, S. 84-92.

Brown, Tim: Change by Design, New York: Harper Business 2009.

Buchloh, Benjamin H.D.: »An Interview with Thomas Hirschhorn«, in: October, 113, 2005, 77–100.

Burckhardt, Lucius: Warum ist Landschaft schön? Die Spaziergangswissenschaft, Berlin: Martin Schmitz 2006.

Calle, Sophie: M'as tu vue, Paris: Centre Pompidou 2003.

Christensen, Clayton: The Innovator's Dilemma, Cambridge/Massachusetts: Harvard Business School Press 1997.

Dunne, Anthony & Raby, Fiona: Design Noir: The Secret Life of Electronic Objects, Basel: Birkhäuser 2001.

Dunne, Anthony & Raby, Fiona: Critical Design FAQ, o.J., http://www.dunneandraby.co.uk/content/bydandr/13/0 (Abruf: 04.07.2012).

Dunne, Anthrony: Hertzian Tales: Electronic products, aesthetic experience, and critical design, Boston/Massachusetts: MIT Press 1999.

Eco, Umberto: Die unendliche Liste, München: Carl Hanser 2009.

Foster, Hal: The Return of the Real, Cambridge/Massachusetts: MIT Press 1996.

Friedman, Mildred & Sorkin, Michael: Gehry talks. Architecture and Process, New York: Universe 2002.

Glanville, Ranulf: Objekte, Berlin: Merve 1988.

Grand, Simon: »Design Fiction und unternehmerische Strategien«, in: Wiedmer, Martin (ed.), Design Fiction: Perspektiven für Forschung in Kunst und Design, Basel: HGK Basel 2009, S. 21–26.

Grand, Simon: »Strategy Design: Design Practices for Entrepreneurial Strategizing«, in: Samiyeh, Michael (ed.), Creating Desired Futures: How Design Thinking Innovates Business, Basel: Birkhäuser 2010.

Holzer, Jenny: Jenny Holzer, London: Phaidon Press 1998.

Koolhaas, Rem & Mau, Bruce: S, M, L, XL, Köln: Taschen 2001.

Latour, Bruno & Weibel, Peter: Making Things Public: Atmospheres of Democracy, Cambridge/Massachusetts: MIT Press 2002.

Latour, Bruno: »Von ›Tatsachen‹ zu ›Sachverhalten‹: Wie sollen die neuen kollektiven Experimente protokolliert werden?«, in: Schmidgen, Henning/Geimer, Peter & Dierig, Sven (eds.), Kultur im Experiment, Berlin: Kulturverlag Kadmos 2004.

Law, John: After Method: Mess in Social Science Research, London: Routledge 2004.

Liebl, Franz & Düllo, Thomas: Cultural Hacking, Wien: Springer 2005.

Lukic, Branco & Katz, Barry, M.: Nonobject, Cambridge/Massachusetts: MIT Press 2010.

Maas, Winy: The Five Minute City, Rotterdam: Episode Publishers 2003.

Maison Martin Margiela: 20: The Exhibition, Antwerp: MOMU 2008.

Obrist, Hans-Ulrich & Vanderlinden, Barbara: Laboratorium, Antwerpen: Du Mont 1999.

Obrist, Hans-Ulrich: Interviews I, Mailand/New York: Charta 2003.

Obrist, Hans-Ulrich: Interviews II, Mailand/New York: Charta 2010.

Orlikowski, Wanda: »Using Technology and Constituting Structures: A Practice Lens for Studying Technology in Organizations«, in: Organization Science, 11/4, 2000, S. 404–428.

Orlikowski, Wanda: »Knowing in Practice: Enacting a Collective Capability in Distributed Organizing«, in: Organization Science, 13/4, 2002, S. 249–273.

Rheinberger, Hans-Jörg: Toward a History of Epistemic Things. Synthesizing Proteins in the Test Tube, Stanford: Stanford University Press 1997.

Shimizu, Sanae & NHK: Unlimited: Commes des Garçons, Tokyo: Heibonsha 2005.

Sloterdijk, Peter: »Das Zeug zur Macht«, in: Seltmann, Gerhard & Lippert, Werner (eds.), Entry Paradise: Neue Welten des Designs, Basel: Birkhäuser 2006, S. 98–111.

Sloterdijk, Peter: Scheintod im Denken: Von Philosophie und Wissenschaft als Übung, Frankfurt am Main: Suhrkamp 2009.

Steinweg, Marcus & Hirschhorn, Thomas: Maps, Berlin: Merve 2008.

Verganti, Roberto: Design Driven Innovation, Boston, Massachusetts: Harvard Business Press 2009.

KEIN DING, KEIN ICH,
KEINE FORM,
KEIN GRUNDSATZ,
SIND SICHER.

Joseph Beuys nach Robert Musil

Metin Tolan

NON-LINEARE WISSENSCHAFT MIT JAMES BOND

In Vorlesungen und Sachbüchern vermittelt Metin Tolan physikalisches Sachwissen an alltäglichen, auch an ungewöhnlichen Praxisbeispielen. Dabei bringt er Dinge zusammen, die erst einmal nicht zusammengehören. Der folgende Text über James Bond ist ein Beispiel für eine außerordentliche Physikvorlesung.

NON-LINEARE WISSENSCHAFT MIT JAMES BOND   105

WIE MAN EIN FLUGZEUG IN DER LUFT EINHOLEN KANN

Nachdem James Bond zu Beginn von »Golden Eye« den Bungee-Sprung vom Staudamm übersteht, bricht er in die in der Nähe liegende Chemiewaffenfabrik in Archangelsk ein. Dort trifft er auf seinen Freund und Kollegen Alec Trevelyan alias Agent 006, der sich ebenfalls im Dienst Ihrer Majestät befindet. Der Auftrag der beiden Spione ist es, die Anlage in die Luft zu sprengen. Beim Befestigen der Sprengladungen werden sie jedoch von russischen Soldaten unter dem Kommando von Oberst Ourumov entdeckt und angegriffen. Während es Bond gelingt, die Sprengladungen zu platzieren und den Zeitzünder zu aktivieren, wird 006 von den Angreifern überwältigt. Ourumov droht ihn zu erschießen, sollte sich James Bond nicht innerhalb von zehn Sekunden ergeben. Obwohl sich 007 darauf einlässt, drückt der General kurz vor Ablauf der Gnadenfrist ab. Alec Trevelyan sinkt scheinbar tödlich in den Kopf getroffen nieder.

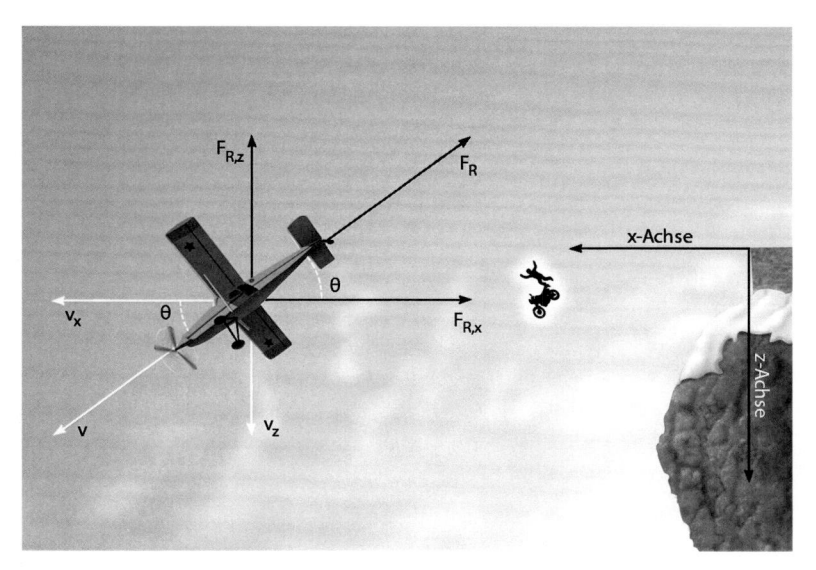

Abbildung 1: Darstellung der unterschiedlichen Bewegungs- und Kraftrichtungen beim Sprung von der Klippe. Mit x werden der Abstand von der Klippe und mit z die Falltiefe bezeichnet. Die Reibungskraft FR wirkt entgegengesetzt zur Fallrichtung. Die horizontalen und vertikalen Komponenten der Geschwindigkeit v und der Luftreibung werden durch vx, FR,x, vz, FR,z angegeben. Der Winkel θ zwischen Bewegungsrichtung und x-Achse bezeichnet den Neigungswinkel des Flugzeugs. Ein senkrechter Fall entspricht so einem Winkel von θ = 90°.

James Bond gelingt die Flucht hinaus auf ein Rollfeld außerhalb der Anlage. Im Schusswechsel mit den ihn verfolgenden Soldaten erblickt er ein gerade startendes Flugzeug, sprintet darauf zu, erreicht die Maschine, öffnet die Seitentür und springt an Bord. Im Kampf um die Kontrolle stürzen James Bond und der Pilot aus dem startenden Flugzeug. Während sich der Top-Agent geschickt abrollen kann, kollidiert der Pilot mit einem verfolgenden Soldaten auf einem Motorrad. Blitzschnell erfasst 007 die Situation, ergreift das Motorrad und rast dem führerlosen Flugzeug hinterher. Die Soldaten brechen angesichts dieses scheinbar wahnsinnigen Manövers ihre Verfolgung ab – die Startbahn endet schließlich an einem tiefen Abgrund. Tatsächlich stürzen wenige Augenblicke später das Flugzeug, und zwei Sekunden später James Bond auf dem Motorrad von der Klippe. In der Luft lässt 007 das Motorrad los, legt die Arme an und segelt in bester Superman-Manier auf das Flugzeug zu. Langsam nähert er sich, bis er schließlich sein Ziel nach 20 Sekunden erreicht: Trotz fast senkrechten Sturzflugs gelingt es ihm, die immer noch offene Seitentür zu packen und sich hineinzuziehen. Im Cockpit angekommen, ergreift 007 den Steuerknüppel und zieht ihn hektisch zu sich. Kurz bevor das Flugzeug am Fuße des Berges zu zerschellen droht, gelingt es Bond tatsächlich, die Maschine hochzuziehen. Während er über die Fabrik hinwegfliegt, explodieren dort die Sprengladungen. Mission erfüllt!

Im Kino würde man am liebsten sagen: »Da hat er aber noch mal Glück gehabt!« Doch war es nur Glück, oder war es die kühle Berechnung eines genialen Geheimagenten? Ist dieses Manöver so prinzipiell durchführbar oder ist es physikalisch unmöglich?

Zuerst muss Bond das Flugzeug in der Luft einholen, dann muss ihm der Einstieg gelingen und schließlich muss er das Flugzeug auch noch abfangen. Alle drei Aktionen erscheinen für sich genommen bereits äußerst schwierig. Bei den folgenden Betrachtungen soll die Motorkraft des Flugzeugs ebenso vernachlässigt werden, wie die möglicherweise noch leicht wirkende Auftriebskraft durch die Flügel. Dominiert wird die Bewegung sicher durch das Fallen von der Klippe. Die anderen Effekte bewirken lediglich kleinere Korrekturen.

Der erste Teil des Manövers ist daher eine Art freier Fall. Im Gegensatz zu der Szene aus »Moonraker«, in der James Bond, der Pilot und der Beißer im Wesentlichen senkrecht fallen und damit eine eindimensionale Bewegung durchführen, bewegen sich 007 und das Flugzeug nun in zwei Dimensionen – horizontal und vertikal. Physikalisch gesprochen sind die Bewegungen von James Bond und dem Flugzeug ein waagerechter Wurf (mit Reibung).

Glücklicherweise gibt es in der Physik das sogenannte Unabhängigkeitsprinzip, d.h. eine zweidimensionale Bewegung kann aus zwei unabhängigen eindimensionalen Bewegungen in horizontaler und vertikaler Richtung zusammengesetzt werden. Dieses Unabhängigkeitsprinzip kann durch ein einfaches Experiment veranschaulicht werden: In Abbildung 1.11 sieht man zunächst zwei gleich schwere Kugeln in einer Halterung am oberen Bildrand. Wenn beide Kugeln gleichzeitig zu Boden fallen, die rechte helle Kugel aber dabei noch einen kleinen waagerechten Stoß erhält, dann ist zu erkennen, dass beide Kugeln trotzdem gleich schnell fallen. Obwohl die rechte Kugel einen längeren Weg zurückgelegt hat, befinden sich beide Kugeln zu gleichen Zeiten immer in der gleichen Höhe. Die zweidimensionale Bewegung der rechten Kugel ist also nichts anderes als eine senkrechte Fallbewegung, der eine einfache waagerechte Translationsbewegung überlagert ist.

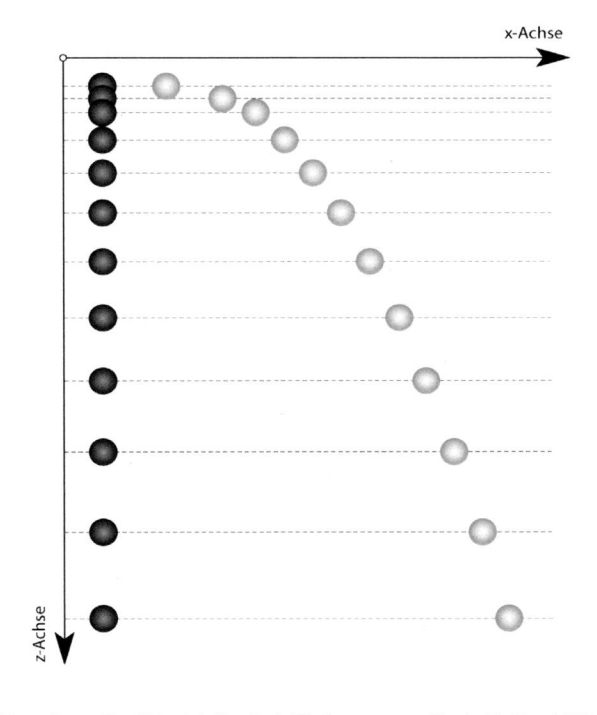

Abbildung 2: Versuch zum Unabhängigkeitsprinzip für Bewegungen. Die dunkle Kugel fällt senkrecht zu Boden, während die helle Kugel vorher noch einen Stoß nach rechts bekommen hat. Deutlich ist zu erkennen, dass beide Kugeln sich zur gleichen Zeiten in der gleichen Falltiefe z befinden. Die Bewegung in x-Richtung ist der Fallbewegung einfach überlagert.

Diese erste Überlegung zeigt bereits, dass der Luftwiderstand die zentrale Rolle bei der Erklärung dieser Szene spielen muss. Alle Körper werden von der Erde gleich stark beschleunigt. James Bond könnte das Flugzeug ohne Luftwiderstand niemals erreichen, da er zwei Sekunden später als das Flugzeug von der Klippe fällt und damit immer diese zwei Sekunden zu spät dran wäre. Abbildung 1.11 verdeutlicht diese Situation nochmals: Genauso wie keine der beiden gleichzeitig fallen gelassenen Kugeln mit der Zeit eine größere Falltiefe erreicht als die jeweils andere, kann auch James Bond die in zwei Sekunden senkrecht gefallene Strecke, ohne dass er den Luftwiderstand ausnutzt, nicht aufholen.

Da 007 und das Flugzeug im freien Fall jeweils recht hohe Geschwindigkeiten erreichen, spielt ihre Stromlinienförmigkeit (auch Windschlüpfigkeit genannt) neben den anderen Faktoren, die zum Luftwiderstand beitragen, eine wesentliche Rolle. Aus dem Luftwiderstandsbeiwert bzw. cW-Wert und der Querschnittsfläche in Bewegungsrichtung ergibt sich der effektive, durch die Form eines Körpers verursachte Luftwiderstand eines Körpers. Wie in der Szene, als der Beißer Bond nur aufgrund seines höheren Gewichts in der Luft einholen konnte, hat 007 auch jetzt ein ziemliches Gewichtsproblem. Die Tatsache, dass schwere Körper schneller zu Boden fallen als leichte, liegt daran, dass die Erdanziehung durch den Luftwiderstand kompensiert werden muss. Dies führt letztlich zu einer höheren Fallgeschwindigkeit des schwereren Körpers. Was James Bond also an Gewicht weniger als das Flugzeug besitzt, muss er im Gegenzug an Stromlinienförmigkeit gewinnen, um den Luftwiderstand für sich auszunutzen und das Flugzeug in der Luft einzuholen. Das ist allerdings kein Zuckerschlecken, da das Flugzeug etwa 20-mal schwerer ist als der Top-Agent. Bond müsste daher 20-mal so stromlinienförmig sein wie das fallende Flugzeug, um genauso schnell zu fallen! Das kann definitiv nur mit Hilfsmitteln des britischen Geheimdienstes erreicht werden.

> Und nicht-linear bedeutet in der Physik immer, dass es kompliziert wird.

Für uns Normalbürger stellt diese Art der Flucht sicher keine Lösung dar, denn auch fallende Flugzeuge sind schon recht stromlinienförmig.

Doch wie stellt James Bond es genau an, den Luftwiderstand so auszunutzen, dass er das Flugzeug einholen kann? Bereits kurz nach Verlassen der Klippe stößt der Top-Agent das Motorrad ab. Von diesem Moment an besitzt er gegenüber dem Flugzeug die Möglichkeit, seinen Luftwiderstand und so seine Flugbahn bewusst zu beeinflussen. Bonds Verhalten ist im Filmausschnitt deutlich erkennbar. Zunächst muss 007 eine möglichst große Geschwindigkeit in der Luft erreichen, um den Vorsprung des Flugzeugs aufzuholen. Hierzu nimmt James Bond eine gerade und schmale Haltung an, indem er die Arme anlegt und die Beine voll durchstreckt. Sein Luftwiderstand wird dabei offensichtlich deutlich kleiner als der des Flugzeugs. Der Einstieg hingegen ist nur möglich, wenn er es schafft, mit etwa gleicher Geschwindigkeit neben dem Flugzeug herzufliegen. Dazu ist es nötig, in der Luft abzubremsen. Dies schafft Bond dadurch, dass er sich quasi aufrichtet und so den Luftwiderstand stark vergrößert.

Das Manöver scheint also für einen Top-Agenten ein Kinderspiel. Detaillierte Berechnungen können das genauer überprüfen.

Die Ergebnisse dieser ersten groben Betrachtung unter Berücksichtigung der Erdanziehung und des Luftwiderstands lassen bereits hoffen, dass die Sache nicht nur qualitativ funktioniert. Wie in Abbildung 1.12 zu erkennen ist, kreuzen sich die ermittelten Bahnkurven. Im Schnittpunkt befinden sich James

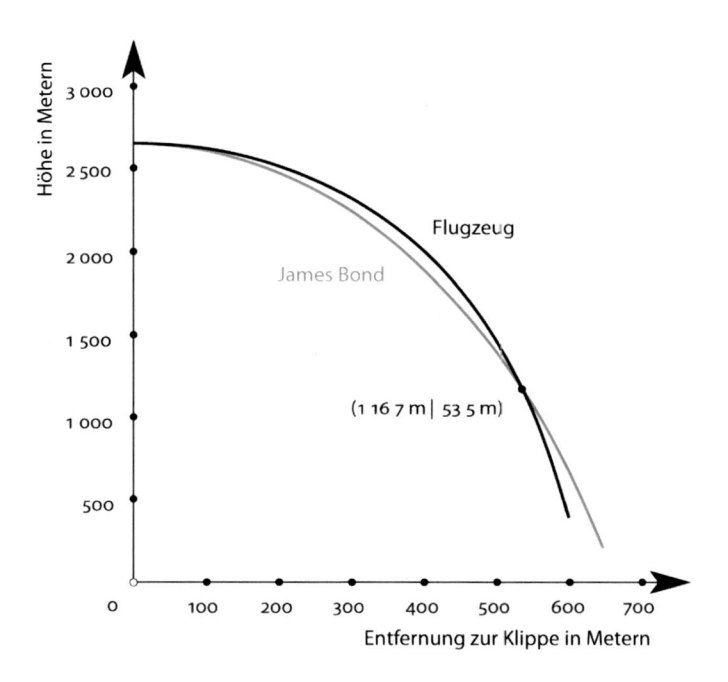

Abbildung 3: Berechnete Flugbahnen von James Bond und dem Flugzeug nach dem Verlassen der Klippe. Beide Flugbahnen schneiden sich, d.h. es gibt einen Punkt, an dem sich 007 und das Flugzeug im gleichen Abstand von der Klippe und in der gleichen Falltiefe befinden. Aus der Grafik liest man ab, dass dieser Schnittpunkt bei einem Abstand von 535 Metern von der Klippe in einer Falltiefe von 1167 Metern erreicht wird.

Bond und das Flugzeug im selben Abstand von der Klippe und in der gleichen Falltiefe. Diese Bedingung muss für einen Einstieg natürlich erfüllt sein. Allerdings ist dies noch nicht alles, denn beide müssen für einen erfolgreichen Einstieg diesen Schnittpunkt auch noch zur selben Zeit erreichen. Man erwischt schließlich den Zug auch nicht, wenn man den Bahnsteig fünf Minuten nach der Abfahrt erreicht, obwohl man sich dann am selben Ort befindet, an dem der Zug vorher auch war. Die Folgen wären in einem solchen Fall allerdings weniger fatal als für James Bond bei seinem Sprung von der Klippe. Ein zeitgleiches Treffen umzusetzen, erweist sich in der Rechnung zwar als äußerst difizil, jedoch gelingt es nach einigem Probieren mit den Werten, die James Bond im Verlauf der Motorradfahrt und des Fluges durch die Luft verändern kann.

Zu Beginn kann er mit dem Motorrad seine Anfangsgeschwindigkeit, mit der er von der Klippe stürzt, verändern und der Geschwindigkeit des Flugzeugs möglichst genau anpassen. In der Luft kann der Geheimagent seine Stromlinienförmigkeit und damit seinen Luftwiderstand quasi stufenlos durch seine Körperhaltung verändern. Das hierbei auftretende Problem ist die exakte und stetige Kontrolle des Luftwiderstands. Ein gut ausgebildeter Top-Agent ist sicher in der Lage, seinen Körper so zu kontrollieren, dass er seine Flugbahn intuitiv richtig korrigieren kann. Bei dem in Abbildung 1.12 gezeigten Ergebnis einer genauen Berechnung ergibt sich ein zeitgleicher Schnittpunkt der Bahnen für eine Geschwindigkeit von etwa 140 Kilometern pro Stunde, mit der das Flugzeug von der Klippe stürzt. Ähnliche Ergebnisse lassen sich zum Beispiel auch mit 145 Stundenkilometern erzielen. James Bond kann eine leichte Fehleinschätzung der Geschwindigkeiten deshalb ohne Probleme während des Fluges korrigieren. Technisch ist diese Anfangsgeschwindigkeit für das Flugzeug, bei dem es sich um eine Pilatus SC-6 oder auch Pilatus Porter Turbo handelt, natürlich kein Problem. Auch das von James Bond ergriffene Motorrad, eine Cagiva, sollte solche Geschwindigkeiten mühelos erreichen. Bond muss allerdings eine leicht geringere Absprunggeschwindigkeit als das Flugzeug wählen, da sein Problem nicht darin liegt, das Flugzeug in horizontaler Richtung einzuholen, sondern er muss die zwei Sekunden freien Fall in vertikaler Richtung wettmachen. Wäre 007 an der Klippe schneller als das Flugzeug, dann würde er gnadenlos über das Flugzeug hinwegschießen, da er ja viel stromlinienförmiger ist. Hier muss der Geheimagent also äußerst cool bleiben!

007 hätte noch eine andere Strategie verfolgen können, um das Flugzeug einzuholen. Da sein größtes Problem sein geringes Gewicht im Vergleich zum Flugzeug ist, hätte er das Motorrad auch in der Luft festhalten können, um so sein Gesamtgewicht zu vergrößern. Dies erhöht aber zu sehr den Luftwider-

stand und schränkt zudem die Möglichkeit ein, diesen im Flug zu verändern. Ein höheres Gesamtgewicht würde James Bond zwar erlauben, schneller zu fallen, jedoch spielt seine Stromlinienförmigkeit die wichtigere Rolle. Detaillierte Berechnungen ergeben, dass der Einfluss des Luftwiderstands den des größeren Gewichts sogar bei Weitem überwiegt. Wie Abbildung 1.13 zeigt, hat 007 mit dem Motorrad aufgrund des viel größeren Luftwiderstands keine Chance, das Flugzeug überhaupt nur einzuholen – nicht einmal mit der maximalen Absprunggeschwindigkeit von 180 Kilometern pro Stunde. Folglich ist, wie nicht anders zu erwarten war, die Entscheidung des Top-Agenten, das Motorrad so schnell wie möglich in der Luft abzustoßen, die einzig richtige. Während er auf dem Motorrad sitzt, muss James Bond alles blitzschnell im Kopf durchgerechnet haben, damit er hier keinen entscheidenden Fehler macht. Bei keiner anderen Szene wird es so deutlich, dass eine solide Physikausbildung für jeden Doppelnull-Agenten offensichtlich überlebensnotwendig ist.

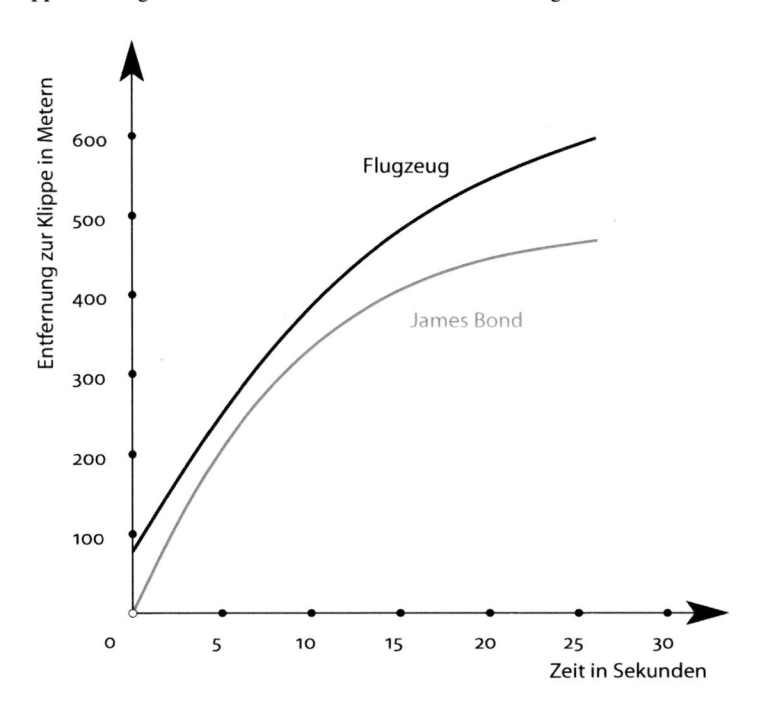

Abbildung 4: Berechnete Entfernung von der Klippe als Funktion der Zeit für James Bond und das Flugzeug, falls er das Motorrad im Flug festhält. Man erkennt, dass 007 keine Chance hat, das Flugzeug einzuholen, da die beiden Kurven sich nicht schneiden. Zu keinem Zeitpunkt sind James Bond und das Flugzeug gleich weit von der Klippe entfernt.

James Bond kann also aufgrund seiner Stromlinienförmigkeit das Flugzeug einholen. Doch ist es für 007 auch möglich, sich in das Flugzeug hineinzuziehen?

Im Gegensatz zu den Bildern der Filmszenen, in denen es so aussieht, als könnte 007 fast schon gemütlich neben dem Flugzeug herfliegen, ergibt sich auch bei der günstigsten Berechnung eine sehr ungesunde Aufprallgeschwindigkeit von etwa 85 Kilometern pro Stunde. Diese Wucht könnte höchstens mit einem bisher unbekannten Spezialanzug des britischen Geheimdienstes, der implantierte Mini-Airbags enthalten müsste, gefahrlos überlebt werden. Die hohe Aufprallgeschwindigkeit ergibt sich bei jeder Rechnung immer deswegen, weil James Bond quasi unter der Flugbahn des Flugzeugs durchtaucht und dann seitlich in das schon fast senkrecht nach unten fallende Flugzeug einsteigen muss. Anders können die beiden Flugbahnen nicht zusammengebracht werden. Durch diese Konstellation ergibt sich aber immer eine sehr große Relativgeschwindigkeit zwischen dem Flugzeug und dem Top-Agenten.

Zum Schluss wollen wir noch klären, ob James Bond das Flugzeug nach erfolgreichem Einstieg auch noch hochziehen und sich retten kann. In der Filmszene vergehen nach dem Absprung von der Klippe 26 Sekunden, bis Bond schließlich den Steuerknüppel ergreift. Er muss nun das Flugzeug, dessen Geschwindigkeit nach 26 Sekunden freiem Fall auf stolze 470 Kilometer pro Stunde angewachsen ist, aus dem Sturzflug wieder hochziehen. Kunstfliegern gelingt ein solches Manöver bei einer Geschwindigkeit von 300 bis 400 Stundenkilometern. Das Hochziehen der Maschine ist daher das kleinste Problem unter all den Problemen, die Bond bis zum Erreichen des Cockpits zu lösen hatte. Dass er natürlich jedes Flugzeug besser fliegen kann als der beste Pilot einer Kunstflugstaffel, versteht sich von selbst …

26 Sekunden vergehen, bis Bond das Flugzeug abfängt. In dieser Zeit haben er und das Flugzeug bereits über 2200 Meter an Höhe verloren und die Rettung beansprucht noch einmal nicht unwesentlich Platz. Bietet die Klippe überhaupt genug Raum für dieses Manöver? In der Nähe von Archangelsk ist das eher unwahrscheinlich, da der Ort als Küstenstadt nur knapp über dem Meeresspiegel liegt. Dementsprechend wichen die Macher des Films für den Dreh auch lieber auf den Berg Tellistock in den Schweizer Alpen aus, welcher immerhin eine Höhe von 2651 Metern hat. Ob die dortige Klippe allerdings bis auf den Meeresspiegel hinabreicht, ist fraglich, soll aber zugunsten von James Bond angenommen werden. Wir gehen also davon aus, dass genug Platz für den Sturzflug da ist.

Natürlich wurde die Szene aber nicht wirklich so gedreht, wie im Film dargestellt. Tatsächlich sprang ein Stuntman auf einem Motorrad dem Flugzeug hinterher. Statt jedoch wie 007 zu versuchen, dieses einzuholen, benutzte der Mann nach etwa 300 Metern Falltiefe lieber einen versteckten Fallschirm und zog es vor, das Flugzeug lieber nicht durch waghalsige Manöver in der Luft zu retten.

Für all die Berechnungen, die in den Grafiken zu sehen sind, mussten wir einen Computer verwenden, da schwierige Differenzialgleichungen zu lösen waren. 007 führt sie im Kopf aus – während er auf dem Motorrad das Flugzeug verfolgt. Vor einer solchen Leistung müssen sogar gestandene Physikprofessoren den Hut ziehen.

Mit frdl. Genehmigung des Piper Verlags

LITERATUR

Tolan, Metin: Geschüttelt, nicht gerührt: James Bond und die Physik, München. Piper Verlag, 2008.

ERWIN WURM
CARRYING EDELBERT KÖB

Das Flüchtige und Veränderliche sind Grundkonstanten in Erwin Wurms Überlegungen zur Skulptur, das er in überraschenden Abwandlungen alltäglicher Situationen und absurder Verformungen von Körpern und Gegenständen inszeniert. Seine Ideen, die er in Texten, Zeichnungen, Videos und Fotografien fixiert, bewegen sich zwischen den Ebenen von Aktion, Performance und Skulptur. Mit den berühmten »One Minute Sculptures« (1997) erfand Wurm einen neuen Skulpturentypus. Für einen Moment und oft kaum merklich, sind Vorgangsweisen ritualisierten menschlichen Tuns und Handelns verschoben oder dekonstruiert und zeichnen Psychogramme komplexer Subjekt-Objekt-Beziehungen. Mit den Mitteln der Übertreibung, der Paradoxie und der Groteske schafft er Situationen, die irritierend wirken, Staunen hervorrufen oder Heiterkeit erzeugen. Wurm überantwortet die Skulptur entweder Akteuren oder performt selbst, wie in »Carrying Edelbert Köb (Be nice to your curator)« (2006), in der er den Direktor des MUMOK in seinen Armen durch eine Ausstellung trägt.

Quelle: Museum Moderner Kunst, Stiftung Ludwig Wien, 2006

Abbildung S. 116–117: Erwin Wurm, »Carrying Edelbert Köb«, C-print, 115 x 140 cm, 2006

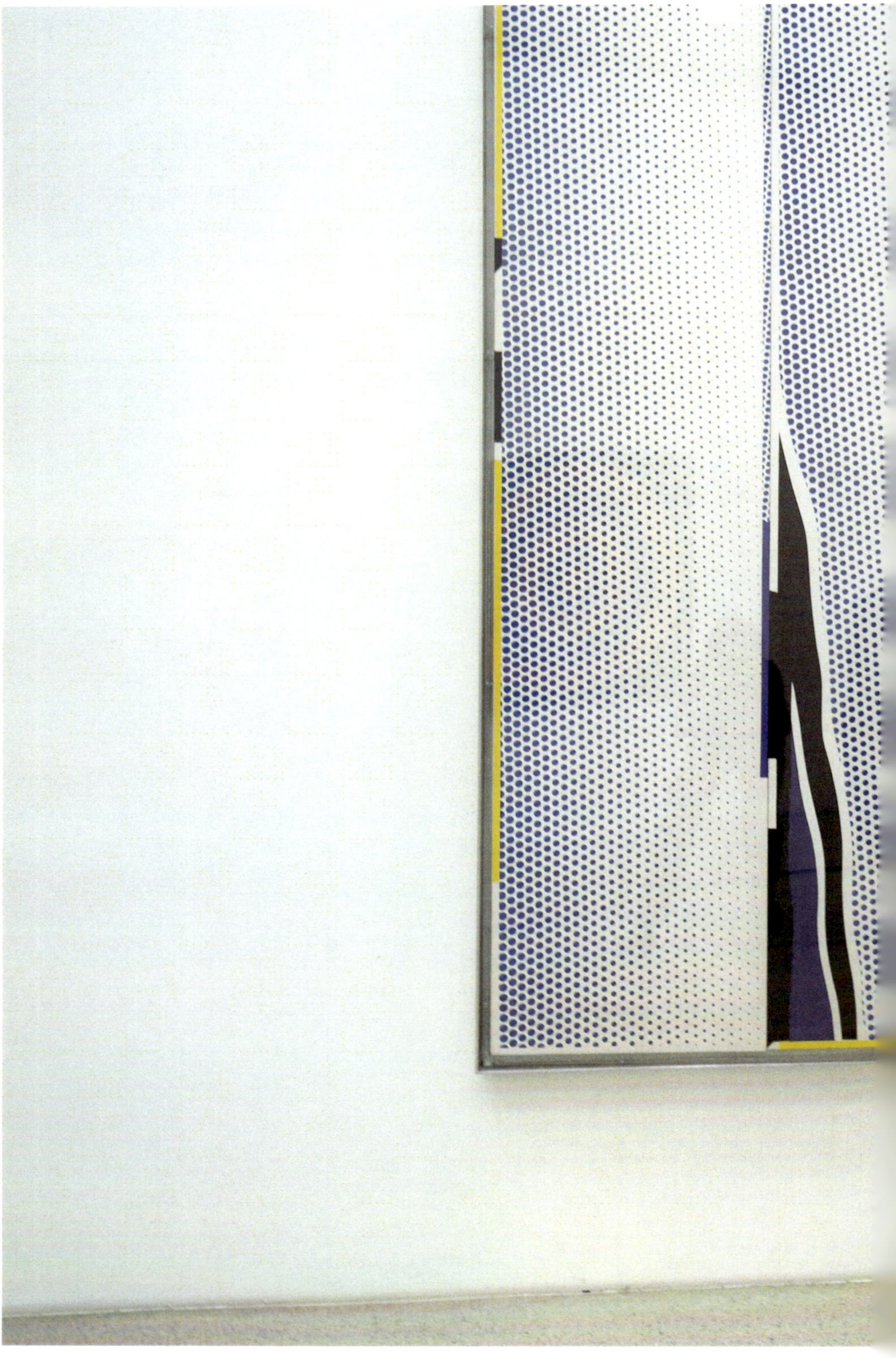

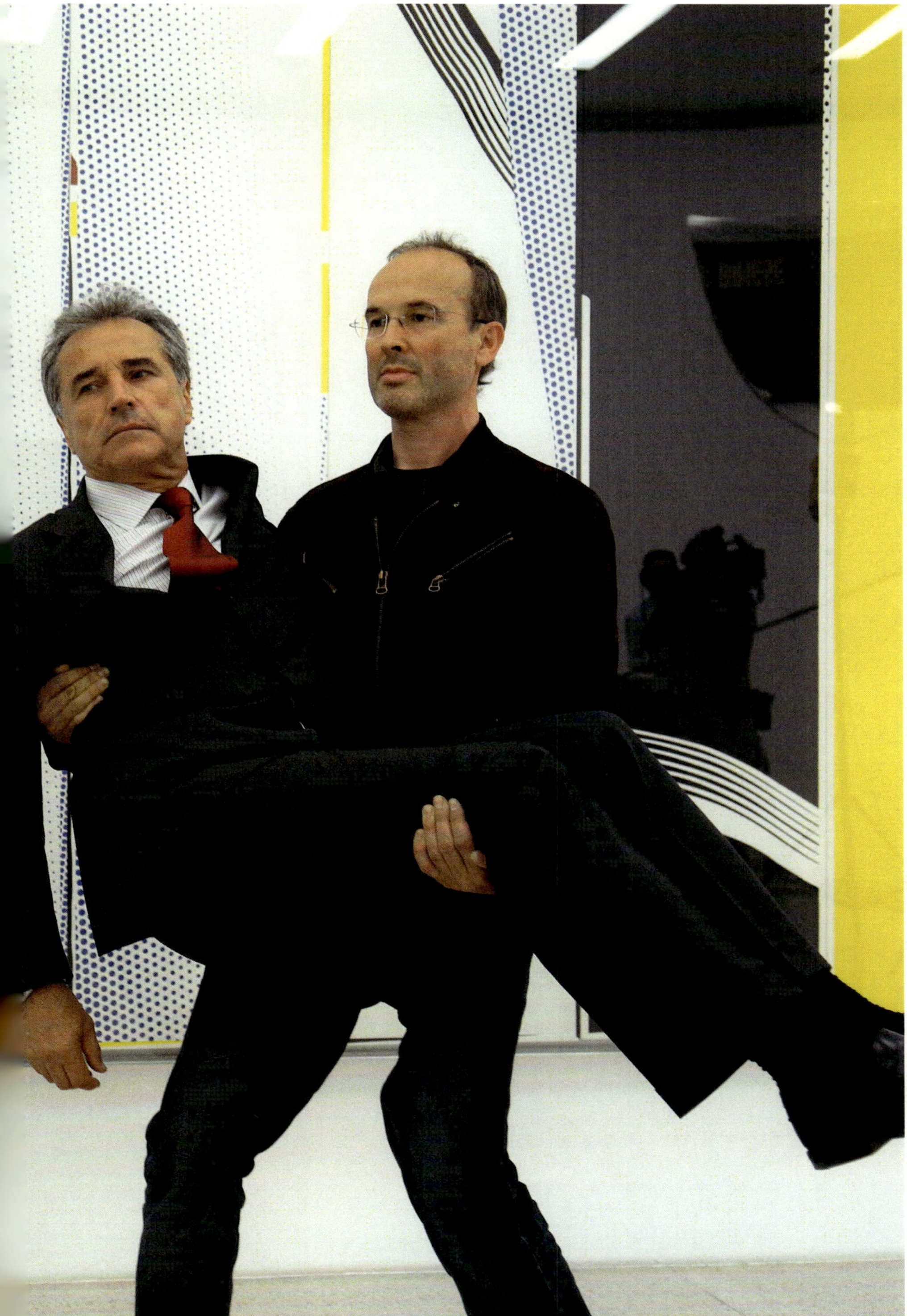

Peter Weibel

DIE ERBEN LEONARDO DA VINCIS

EIN GESPRÄCH MIT PETER WEIBEL

Interviewer: Thomas Koch

THOMAS KOCH

Erst in diesem Juli haben Sie einen neuen Kunstpreis ausgelobt, den AppArtAward, einen Preis für Applikationen für Handys und für tragbare Computer. Warum sind Apps Kunst?

PETER WEIBEL

Erstens muss man sich an die Geschichte des Bildes und an seine Verortung erinnern. Die ursprünglichen Bilder waren ja Höhlenzeichnungen und dann Fresken in Villen und Kirchen. Das heißt, sie waren ortsgebunden an eine Wand. Dann wurde das Tafelbild erfunden – die erste Phase der Mobilität. Und das Tafelbild ist deshalb so erfolgreich geworden, weil es mobil ist. Jetzt hat sich in der zweiten Phase und tatsächlich eben durch diese tragbaren Telefone und durch die portablen Computer die Mobilität des Bildes gesteigert. Dann gilt zweitens, dass ich normalerweise bei diesen Bildern selbst als Gestalter nicht mitarbeiten kann. Ich bin gewissermaßen externer Beobachter. Aber bei diesen Apps bin ich interner Beobachter. Ich kann den Inhalt der Apps mitgestalten. Das, was seit ungefähr 50 Jahren der einzigartige Triumph der Medienkunst ist, die Interaktivität, aber dort wiederum ortsgebunden war im Rahmen einer Installation, kann ich hier mobil machen. Also ist das Bild mobil geworden und das Interaktionsprinzip ist mobil geworden. Jetzt kann man fragen, genügt das für die Kunst? Die Antwort: Die Kunst selbst hat ja im 20. Jahrhundert ein universelles visuelles Vokabular der Abstraktion (lyrische, informelle, geometrische Abstraktion) entwickelt. Sie hat neue Musikformen entwickelt, sei es Zwölftonmusik, serielle Musik, Zufallsmusik usw. Sie hat grafische Notationen entwickelt. Das sind die Voraussetzungen. Wenn ich jetzt ein mobiles interaktives Endgerät habe, und ich diese Formensprache wieder anwenden kann, sowohl die musikalische wie die visuelle Formensprache der Avantgardekunst, wieso soll ich dann sagen, das ist nicht Kunst?

THOMAS KOCH

Soweit die abstrakte Beschreibung. Können Sie Beispiele nennen für Applikationen, die etwas gewonnen haben?

PETER WEIBEL

Beispielsweise haben Sie an einem Handy einen Fotoapparat. Damit nehmen Sie die Umgebung auf. Dann gibt es einen Algorithmus, der das, was der Fotoapparat sieht, also die reale Gegenstandswelt selbst, umwandelt in grafische Muster à la Mondrian oder Kandinsky, und es gibt einen zweiten Algorithmus, d.h. eine zweite Kodierung, die dieses Muster wieder umwandelt in Töne. Das bedeutet, indem Sie mit diesem Smartphone ihre Umwelt ablichten, also fotografieren, wird die Wahrnehmung dieser konkreten Gegenstandswelt wieder verwandelt in die Bildsprache eines Max Bill oder eines Lohse oder eines Mondrian und gleichzeitig wieder verwandelt in Töne. Das heißt, Sie machen automatisch selber Bilder und Töne, nur indem Sie Ihre Umgebung fotografieren.

THOMAS KOCH

Das große Thema dieses Symposiums in Dortmund war ja »Kunst fördert Wirtschaft«, d.h. inwieweit gibt es eine Interaktion und eine Beförderung der Wirtschaft durch das, was die Kunst einbringen kann. Sehen Sie das in diesem Fall? Profitiert da die Wirtschaft von der Kunst?

PETER WEIBEL

Mein Slogan ist immer: Wo der Ingenieur vor einer Wand steht, geht der Künstler durch eine Tür, weil der Künstler mit den technischen Voraussetzungen, die der Ingenieur geschaffen hat, mehr anfangen kann als der Ingenieur selbst. Das heißt: Die Industrie liefert die Endgeräte, aber es reicht, ganz ehrlich, die Fantasie der Erzeuger, der Ingenieure und Softwareleute nicht aus, um das zu zeigen, was das Gerät kann. Das ist genau das Gleiche wie bei der Malerei. Maler und Anstreicher in Ehren, aber sie können kein Gemälde machen. Dafür braucht man Spezialausbildungen. Ingenieure und Softwareingenieure sind wie Maler und Anstreicher. Sie können nicht das mit dem Gerät machen, was ein Künstler kann. Ganz individuell fördert die Kunst die Wirtschaft, wenn sie deren Geräte erst zum Tanzen und zum Glühen bringt.

> Wo der Ingenieur vor einer Wand steht, geht der Künstler durch eine Tür.

THOMAS KOCH

Was könnte der Ingenieur noch vom Künstler lernen, abgesehen von dieser Perfektionierung des Instrumentariums?

PETER WEIBEL

Der Ingenieur ist der Realität zugewandt. Er folgt dem Realitätsprinzip, der Ökonomie, der Notwendigkeit, der Künstler dem Lustprinzip, der Verschwendung, der Fantasie. Der Künstler sucht immer Möglichkeiten und Optionen. Das ist das Wesen der Imagination. Der Künstler ist für mich das Sinnbild des Unternehmers. Es gibt doch dieses schöne Buch von Svetlana Alpers, der berühmten Rembrandt-Forscherin. Das heißt auf Englisch »Rembrandt's Enterprise« mit diesen Nebentönen zum Raumschiff Enterprise, auf Deutsch »Rembrandt als Unternehmer«. Der Künstler ist gewissermaßen das Sinnbild des Unternehmers, er ist auf sich alleine gestellt, hat dann je nach Auftragslage 10 oder keine oder 40 oder 100 Assistenten und produziert tatsächlich auf dem freien Markt nach dem Prinzip von Angebot und Nachfrage. Also wenn jemand ein freier Unternehmer ist, dann ist es der Künstler. Und damit er das durchhält, damit er als solcher überleben kann, muss er extrem innovativ und extrem kreativ sein. Der Künstler ist der Prototyp des Kapitalismus gemäß dem Ökonomen Schumpeter, der von der »kreativen Zerstörung« als Wesen des Kapitalismus sprach.

THOMAS KOCH
Kommen wir zu dem Haus, dem Sie vorstehen, dem ZKM, dem Zentrum für Kunst und Medientechnologie – jetzt schon mehr als 20 Jahre alt – eine Institution, die mehr ist als nur ein Museum. Es wird also ausgestellt aber auch geforscht und produziert. Warum ist das für Sie substantiell?

PETER WEIBEL
Weil die Medienkunst in der gleichen Lage ist wie das Theater und die Oper. Es kann ein Künstler oder ein Autor eine Oper schreiben, aber er hat nicht die finanziellen Mittel, dass er sie aufführen kann. Es kann ein Autor ein Theaterstück schreiben, aber er hat nicht die finanziellen Mittel, damit er es aufführen kann. Er braucht Schauspieler, braucht einen Bühnenbildner. Das heißt, der Staat, die Gesellschaft muss diesen Künsten Institutionen zur Verfügung stellen, in denen die Werke verwirklicht werden können.

Und die Medienkunst ist genauso. Große Medienwerke überschreiten die finanziellen Möglichkeiten von einem Individuum. Das heißt: Wenn ein Künstler eine Idee hat und nicht die Möglichkeit, sie finanziell umzusetzen, und er auch noch andere Hilfe braucht, gewissermaßen technische Hilfe, Ingenieurshilfe, Programmierhilfe, (weil er sonst drei Jahre arbeiten kann und trotzdem nie fertig wird), dann kann er zu uns kommen. Wir sind eine Art Mischung zwischen Universität, Grundlagenforschung und andererseits Oper und Theater.

THOMAS KOCH
20 Jahre ZKM. Damals war das ganz neu, wegweisend und kühn und Sie sagen nun, diese gefühlte Kühnheit vom Anfang ist weg. Wieso?

PETER WEIBEL

Alle anderen Museen haben nachgezogen. Und wenn jetzt neue Museen gegründet werden in Asien, kommen alle vorher zu uns und schauen sich das alles an. Jetzt wird wieder ein großes Museum gebaut in Hongkong. Der neue Direktor ist Lars Nittve, der ehemalige Direktor vom Modernen Museum in Stockholm. Der war jetzt hier bei uns. Die schauen sich das an, wie das hier funktioniert und übernehmen unser Modell. Das ist ein Erfolg, aber gleichzeitig nimmt es uns dann das Alleinstellungsmerkmal.

THOMAS KOCH

Wichtig ist für Sie auch: Sie haben so etwas wie ein Mitmachmuseum. Als Besucher kann man ganz viel machen. Kritiker haben Sie auch einmal als Spielothek bezeichnet. Was entgegnen Sie denen?

PETER WEIBEL

Also, ich würde sagen, ich bin stolz, dass wir ein performatives Museum sind, denn das bedeutet, dass wir ein demokratisches Museum sind, weil Demokratie nichts anderes ist als eine Mitmachgesellschaft. Demokratie ist eine Spielothek. Joseph Beuys hat gesagt – Sie kennen die Postkarte – »Demokratie ist lustig«. Das sieht man an der Bewegung Stuttgart 21. Die Bürger wollen mehr denn je mitmachen. Bisher durften sie nur einmal mitmachen, indem sie alle vier bis fünf Jahre einen Wahlzettel ankreuzen. Hier lernen die Bürger, wie das ist, wenn man mitmachen kann, auch die Grenzen und den Rahmen, in dem man mitmachen kann.

THOMAS KOCH

Wie wichtig ist es für die Medienkunst selbst, überhaupt wahrgenommen zu werden. Also die klassische Kunst, die High Culture, ist ja schon ein bisschen mehr vorne und Sie ein bisschen weniger beachtet, bei all den internationalen Erfolgen, die Sie haben. Wie wichtig ist die Wahrnehmung, dass das ins öffentliche Bewusstsein dringt?

PETER WEIBEL

Also da gibt es zwei Dinge zu sagen, Herr Koch. Der erste Satz stimmt nur bedingt. Die sogenannte Hochkultur ist meiner Meinung nach deswegen so erfolgreich, weil sie sich schon längst verraten hat. Es gibt sie gar nicht mehr. Sie ist ein Etikettenschwindel. Die sogenannte Hochkultur ist schon längst eine vulgäre Trivialkultur geworden. Es kann niemand behaupten, dass die Gemälde von Andy Warhol, Siebdrucke, die gar keine Gemälde sind, Siebdrucke von Bildern der Massenmedien, von Elizabeth Taylor bis zu Coca Cola usw., dass es sich hierbei um Hochkultur handelt. Es ist Klatschmalerei, gossip painting. Das Schlimme ist, dass so getan wird, als wäre das Hochkultur. Nur: Alles, was man heute in den meisten Museen findet, ist das, was ihr im Bahnhof sowieso findet. Gemalte Witze, aufgeblasene Fotos von nackten Bikerbräuten, Pornografie, Kitsch, Sport. Das alles finde ich im Bahnhof. Das heißt, die Hochkultur hat sich selbst verraten, um Aufmerksamkeit zu gewinnen. Gewissermaßen bedient sie den Markt mit den Methoden des Marktes und mit seinen Inhalten. Die Medienkultur dagegen, das ist jetzt mein Standpunkt, hat sich eben nicht verraten. Wir machen noch hochkomplexe Kunstwerke, wir machen keinen Kitsch à la Koons. Wir machen keine Totenköpfe, grauenhafter Kitsch mit Swarovski-Diamanten, wie Hirst. Wenn das der Preis ist, um Aufmerksamkeit zu haben, dann sage ich, machen Sie nur ruhig so weiter, denn in zehn Jahren implodiert die Kunst, dann will das keiner mehr sehen. Wir, d.h. die Medienkunst, ist ja die eigentliche Hochkultur. Wir haben noch die Allianz von Technik, Wissenschaft und Inhalt. Die sogenannte Hochkultur hat das ja gar nicht mehr. Wir sind die Erben von Leonardo da Vinci.

THOMAS KOCH

Sie haben selbst gesagt, die Medienkultur ist hochkomplex und deswegen auch ein neuer Begriff für Hochkultur. Wie wichtig ist in diesem Zusammenhang die Vermittlung? Sie betreiben ja auch Kunstvermittlung für Jugendliche. Wie wichtig ist das?

PETER WEIBEL

Massiv. Wir haben an die 30 Freiberufliche, die davon leben, Vermittlungsleute, die wir ständig für Führungen engagieren. Wir haben eigene Räumlichkeiten. Wir machen Workshops für Lehrer, wir machen Workshops für Schüler. Und um noch eins draufzusetzen: Wir machen sogar Kreativitäts-Angebote. Wir arbeiten mit Schülern und mit Lehrern effektiv, um den Schülern – und auch den Lehrern – beizubringen wie viele Methoden es gibt, mit denen man innovativ und kreativ sein kann. Nur wenn wir das Publikum auf dieses Niveau ziehen, wo die Künstler sind, gibt es eine Kunstgemeinschaft. Das ist ja die Aufgabe der klassischen Kunst, dass sie die Komplexität der Welt nicht einfach reduziert, wie das die Politik macht, sondern wir wollen es umgekehrt machen, dass die Besucher des Museums mit unserer Hilfe an die Komplexität der Welt herangezogen werden. Und das schaut zumeist so aus: Wir zeigen einen Film, einen sehr schwierigen Avantgarde-Film. Dann zeigen wir daneben am Computer, wie das gemacht wurde. Daneben ist nochmal ein Tisch, wo der Student dann üben kann, ob er diesen Film auch machen kann. Er sieht zum Film sofort die Gebrauchsanweisung, wie das geht. Und dann ist es tatsächlich oft so, Herr Koch, dass da ein Achtjähriger sitzt und zu seinem Vater sagt: »Papa, ich hab dir's schon zweimal gezeigt. Verstehst Du es jetzt, oder soll ich es Dir nochmal zeigen?«

THOMAS KOCH
Großes Thema in der Dortmunder [ID]factory ist das sogenannte non-lineare Denken, das Wegkommen von hergebrachten Denkstrukturen, die einfach nur von A nach B nach C führen. Findet im ZKM non-lineares Denken statt?

PETER WEIBEL
Absolut. Das ist auch mein Credo. Ich sag immer (also als Bild): Wenn man in die eine Gehirnhälfte Wasser schüttet, weiß man nicht, wo die Blume dann herauskommt. Es ist nicht wichtig, von welcher Kopffläche die Blume herauswächst, sondern die Fantasie und die Kreativität sind ein Irrgarten. Wir können da bestimmte Koordinaten anlegen. Man kann da schon ein bisschen was lernen, aber damit etwas innovativ und kreativ wird, muss man einfach die Freiheit haben, auch ziellos denken zu können.

THOMAS KOCH
Zuletzt noch zwei persönliche Fragen heute, Herr Weibel. Sie sind ein renommierter Professor mit wirklich riesigen Erfolgen. Sie haben u.a. den österreichischen Pavillon für die Biennale mehrere Jahre betreut, haben in den 60er und 70er Jahren aber mit spektakulären Kunstaktionen auf sich aufmerksam gemacht. Damals war das in Wien sehr en vogue. Sie ließen sich von Valie Export an einer Hundeleine durch Wien führen. Was ist denn davon geblieben für Ihre Arbeit heute?

PETER WEIBEL
Ich glaube, der Mut, der damals notwendig war, so etwas zu machen, der ist bis heute geblieben, und dass ich immer noch über den Rand des Suppentellers hinausschauen kann, wie z.B. beim AppArtAward. Dabei ist dies ja eine Idee, die an sich auf der Hand liegt. Zufälligerweise und erstaunlicherweise sind wir die Ersten, die das weltweit machen. Das könnte ja jemand machen in Hongkong oder New York. Aber wir haben es weltweit als erstes gemacht. Dass ich immer

noch an der Spitze liege, an der Front der Forschung, zu finden, wo sind neue Tendenzen, wo sind neue Möglichkeiten? Das ist etwas, was mir von den 60er Jahren geblieben ist.

THOMAS KOCH
Sie wurden damals auch polizeilich gesucht wegen Erregung öffentlichen Ärgernisses und die Boulevardpresse hat eine regelrechte Hetzjagd veranstaltet. Ist das heute überhaupt noch denkbar?

PETER WEIBEL
Ich sage immer, heute ist es anders. Früher, wenn wir eben so etwas gemacht haben, ist man im Gefängnis gelandet. Wenn man heute das gleiche macht, landet man in Bayreuth. Sie wissen, wen ich meine? Also, die Voraussetzungen haben sich sehr geändert, daher bin ich ja auch nicht mehr für diese Art von Protesten. Das einzige, was mir geblieben ist, ich bin gewissermaßen durch diese Beschimpfungen durch die Behörden und durch die Presse etwas abgehärtet. Das heißt, wenn ich heute Kritik erfahre, egal durch wen oder durch welche Situationen, nehme ich sie ernst, aber sie lässt mich innerlich kalt. Und das ist der Vorteil. Denn wenn wir eine Ausstellung machen, beispielsweise über Kunst in der Türkei, dann kommt es schon vor, dass der Botschafter oder jemand anderer sagt, diese Arbeit müssen Sie abhängen, sie beleidigt unsere Nation. Und dann kriege ich Anrufe von der hohen Politik und alle Mitarbeiter sagen, »das muss unbedingt weg, wir können uns das nicht leisten«. Dann sag ich immer ganz ruhig: »Kinder, es wird nicht abgehängt.« Man lernt ein bisschen den Umgang in der Welt. Man lässt sich nicht gleich durch alles irritieren und von seinem Ziel abbringen.

> Man muss einfach die Freiheit haben, ziellos denken zu können.

Reinhild Hoffmann

BEGRENZUNG

Eine selbst auferlegte Begrenzung, ein Innehalten oder Verweilen an einem Gegenstand bietet ungeahnte Möglichkeiten, schöpferisches Potential zu entfalten und dabei eine Welt zu entdecken.

Der Körper reagiert wie ein Seismograf: Wenn man lernt ihn wahrzunehmen, werden Grenzen und das Überschreiten von Grenzen spürbar. Kunst ist ein Spiel mit Grenzerfahrung. Der Körper kann der Gradmesser sein, Kräfte zu potenzieren, anstatt zu verausgaben.

Reinhild Hoffmann

Abbildung S. 128–129:
Reinhild Hoffmann, »Vier«, Choreografie und Tanz, Reinhild Hoffmann, 1992

Abbildung S. 130–131:
Reinhild Hoffmann, »Vier«, Choreografie und Tanz, Reinhild Hoffmann, 1992

Abbildung S. 132–133:
Reinhild Hoffmann, »Bretter 1«, Choreografie und Tanz, Reinhild Hoffmann, 1980

Abbildung S. 134–135
Reinhild Hoffmann, »Bretter 2«, Choreografie und Tanz, Reinhild Hoffmann, 1980

Abbildung S. 136–137:
Reinhild Hoffmann, »Solo mit Sofa 1«, Choreografie und Tanz, Reinhild Hoffmann, 1977

Abbildung S. 138–139:
Reinhild Hoffmann, »Solo mit Sofa 2«, Choreografie und Tanz, Reinhild Hoffmann, 1977

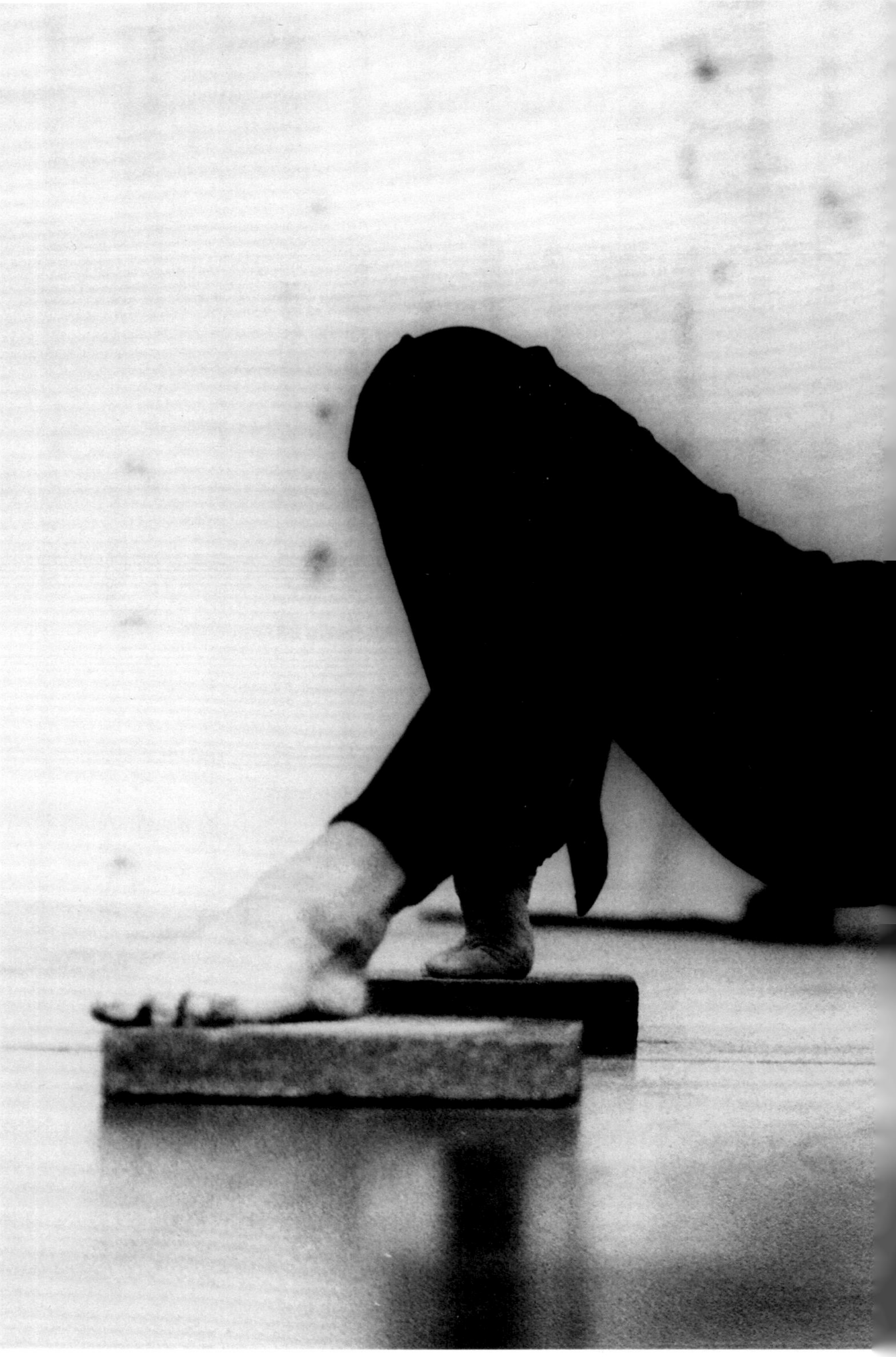

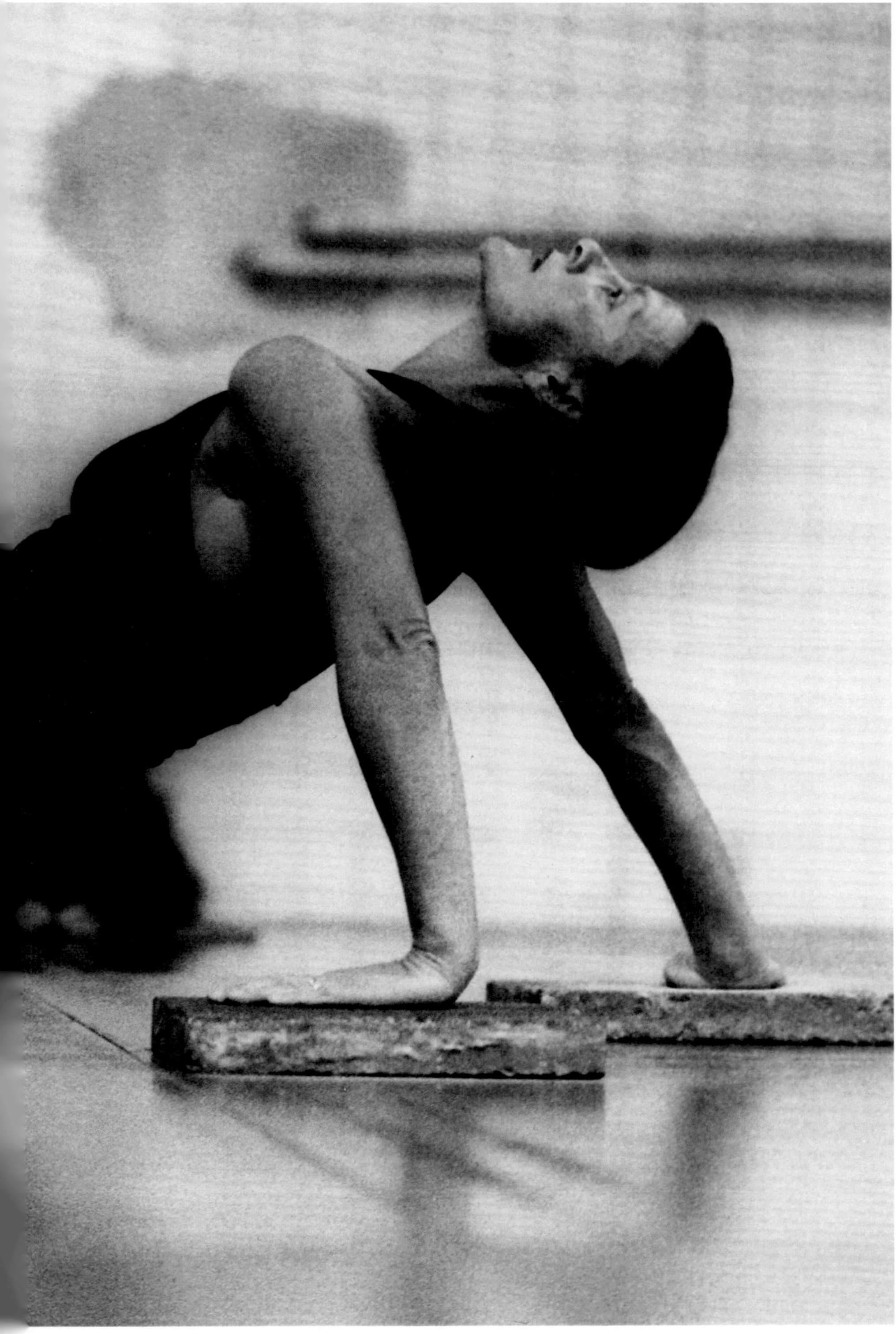

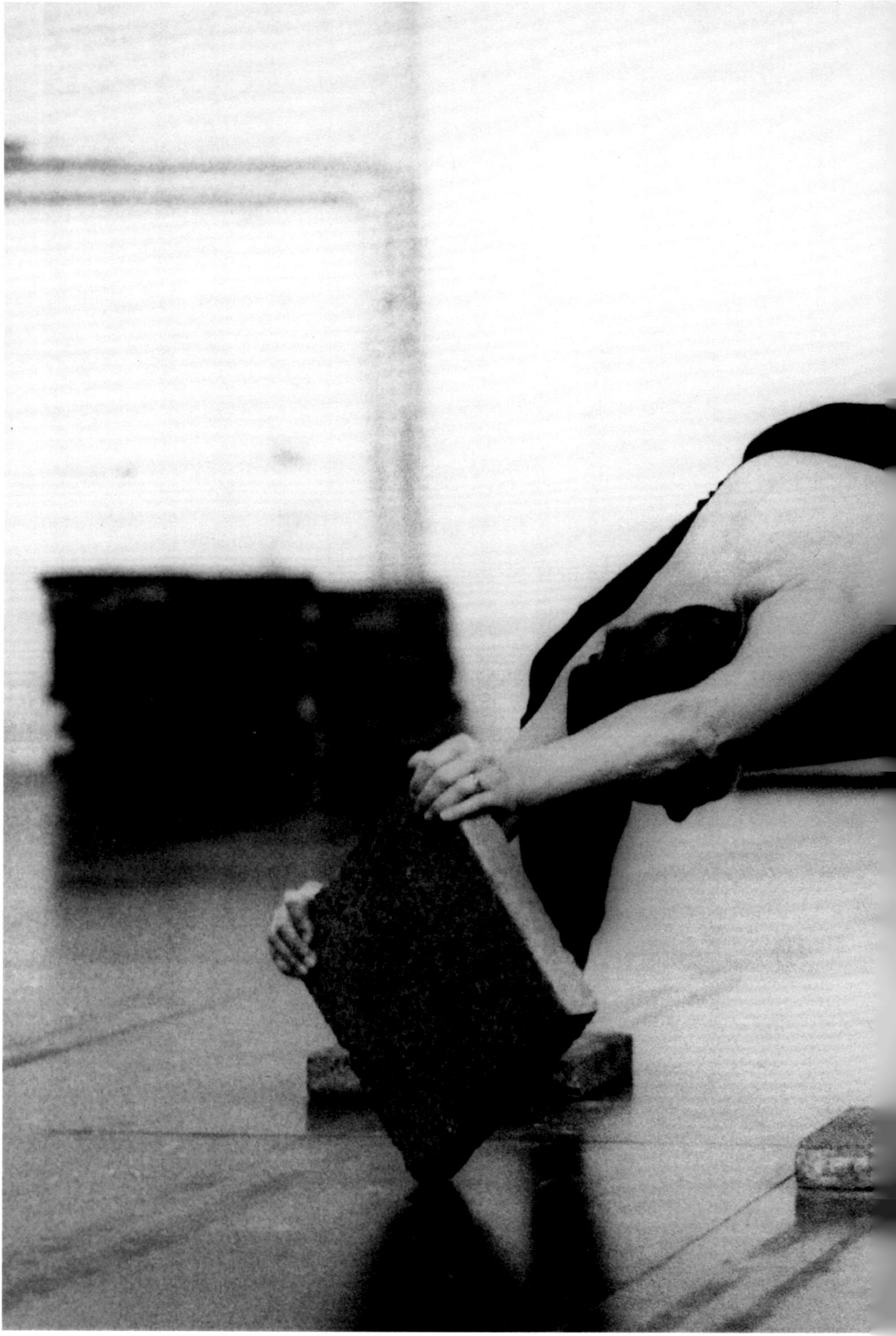

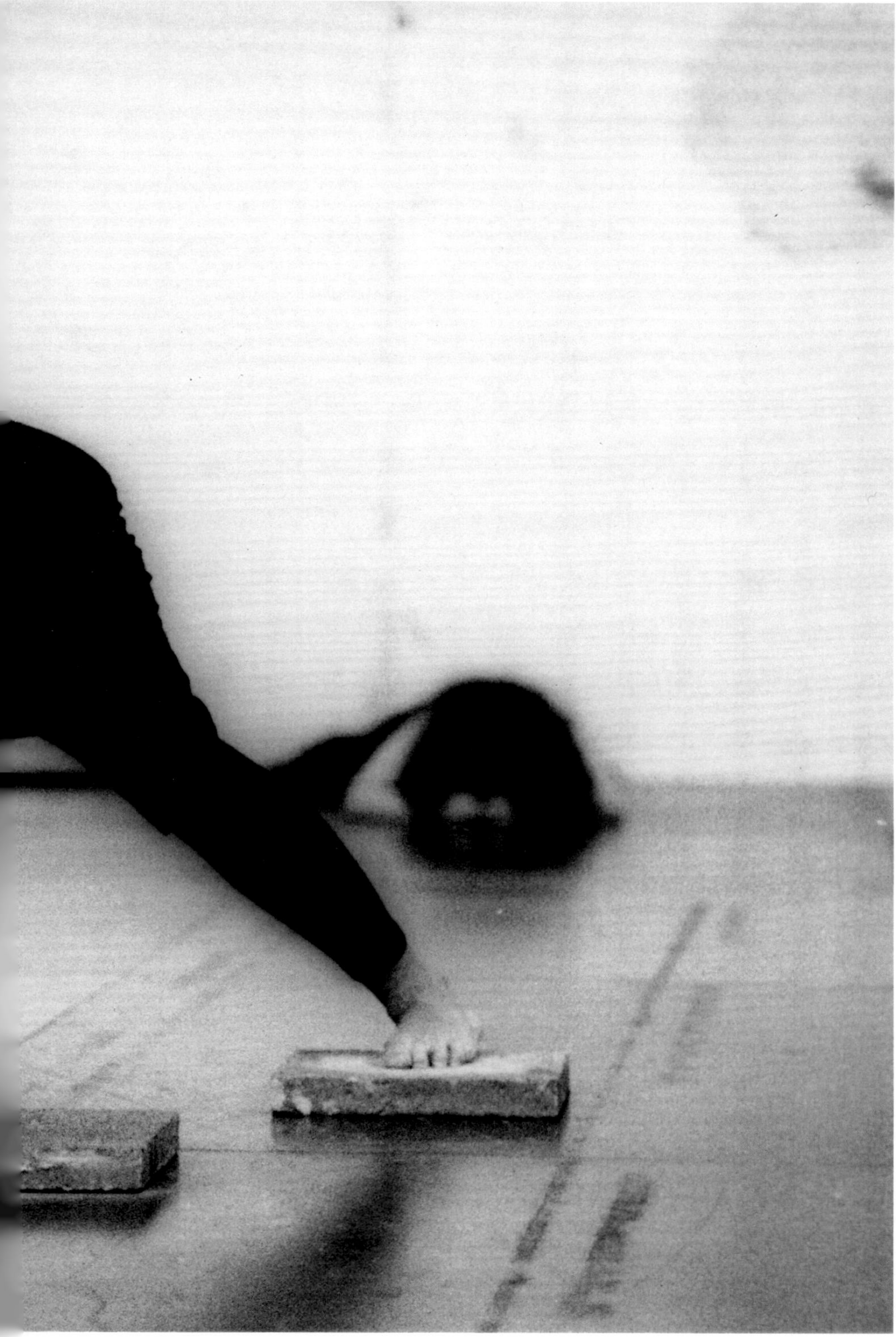

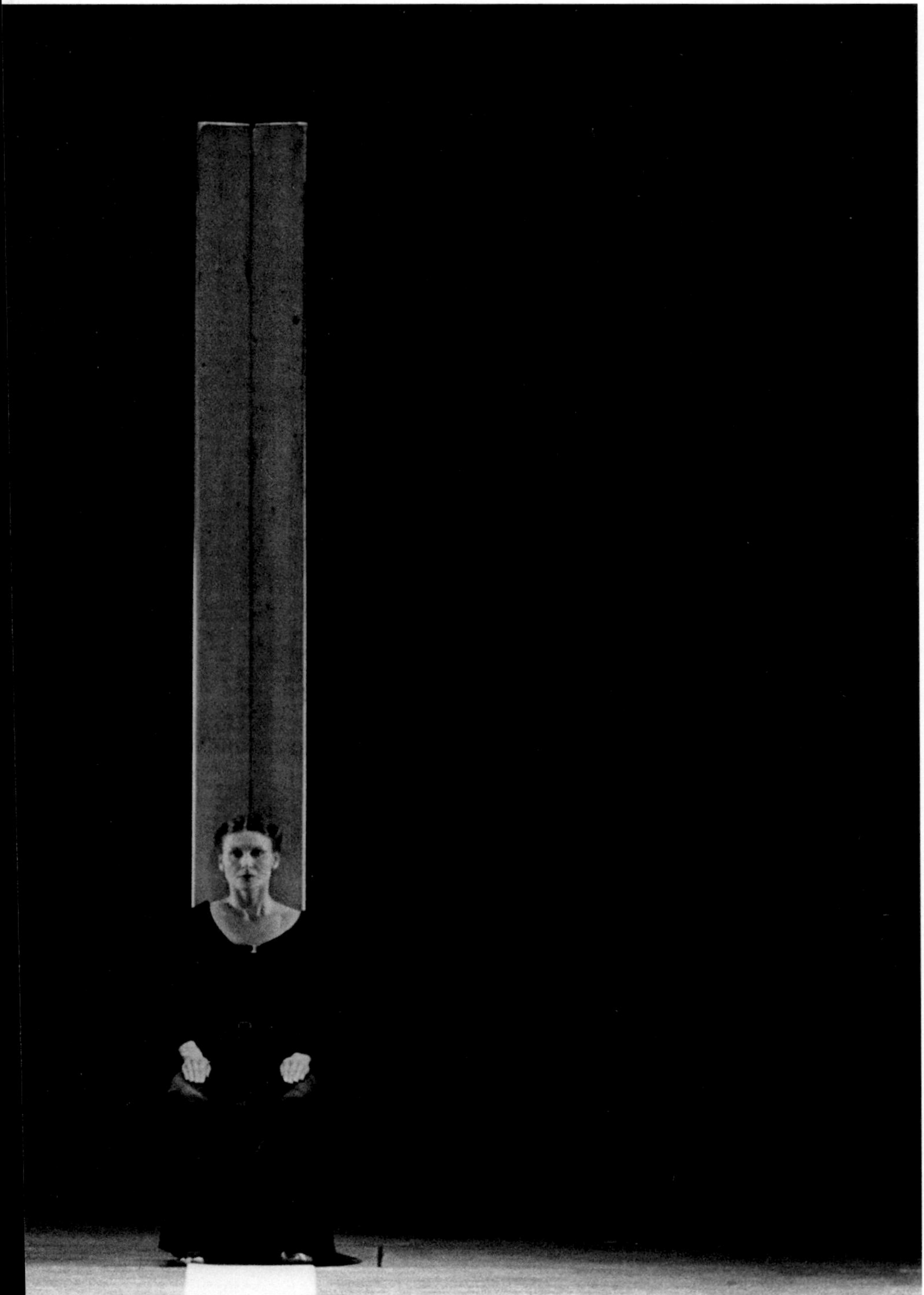

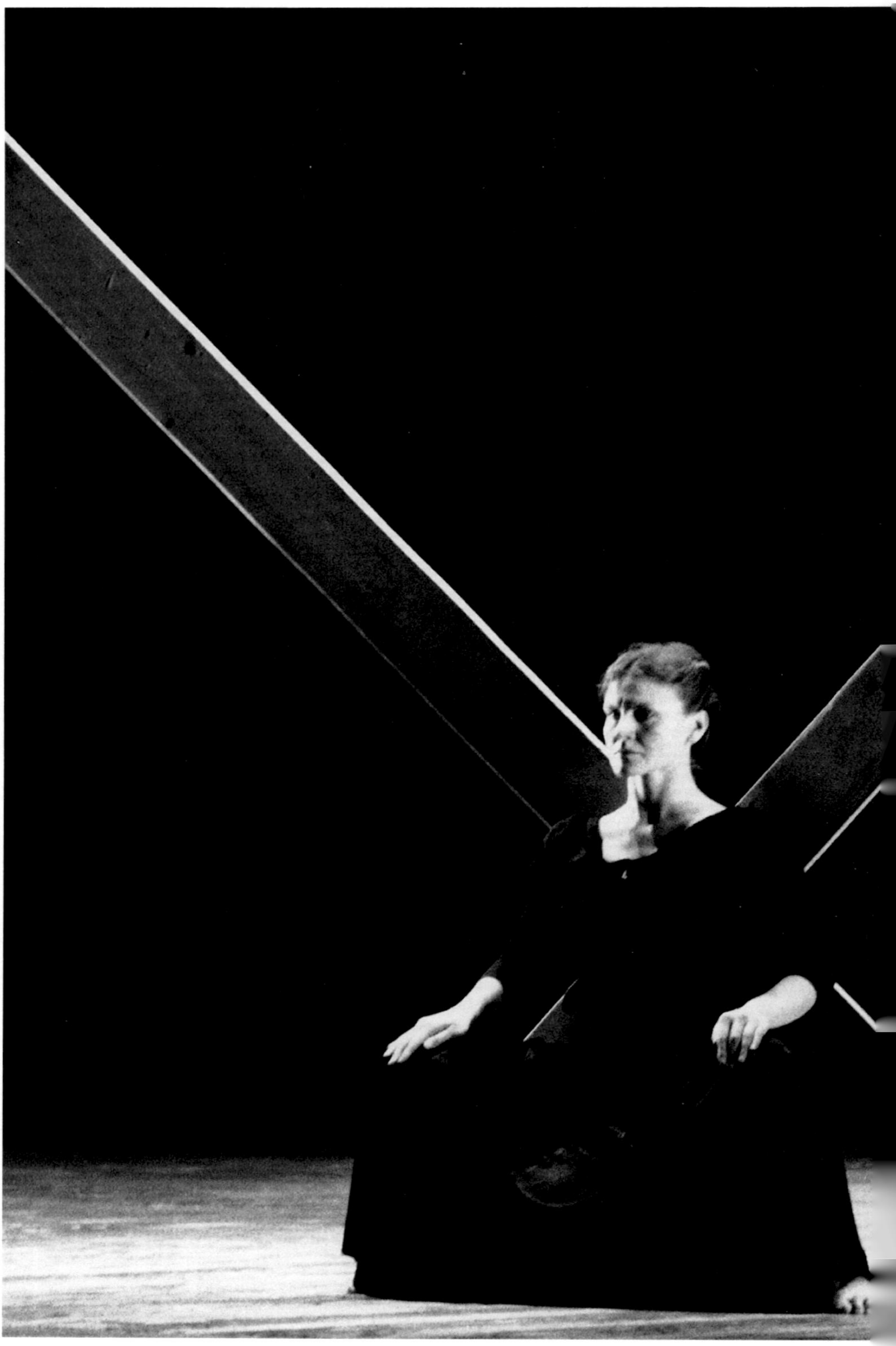

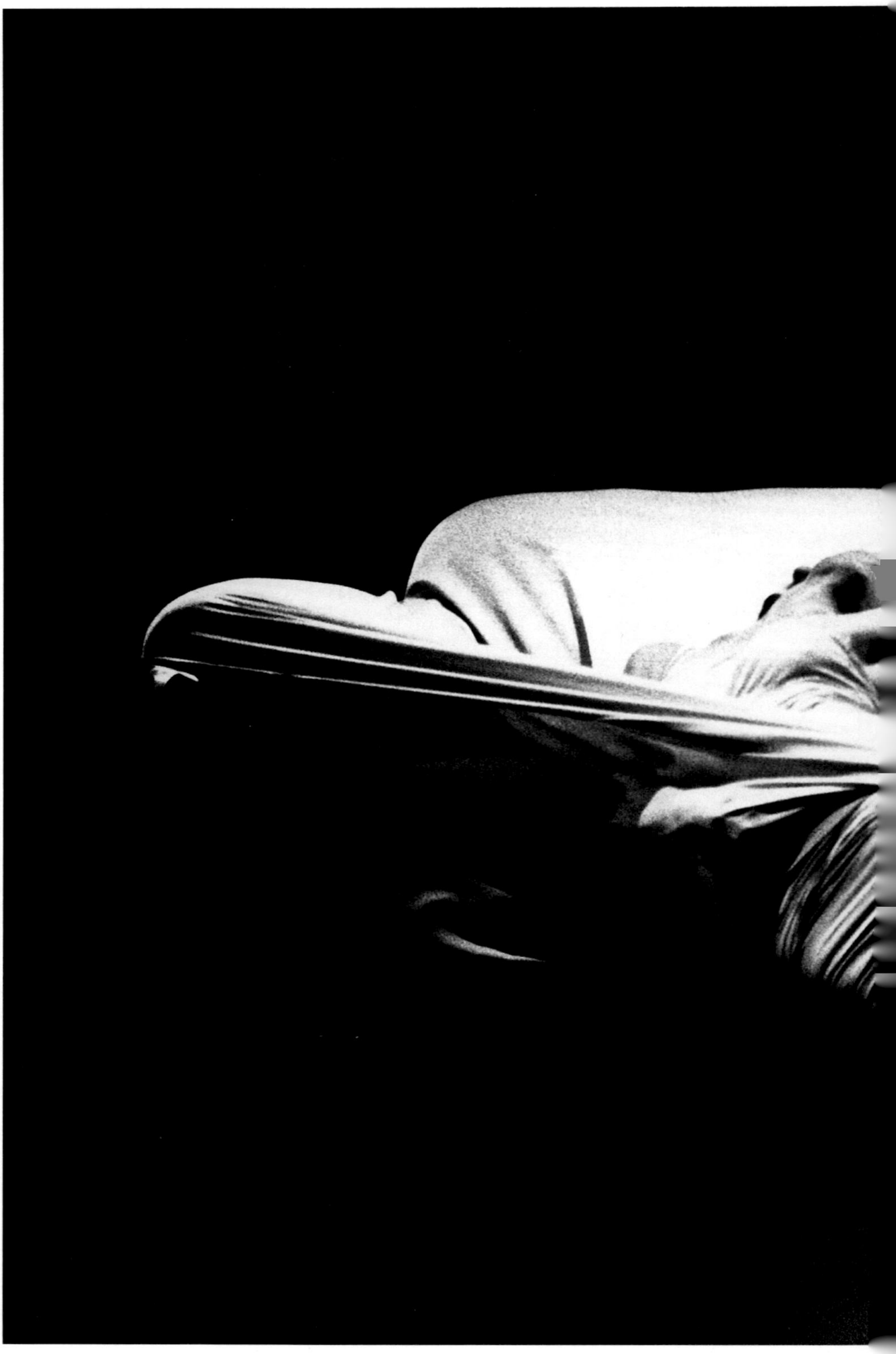

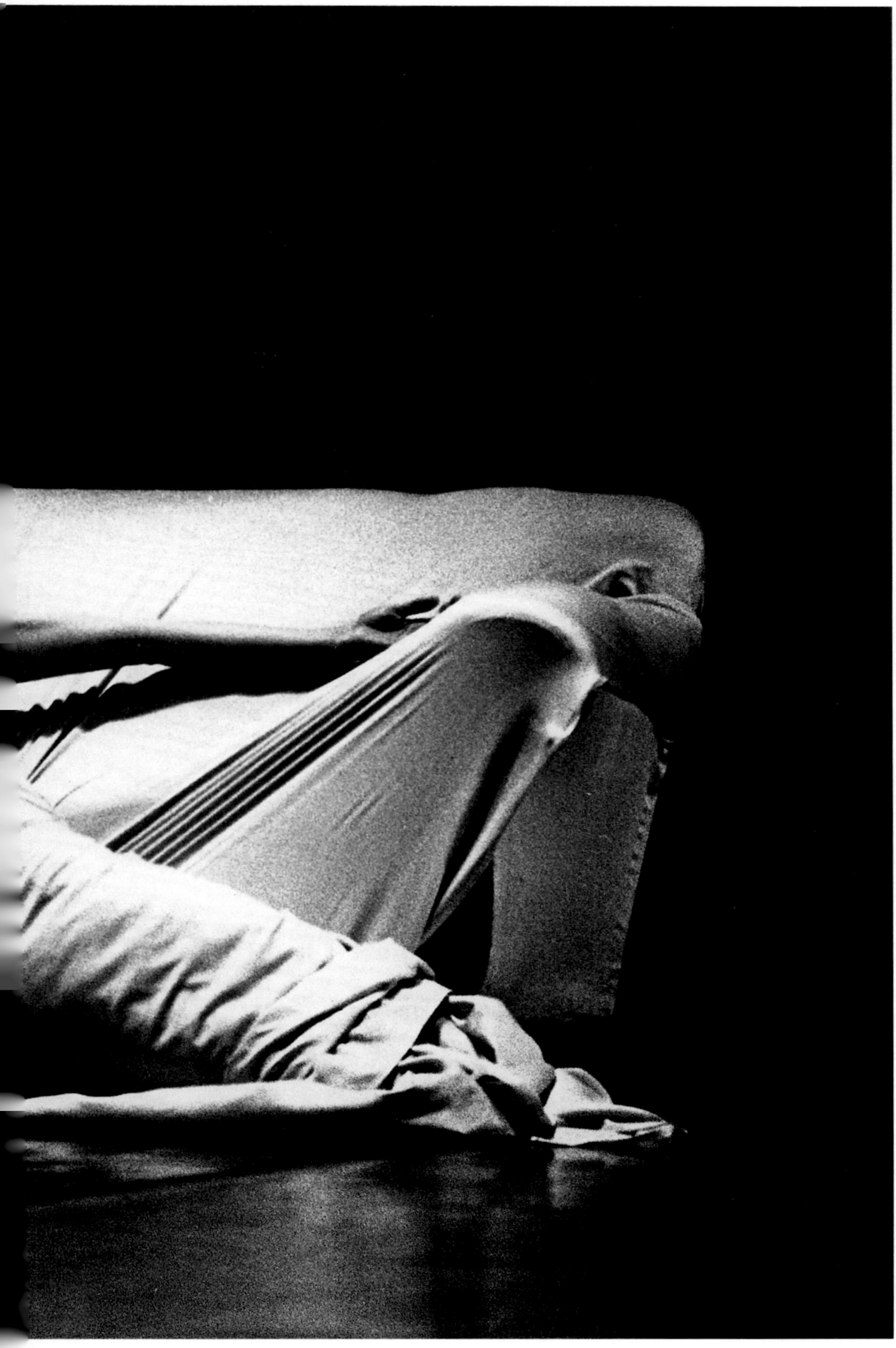

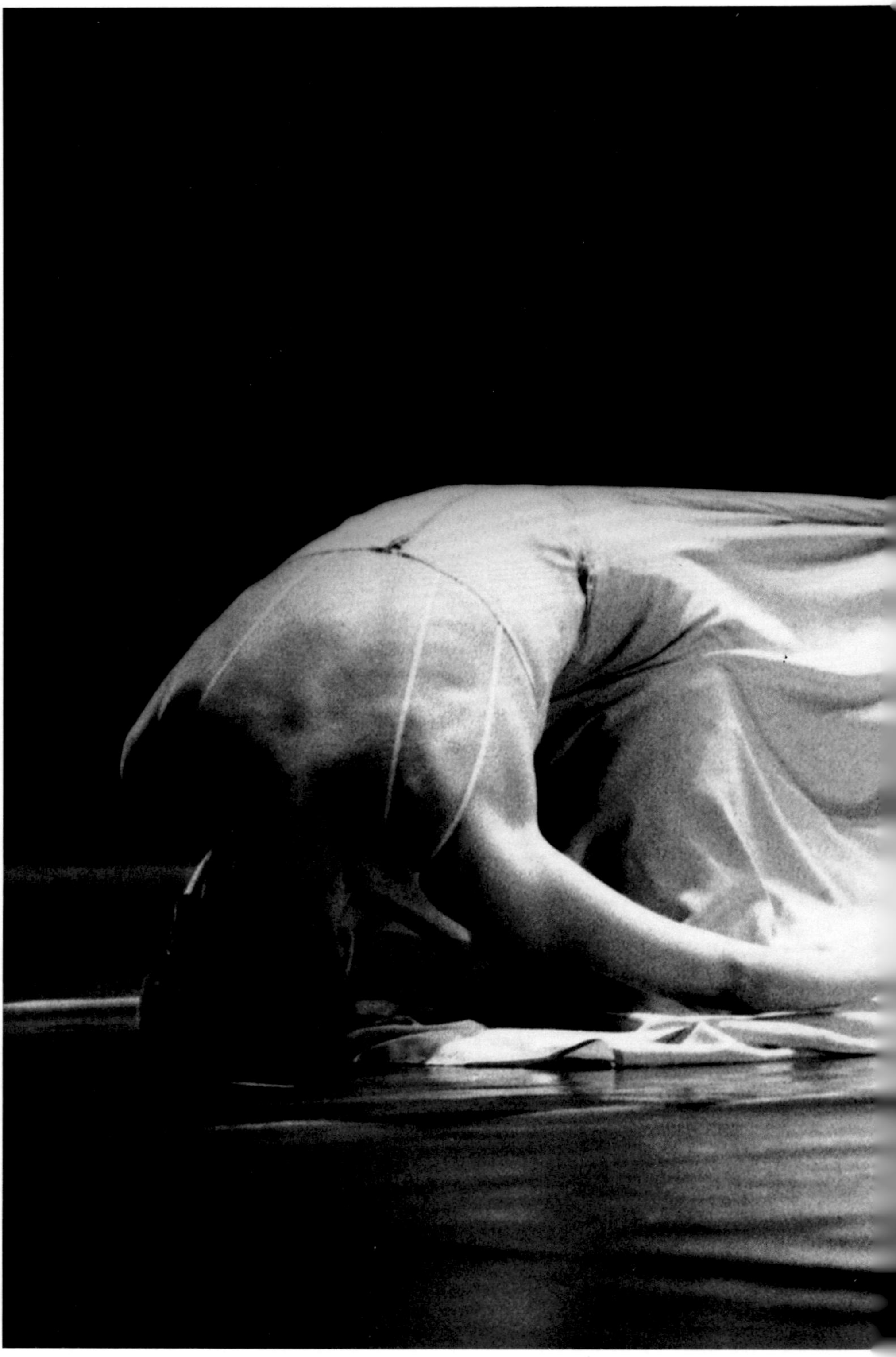

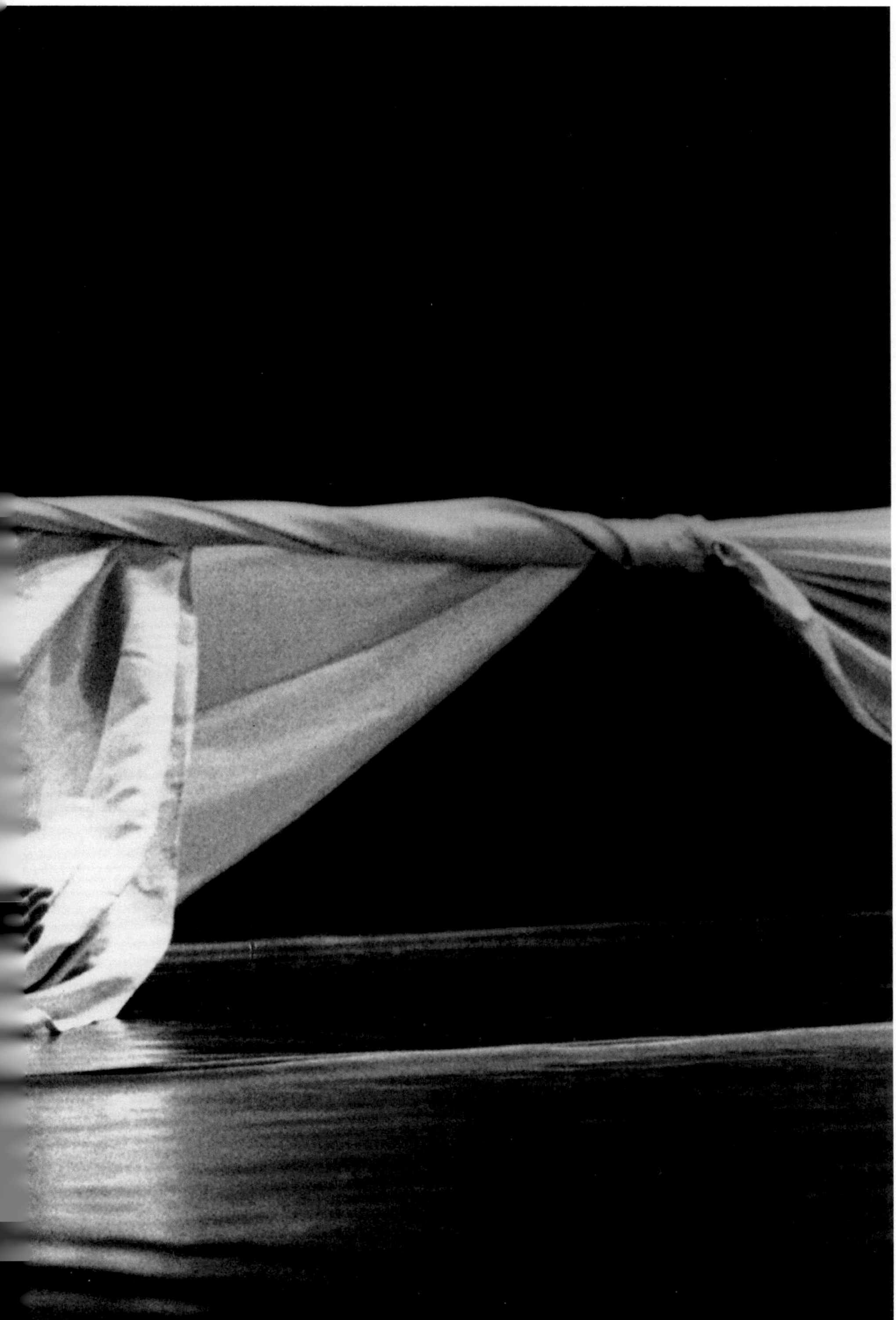

Gerald Hüther

POTENTIALE ENTWICKELN

EIN GESPRÄCH MIT GERALD HÜTHER

Interviewer: Thomas Koch

THOMAS KOCH

Herr Hüther, Sie zählen zu den bekanntesten Hirnforschern in Deutschland, sprechen auf unzähligen Kongressen und geben Interviews für verschiedenste Medien. Sagen Sie uns bitte, warum Hirnforscher derzeit so beliebt sind.

GERALD HÜTHER

Der im Augenblick stattfindende Boom hat etwas damit zu tun, das Menschen in Zeiten der Verunsicherung nach Sicherheit suchen, dass sie nach Antworten und Lösungen suchen. Da bieten sich natürlich die sogenannten objektiven Naturwissenschaften an, die in den Augen der meisten Menschen tatsächlich mit Fakten aufzuwarten haben und auf deren Ergebnis man sich hundertprozentig verlassen kann, weil sie mit objektiven Befunden arbeiten. Zu diesen objektiven Naturwissenschaften zählt eben auch die Hirnforschung. Die legt in den letzten Jahren einfach sehr interessante Befunde vor. Die haben etwas mit uns selbst zu tun, sie erschüttern in gewisser Weise unser eigenes Weltbild, bestätigen vieles von dem, was kluge Menschen schon immer gedacht haben. Möglicherweise beobachten wir da im Augenblick etwas, was dem Paradigmenwechsel entspricht, der in der Physik Anfang des letzten Jahrhunderts stattgefunden hat, nur dieses Mal eben mit Auswirkungen auf uns selbst. Jetzt geht es nicht um die Relativitätstheorie und den gekrümmten Raum, sondern jetzt geht es um uns und unser eigenes Selbstverständnis.

THOMAS KOCH

Sie haben von besonderen Entwicklungen und Entdeckungen in der Hirnforschung gesprochen. Welche waren es, die diesen großen Schub ausgelöst haben?

GERALD HÜTHER

Der entscheidende Durchbruch ist sicherlich eine Methode gewesen, mit der man plötzlich Dinge sichtbar machen konnte, die man vorher nur erahnen konnte. Das waren die sogenannten bildgebenden Verfahren wie die funktionelle Kernspintomografie. Mit Hilfe dieser Verfahren konnte man plötzlich etwas beobachten, was unser Weltbild aus dem vorigen Jahrhundert etwas durcheinandergeworfen hat, nämlich dass bis ins hohe Alter im menschlichen Hirn Veränderungsprozesse stattfinden, dass man bis ins hohe Alter noch neue Verschaltungen im Hirn aufbauen kann, wenn man sein Hirn auch einmal anders benutzt.

THOMAS KOCH
Kann es sein, dass mit diesen Ergebnissen auch eine Brücke zwischen Verstand und Gefühl geschlagen wurde?

GERALD HÜTHER
In der ersten Euphorie glaubten die Hirnforscher, damit sich im Hirn etwas verändert, müsse man es nur anders benutzen. Man hat also in einer gewissen Weise das Hirn mit einem Muskel verwechselt und geglaubt, man könne es trainieren. Doch inzwischen hat man bemerkt, dass das auch nicht geht. Und jetzt kommt die wirkliche gute und frohe Botschaft: Das Hirn wird nicht so, wie man es benutzt, sondern wie und wofür man es mit Begeisterung benutzt. Das heißt, hier muss noch etwas dazukommen. Es genügt nicht, irgendetwas mit seinem Hirn zu tun, sondern man müsste es in einem Zustand tun, in dem es auch zu einer Aktivierung der sogenannten emotionalen Zentren im Gehirn kommt. Das sind Nervenzellgruppen im Mittelhirn, die lange Fortsätze haben, und an den Enden diese Fortsätze werden immer dann, wenn man sich über etwas freut oder sich für etwas begeistert, diese wunderbaren sogenannten neuroplastischen Botenstoffe ausgeschüttet. Die wirken gewissermaßen wie Dünger auf die dahinter liegenden Netzwerke und Verschaltungsmuster, die man im Zustand der Begeisterung eben so intensiv benutzt hat, beispielsweise um ein Problem zu lösen. Diese neue Erkenntnis ist tatsächlich revolutionär für unser gegenwärtiges gesellschaftliches System, weil sie deutlich macht, dass man nur dann etwas Neues lernen kann, wenn man sich auch wirklich selbst als Subjekt dafür interessiert. Das bedeutet: Man kann im Grunde genommen Menschen nichts beibringen, man kann sie nicht unterrichten, man kann sie nur einladen, ermutigen und inspirieren, dieses neue Wissen, das man ihnen anbietet oder diese neuen Fähigkeiten und Fertigkeiten, die man ihnen vermitteln möchte, sich aneignen zu wollen. Und jetzt kommt plötzlich das Subjekt ins Spiel und das ist ein Paradigmenwechsel erster Güte. Denn jetzt können sie sich fragen, wie unsere Bildungssysteme umgestaltet werden müssten, wenn plötzlich gewährleistet werden müsste, dass der Adressat der Bildung sich auch für das interessiert, was man da anbietet.

THOMAS KOCH
Lassen Sie uns jetzt einmal zwei Dinge zusammenbringen: Sie haben eingangs darüber gesprochen, dass die Hirnforscher so gefragt sind, weil sie Erklärungen in einer unsicheren Zeit anbieten. Jetzt haben Sie uns erläutert, welche Entdeckungen auf dem Feld der Hirnforschung gemacht wurden und

was für Konsequenzen sie zeitigen. Wenn Sie das jetzt zusammenbringen, welche Erklärungen vor dem Hintergrund dieser neuen Ergebnisse wünschen sich denn die Menschen von Ihnen?

GERALD HÜTHER
Ich glaube, und das ist überall zu beobachten, dass die Menschen hoffen, die Hirnforscher würden endlich eine Pille oder irgend einen Reizstrom finden, mit dem sie glücklich werden. Das ist die aus dem vorigen Jahrhundert kommende Auffassung, dass das Gehirn ein Organ ist, was dazu da ist, dass man glücklich wird. Und deshalb wenden sich die Menschen an die Hirnforschung. Sie wollen wissen, wie das Lernen funktioniert, wie es noch effizienter gemacht werden kann, ob es Pillen gibt, mit denen das noch besser geht, also Hilfsmittel. Im Grunde genommen wollen sie die Hirnforschung benutzen, um ihre alten Vorstellungen bestätigt zu bekommen und um ihr altes Leben weiterführen zu können. Manche Hirnforscher bedienen auch dieses Bedürfnis. Ich zähle wohl eher zu denen, die diese Fragen anders beantworten und die Menschen, die im Außen nach Antworten suchen, einladen und ermutigen, nach solchen Antworten in sich selbst zu suchen. Aus meiner Sicht ist das, was die Hirnforschung im Augenblick tatsächlich zu leisten vermag, etwas Großartiges: Sie kann einen wesentlichen Beitrag leisten zu dem, was man Selbsterkenntnis nennt, also zu der Frage, warum wir so unterwegs sind, wie wir es sind und ob wir nicht auch anders könnten.

THOMAS KOCH
Sie verstehen sich als Brückenbauer zwischen wissenschaftlicher Erkenntnis und menschlicher Lebenspraxis, dabei warnen Sie immer wieder vor Hirn-Autobahnen, wieso?

GERALD HÜTHER
In unserer effizienzgeprägten Welt will jeder erfolgreich sein. Wenn man dann irgendetwas gefunden hat, was einem ein bisschen weiterhilft, dann hält man das oftmals für die alleinseligmachende Strategie und man jagt dort hinterher und das auch noch mit großer Begeisterung. Dadurch werden im Hirn bestimmte neuronale Verbindungen so stark gebahnt, dass man aus diesen einmal gebahnten Denkstrukturen gar nicht wieder herauskommt. Das ist vielleicht das, was wir im Augenblick am häufigsten sehen: Dass Menschen in Denkmustern, in Verhaltensmustern, auch in Gefühlsmustern gefangen sind, die aufgrund von Erfahrungen, die sie gemacht haben, irgendwann entstanden

sind. Die jetzt aber nicht mehr zu gebrauchen, meist sogar hinderlich sind. Die betreffenden Menschen – das gilt für Politiker, für Unternehmer, für Kultusministerien, auch für Bauern und Handwerker – kommen aber aus diesen einmal gebahnten Mustern nicht mehr heraus. Die Hirnforschung kann jetzt sagen: Wenn diese einmal gebahnten Muster dadurch entstehen, dass ein Mensch bestimmte Erfahrungen gemacht hat, die im Frontalhirn verankert worden sind, dann ist doch klar, was man tun muss. Man muss diesen Menschen helfen, eine neue, andere, günstigere Erfahrung zu machen.

THOMAS KOCH
Sie beraten ja auch Führungskräfte in Unternehmen und warnen gerade bei diesen Effizienzbolzen immer vor den Hirn-Autobahnen, das haben Sie ja jetzt auch angedeutet. Im Gegensatz zu den häufig anthrazit uniformierten Firmenmitarbeitern, die man in den ICE-Zügen sitzen sieht, wirken Künstler beispielsweise völlig anders – äußerlich bunt und individualistisch. Glauben Sie, dass es in deren Gehirnen auch anders aussieht?

GERALD HÜTHER
Ich glaube, wir müssen zunächst unterscheiden zwischen Unternehmen und Unternehmen und zwischen Managern und Managern. Es gibt Unternehmen, die sehr offen und flexibel sind, sie haben eine andere Kultur – Google z.B. ist so ein Unternehmen. Es sind häufig junge, dynamische Unternehmen, die den Markt gerade erobern. Da kommen die Chefs nicht im anthrazitfarbenen Anzug angefahren, sondern auf dem Fahrrad im Pullover. Das sind andere Unternehmen. Ich glaube, das sind auch diejenigen, die in Zukunft die kreativen Kräfte in dieser Wirtschaft dominieren werden. Und dann gibt es die alten, die Sie eben beschrieben haben, die autoritären Führungskräfte, die mit den alten Methoden aus dem vorigen Jahrhundert versuchen, noch mehr Leistung und Effizienz herauszupressen. Die gehen dann mit Controlling-Instrumenten in die Betriebe, bis diese Betriebe jemanden wie mich rufen und sagen: »Jetzt haben wir alles effizient gemacht, aber nun ist uns der Innovationsgeist abhanden gekommen«.

THOMAS KOCH
Aber – Sie ahnen es – ich will darauf hinaus, inwieweit die Kunst oder die Künstler auch Unternehmen befruchten können und suche da jetzt den Hirnforscher, um das irgendwie dingfest zu machen. Also könnte es sein, dass diese

Äußerlichkeit, wie sich Künstler unterscheiden, wie sie leben, tatsächlich auch im Gehirn etwas anderes ausmacht?

GERALD HÜTHER
Mit Sicherheit ist das so. Aber diejenigen Unternehmen, die mit den alten Strategien sozusagen noch mehr vom alten versuchen, um das Nettoergebnis ihres Betriebes zu verbessern, die werden solche Künstler nicht holen. Sie müssen erst in eine Notlage kommen, denen muss tatsächlich der Innovationsgeist abhanden gekommen sein oder sie müssen solche Marktveränderungen vor sich haben, dass sie merken, sie können das mit den alten Strategien nicht mehr lösen. Und überall, wo das passiert ist (und wenn man sich umschaut, sieht man das ja allenthalben) fangen plötzlich die Chefs an, nach Kreativität zu suchen, nach neuen Denkmustern und neuen Möglichkeiten. Und dann holen sie sich Künstler, klar.

THOMAS KOCH
Es gibt einen immer noch spektakulären Dokumentarfilm von Henri-Georges Clouzot aus den 60er Jahren über die Arbeit von Pablo Picasso. Da sieht man: Picasso arbeitet ganz stark mit Versuch und Irrtum. Er beginnt ein Kunstwerk, verwirft es, fängt wieder neu an, auch dies wird verworfen und irgendwann gibt es dann ein Endprodukt. Das sieht völlig anders aus als der erste Versuch, wirkt einfach vollendet und genial. Was sagt denn der Hirnforscher dazu?

GERALD HÜTHER
Es geht ja nur über Versuch und Irrtum. Im Grunde genommen ist diese gegenwärtige Vorgehensweise, die wir anstreben, in jeder Beziehung perfekt zu sein, alles unter Kontrolle zu haben, hirntechnisch vollkommen kontraproduktiv. Menschen lernen doch erst aus ihren eigenen Fehlern. Deshalb werden sie immer wieder Fehler machen müssen, damit sie weiterkommen. Es wäre zu wünschen, dass man einen Zustand anstrebt, in dem man sich über den Prozess freut, in dem man sich befindet und nicht über das Ergebnis, was man erreichen will.

THOMAS KOCH
Neben Versuch und Irrtum gibt es noch andere typische Triebkräfte, die mit künstlerischem Handeln in Verbindung gebracht werden, das sind beispielsweise Neugierde, Erfindungsgeist, Begeisterung und emotionales Beteiligtsein. Was sagt denn das Gehirn dazu? Es freut sich, oder?

GERALD HÜTHER
Was Sie jetzt aufgezählt haben, ist das, was jedes Kind immer schon mit auf die Welt bringt. Im Alter von zwei, drei Jahren, bevor wir zu sehr an ihnen herumerzogen haben, ist das alles bei den Kindern da. Das ist der sogenannte Schatz der frühen Kindheit. Es geht dann im Laufe der Zeit weg. Aber es gibt einzelne, denen es gelingt, so eigenständig zu sein, dass sie sich das nicht wegnehmen lassen, d.h. sie lassen sich nicht anpassen. Die Eltern nennen diese Kinder dann immer »schwer erziehbar«. Aber das werden später die kreativen künstlerischen Kräfte, die die gesellschaftlichen Entwicklungen auch wirklich tragen. Von angepassten Pflichterfüllern ist noch nie ein Impuls für innovative Gestaltungsprozesse ausgegangen, nicht in Unternehmen und auch nicht in allen anderen Bereichen der gesellschaftlichen Weiterentwicklung.

THOMAS KOCH
Nun will die Wirtschaft gerne alles in Euro und Cent ausgerechnet haben und dann kommen da die Experimentierer, wie z.B. Jean-Baptiste Joly von der Akademie Schloss Solitude in Stuttgart einer ist. Was macht der? Er bringt Künstler und Manager in Kursen zusammen, damit sich einfach im gegenseitigen Bewusstsein etwas ändert. Das ist insofern in der Bilanzierung immer etwas schwierig, weil es sich eben noch nicht unmittelbar in Euro und Cent ausdrücken lässt. Was halten Sie von solchen Initiativen?

GERALD HÜTHER
Das ist meiner Ansicht nach keine Ausnahme mehr. Das ist ja das, was ich selbst auch mache. Ich gehe da auch nicht hin und erzähle ihnen, wie sie ihre Controlling-Instrumente noch besser machen sollen, sondern ich versuche, mich mit ihnen auf eine Reise zu begeben, in der sie sich selbst, ihre eigene Führungsrolle und auch das Gehirn, und was im Gehirn ihrer Mitarbeiter vorgeht, besser verstehen. Am liebsten mache ich das zusammen mit Künstlern, weil die genau das gleiche, nur eben auf eine andere, mehr körperliche und emotionale Weise betreiben. Es ist die Kombination, in der diese Botschaften am besten transportiert werden können. Wenn ich so etwas zusammen mit einem Künstler mache, kann er diesen emotionalen Erweichungs- und Aufweichungsprozess übernehmen und ich den kognitiven. Das passt dann ziemlich gut zusammen und ist auch eine sehr erfolgreiche Konstellation.

THOMAS KOCH
Vielleicht noch mal ein kleiner Seitenblick: Andere Firmen versuchen einen anderen Weg, indem sie einen Zusammenschluss von Managementtraining und Spiritualität versuchen – Daimler beispielsweise schickt seine Leute zu Pater Anselm Grün ins Kloster und zahlt viel Geld dafür. Ist das für Sie auch ein möglicher Weg?

GERALD HÜTHER
Es gibt da zwei Dinge, die man noch einmal reaktivieren muss, wenn man den Innovationsgeist und die Kreativität in die Gesellschaft oder aber in Unternehmen zurückbringen will. Das eine hatten wir eben besprochen. Das ist das Aufweichen der alten Strukturen. Das nützt aber nichts, wenn man nicht weiß wohin und wofür. Deshalb braucht es immer noch das zweite. Kunst allein ist Unsinn, Networking allein ist Unsinn, Offenheit allein ist Unsinn, wenn man nicht weiß, wohin man will. Deshalb ist diese spirituelle Frage auch für Unternehmen eine essentielle Frage. Für die Führungskräfte ist es sicherlich etwas Persönliches, dass sie eine Art Richtschnur für ihr inneres Handeln bekommen. Aber auch die Suche von Firmen nach einer gemeinsamen Identität gehört mit in diese Richtung: Wofür sind wir als Firma eigentlich unterwegs? Das sind spannende Fragen, die sich heutzutage immer mehr Firmen stellen. Es gibt auch immer mehr hoch ausgebildete Leute auf dem Markt, die nicht mehr bereit sind, sich in einer Firma zu betätigen, sich dort zu bewerben und dort zu arbeiten, wenn diese Firma nicht noch irgendetwas anderes außer Gewinne auf ihre Agenda geschrieben hat. Das sind dann diese sogenannten Social Responsibility-Projekte, die viele Firmen jetzt parallel zu ihrer eigentlichen gewinnorientierten Arbeit betreiben.

THOMAS KOCH
Zum Abschluss noch eine persönliche Frage: Herr Prof. Hüther, beim wem sind Sie beliebter, bei den Künstlern oder bei den Wissenschaftlern?

GERALD HÜTHER
Mit Sicherheit bei den Künstlern, wobei man es so scharf gar nicht trennen kann. Es gibt auch Wissenschaftler, die sich darüber freuen, dass es solche Künstler wie mich gibt.

Sylvia Eckermann und Gerald Nestler

THE TREND IS YOUR FRIEND!

Männer und Frauen für gefährliche Unternehmung gesucht. Schlechte Aussichten, bitteres Leid, Sekundenbruchteile völliger Ungewissheit, ständige Gefahr, Ausstiegsszenarien ungewiss. Ehre und Anerkennung zweifelhaft. Hohe Gehälter, auch im Fall von Misserfolg.

Diese Paraphrase der legendären Anzeige[1], die Ernest H. Shackleton, zu Beginn des 20. Jahrhunderts in der Times schalten ließ, um Mitstreiter für eine seiner Antarktis-Expeditionen anzuwerben, illustriert, wie sich der Beruf des Börsenhändlers heute für viele darstellt. Risiko, Ungewissheit, Ehrgeiz, spekulatives Unternehmertum bis hin zur Rücksichtslosigkeit stehen auf der einen Seite der Medaille. Auf der anderen findet sich ein globales Netzwerk, in dem Zeit und Raum sich zunehmend annähern, Institutionen, die miteinander aufs engste real und virtuell verbunden sind und enorme Summen größtteils virtuellen Geldes. Ein luxuriöser Lebensstil (der sich etwa auch im Sammeln von zeitgenössischer Kunst zeigt), sowie die berüchtigten Bonuszahlungen, die im Boulevard wie in Qualitätszeitungen genüsslich ausgeweidet werden, runden das Bild ab. Trotz ihrer der Moderne verpflichteten Neigung zu Risiko und unternehmerischem Wagemut scheinen Welten zwischen den Explorationen eines Entdeckers und Unternehmers wie Shackleton und jenen der Helden und Heldinnen im Zeitalter des Finanzmarkt-Kapitalismus zu liegen. Die Ausstrahlung, die von den Masters of the Universe (wie Tom Wolfe sie in seinem 1987 erschienen Roman »Fegefeuer der Eitelkeiten« beschrieb) ausgeht, scheint auch für einige ihrer Apologeten nicht unbedingt ein apollinisches Licht der Aufklärung zu verbreiten. Eher scheint es, als haben wir es mit computergestützten Expertisen zu filigranen Schattierungen zu tun, die in Handelsabläufen in Sekundenbruchteilen neues Risiko aus dem Dunkel des Ungewissen produzieren, um Geld und Renditen zu schaffen. Man möchte meinen, dass sich sogar die Finsternis der Antarktis darin zu einer Ressource verwerten ließe. Was aber diese, einer unsicheren Zukunft und deren Wagnis verpflichteten Individuen verbindet, ist ein profundes Wissen um die Bedeutung der Pole Ungewissheit und Risiko. Und nicht nur metaphorisch hängen Zukunft, Existenz und nicht selten das Leben vieler von den Überlegungen und Entscheidungen dieser Personen ab – von der aktuellen Schuldenkrise in der westlichen Welt bis hin zu den Spekulationen auf seltene Erden in Afrika und anderen

---

[1] | Die Originalanzeige lautet: »Männer für gefährliche Reise gesucht. Geringer Lohn, bittere Kälte, lange Monate völliger Dunkelheit, ständige Gefahr, sichere Rückkehr ungewiss. Ehre und Anerkennung im Erfolgsfall.«

Erdteilen oder den Reispreisen in Indien. Shaklestons Nachfahren, die heute die Virtualität im Realen erobern, bezahlen im Ernstfall ihren Wagemut nicht mehr mit dem eigenen Leben (bzw. ihren Gewinnen), sie outsourcen und diversifizieren auch dieses Risiko auf Individuen und auf planetarer Ebene. Dennoch ist es nicht verwunderlich, dass Shackleton »erst zur Jahrtausendwende [...] als vorbildhafte Führungspersönlichkeit wiederentdeckt [wurde], die es in extremen Situationen vermochte, ihre Untergebenen zu außergewöhnlichen Leistungen zu motivieren.«[2]

Seit dem Erscheinen der Anzeige zu Beginn des 20. Jahrhunderts hat die Idee des Individuums einen ausgesprochen volatilen Weg genommen. Erinnert sie in der Anzeige noch im Stil an einen Romanauszug – nicht von ungefähr bildete sich das Individuum im Zeitalter der großen Romane im 18. und 19. Jahrhundert heraus – trifft und verbindet sie sich im Laufe des Jahrhunderts mit so unterschiedlichen Ausformungen wie Robotern, Cyborgs, künstlicher Intelligenz, kybernetischen Agenten, unternehmerischen Körperschaften und juridischen Personen, Dingen, Tieren, Organisationssystemen oder Schwarmintelligenzen, wobei diese Aufzählung gewiss keinen Anspruch auf Vollständigkeit erhebt. Sie veranschaulicht allerdings, dass das Individuum und mithin die Person keine separate Einheit ist, sondern Teil eines Feldes, einer Macht und somit eine Ressource. Was als das Selbst bezeichnet wird, hat im Laufe des 20. Jahrhunderts enorme Aufmerksamkeit erlangt (man denke nur an die Dokumentarserie »The Century of the Self« von Adam Curtis, welche die Erfindung der Public Relations durch Edward Bernays in den 1920er Jahren und ihre Entwicklung von der Beeinflussung und Kontrolle großer Gruppen politisch-ökonomischer Subjekte hin zu den fein abgestimmten Strategien, die auf individuelle Konsumenten zielen, eindrucksvoll nachzeichnet). Auch heute stehen wir, wenn wir unter anderem den Kognitionswissenschaften und der Neurowissenschaft Glauben schenken, vor einer Revolution unserer Konzeption des Selbst und des Individuums.

Bereits 1975 sagte Michel Foucault in einer seinen Vorlesungen am Collège de France »die Macht wird nicht auf Individuen angewandt, sie geht durch sie hindurch«.[3] Vernetzung, Durchdringung und systemische Einbindung, Kategorisierung nach übergreifenden Schemata, die sowohl durch individuelle Handlungsfähigkeit wie Abhängigkeitsverhältnisse (als Beispiel sei etwa nur Maslow's Bedürftigkeitspyramide genannt) definiert werden, haben die

---

2 | Siehe: http://de.wikipedia.org/wiki/Ernest_Shackleton
3 | Foucault, Michel: Dispositive der Macht, Berlin: Merve 1978, S. 82f.

Grenzen zwischen Entitäten verschwimmen lassen beziehungsweise gezeigt, dass diese konstruiert sind. Von Politikwissenschaft bis hin zu Verbraucherforschung wurde ein endlos scheinender Strom an Methoden in Stellung gebracht, um daraus entweder Vorteil zu ziehen oder auf die Gefahren hinzuweisen, die sich darin im wahrsten Sinne des Wortes verkörpern. Für jeden Lobbyisten wie Unternehmer ist es von essentieller Bedeutung, Wissen zu erwerben und Strategien zu entwickeln, wie Einfluss nicht nur auf Vorstellungen, sondern auf deren Träger selbst genommen werden kann. Hier sind die weitreichendsten Einflussmöglichkeiten und größten Gewinnaussichten zu finden, insbesondere, wenn es gelingt, sie unterhalb der Wahrnehmungsschwelle der individuellen Konsumenten zu platzieren.

TRENDS ODER DIE VERGEGENWÄRTIGTE ZUKUNFT

Das Individuum hat sich somit zumindest seit Gary Beckers einflussreicher Beschäftigung mit den Begriffen »human capital« und »human resource«[4] zu einem lohnenden und einträglichen Feld der Ökonomisierung entwickelt – einem Tatbestand, für den ihm 1992 u.a. der Nobelpreis für Wirtschaftswissenschaften verliehen wurde. Der Einbettung individualisierter Arbeit in den Wirtschaftskreislauf (die ökonomischen Normierungen unterliegt, wie etwa Maurizio Lazzarato aufzeigt[5]) folgten computerbasierte Verfahren, wie Data Mining aber auch Bonuskarten, mit deren Hilfe jede erdenkliche Information gesammelt wird, um die erratischen Verhaltensweisen von Individuen zu erklären und daraus Gewinn zu schlagen. In diesem Zusammenhang kommen etwa auch Trends ins Spiel, deren Erforschung Risiken minimieren, Gewinne optimieren und eine gewisse Planungssicherheit für die Zukunft gewährleisten sollen. Die avanciertesten Methoden etwa der Informationstechnologie, der Mathematik, Spieltheorie, Biologie, Psychologie oder Kognitionswissenschaften werden heute vernetzt, um die komplexen Vorgänge der Natur und das partizipative Verhalten der Menschen zu ergründen. Der utopischen Idee des freien Marktes und seiner rationalen individuellen Agenten folgend, geschieht dies jedoch weniger, um politische Formen der Mitwirkung zu ermöglichen,

---

4 | Becker, Gary S.: Human Capital: A Theoretical and Empirical Analysis, Chicago: University of Chicago Press 1964.

5 | Lazzarato, Maurizio: »Immaterial Labour«,in: Hardt, Michael & Virno, Paolo (eds.), Radical Thought in Italy: A Potential Politics. Minneapolis: University of Minnesota Press 1996, S. 132–146.

sondern um die Durchsetzung des Marktes als soziales Paradigma zu organisieren und die Risiken der Wetteinsätze auf antizipierte Gewinne zu reduzieren. Trendfolger sind weniger risikoaffin wie Trendsetter, beide versuchen jedoch, Zugang zu nur scheinbar paradoxen Formen von Massenproduktion, -design und -branding von Individualität zu finden. Die Individualitätsformen, die als Wahlmöglichkeiten zur Verfügung gestellt werden, können als Verhaltensgesten und -artikulationen beschrieben werden, die identifiziert werden können. Als Fluchtlinien in Richtung der nächsten Zukunft und zur Sicherung unternehmerischer wie politischer Existenz beziehen sie sich aber letztendlich mehr auf Organisationsformen als auf einzelne Personen.

DERIVATISIERUNG

Es stellt sich die Frage, ob das Individuum hier nicht zum Produkt im Sinne einer Wette auf die Zukunft wird? Darin bringt es sich selbst in immer neuen derivativen Formen hervor, die nahezu ausschließlich auf Basis ökonomischer Parameter definiert werden – dies gilt für alle Varianten, die sich heute unter dem Begriff der Karriere subsumieren lassen, von der Kindeserziehung an über die Wahl der Schul- und Universitäts(aus)bildung, die Eingliederung in den Arbeitsmarkt bis hin zu weiteren Facetten (nicht selten scheinindividueller) Kompetenz- und Persönlichkeitsausbildung. Individuen können mithin als Optionen auf Zukünfte interpretiert werden, die adaptierte Module ihrer Individualität nach Marktregeln selbsttätig (wobei die Interpretation des Begriffs im heutigen Rahmen computergesteuerter Handelsabwicklungen im Sinne von »automatisch« näherliegt als im Sinne von »selbständig«) und mit fallendem Zeitwert anbieten, sich also zum Kauf (ask) und Verkauf (bid) rüsten – wobei für die meisten die Betonung auf Kauf (ask) liegt. Wird die Durchdringung individueller als auch gemeinschaftlicher Organisationsweisen durch finanzwirtschaftliche Verfahren als Finanzialisierung beschrieben, kann die Einschreibung von Personen in ökonomische Muster und Methoden mit dem Ziel, sich »selbständig« als Zukunftsressourcen am (Arbeits-)Markt zu handeln, als Derivatisierung der Individuen beschrieben werden. Das Subjekt verwandelt sich hier nicht nur zum Objekt ökonomischer Macht, die, wie Foucault schreibt, durch die Individuen hindurchgeht. Es wird zum Derivat, zur sich immer neu erfindenden (müssenden) Wette auf die eigene Zukunft, deren Zeitwert immer schneller gegen Null tendiert. Ihr »underlying« – also ihre Basis – ist ein ökonomisches Zeit- und Wertregime, ausgedrückt in Preisen (wozu auch etwa Löhne zählen).

Dass dieses allerdings nicht fundamental ist, zeigt sich, wenn der Trendverlauf scharf nach unten kippt und die Blase platzt, wie in der aktuelle Krise, in der die Wetteinsätze/Derivate plötzlich wieder zu Subjekten werden – beispielsweise als bankrotte Hauseigentümer oder genereller als Steuerzahler, die letztendlich für die gigantischen Verluste aus den Spekulationsblasen aufzukommen haben. Damit wird die Person und ihre Einbindung in den politischen Raum als eigentliches underlying aller auch noch so komplexen Finanzprodukte sichtbar, in die hinein das Wettsystem implodiert. Die häufig als Chance beschriebene Krisenhaftigkeit des Kapitalismus zeigt hier nicht ihr aus Zerstörung heraus schöpferisches Antlitz (wie Schumpeter es beschrieben hat). Vielmehr erkennen wir seine Verfasstheit als eine auf die Subjekte der jeweiligen politischen Gesellschaftsform aufsitzende. Der Kapitalismus zeigt sich in der Krise selbst als Derivat, als Wette auf jene »society«, die noch vor gar nicht langer Zeit als inexistent erklärt wurde – und nun als eigentlicher Basiswert erkennbar ist.

In einer computergesteuerten, in Millisekunden ablaufenden Kommunikationsgesellschaft (die man als »Econociety« bezeichnen könnte) sind die Dämonen nicht mehr Gestalten einer religiösen Fantasie. Sie sind jene »daemons«[6] welche die systemischen Zirkel der Informations- und Handelsabwicklung als Programmabläufe im Hintergrund betreuen. Bei einer aktuell etwa 80-prozentigen Abwicklung von US-Börsengeschäften durch Algorithmen (High Frequency Trading), deren Zeitschwelle bei 3,3 Millisekunden liegt (ein Mausklick benötigt 30 Millisekunden – siehe etwa Kevin Slavins TED Talk zum Thema[7]) kann man von einer wahrlich daemonischen Kultur sprechen, in deren Realität der virtuellen Figur der Person als Derivat die wesentliche Funktion des Nährwerts zukommt. Die Wette und ihre Optionen, die Shakleston in seiner Anzeige für das halsbrecherische Experiment einer Antarktis-Expedition angeboten hat, lässt sich heute auf ganze Gesellschaften und ihre Institutionen beziehungsweise deren möglichen Ruinen umlegen (passend zu diesen Metaphern werden die hyperschnellen Glasfaser-Kapazitäten, die etwa Algo-trading in annähernd Lichtgeschwindigkeit ermöglichen, als Dark Fiber bezeichnet und intransparente bank- und börseninterne Handelsplattformen

---

6 | Siehe etwa Thomas Feuerstein, http://daimon.myzel.net/Daimon:Portal
7 | Siehe: Slavin, Kevin: How Algorithms Shape our World, http://www.ted.com/talks/kevin_slavin_how_algorithms_shape_our_world.html (Abruf: 04.07.2012).

als Dark Pools). Die »Kälte« und »Finsternis«, in der die ökonomisierten Derivate plötzlich wieder als politische Subjekte auferstehen, hat nun, nachdem dies in den letzten 20 Jahren in Lateinamerika und Asien erlebt wurde, auch Europa und die USA erreicht. Inwieweit »Ehre« und »Anerkennung« winken und was als »Erfolgsfall« ausgewiesen wird, ist bisher noch nicht abzusehen. Vielleicht braucht es dazu eine Recodierung von Begriffen, die heute fast ausschließlich ökonomisch definiert sind, deren Sinngehalt aber weit darüber hinausgeht: etwa jener der Spekulation oder des Kredits – nicht im Sinne von debt/Schuld sondern in Form von recognition/Anerkennung – und der Frage nach dem Zeitregime, dem wir uns unterordnen.

Dass diese und andere Fragen betreffend der Verfasstheit von Menschen in (finanz-ökonomischen) Zusammenhängen selbstverständlich nicht neu sind, beweist die vielfältige Beschäftigung von KünsterInnen mit der Thematik. Ökonomie bzw. Kapitalismus wird darin häufig direkt in Frage gestellt (wie

Ms. A

CAPITAL   −13% ↘
Fortune: 9.876.543
Asset / Shares: 07 08 13

Buy   Sell   **OK**

2.300

ASSET **1** 2 3

etwa in den kapitalismuskritischen Arbeiten von Oliver Ressler) oder ironisch umgedeutet und gegen das Prinzip gewendet (wie in der Arbeit »Google Eats Itself« von ÜBERMORGEN.COM). Thomas Locher wiederum beschäftigt sich intensiv mit dem Verhältnis von Sprache und Ökonomie, dem Überschuss an Dingen bzw. Bedeutungen. Santiago Serra setzt politische und ökonomische Einschreibungen, Normierungen und Zwänge in seiner Arbeit »250 cm Line tattooed on six paid People« direkt auf den Körpern bezahlter Performer um, während Francis Alÿs in »When Faith Moves Mountains« gegen ökonomische Sinnbehauptungen anschaufeln lässt, um eine Poesie gemeinsamer Zeit zu erzeugen. Maria Eichhorn dringt direkt in ökonomische Strukturen ein und

Abbildungen 1 + 2: Sylvia Eckermann/Gerald Nestler, »The Trend Is Your Friend!«, 2009, Info Display. Anzeige des jeweiligen Kapitals und der Handelsaktivität der Mitwirkenden bzw. der Handelsroboter (Market-Maker).

konterkariert sie, indem sie etwa eine Aktiengesellschaft gründet, die keinen Kapitalzuwachs zulässt. Mika Rottenberg widmet sich in ihrem Werk »Squeeze« der Arbeit und ihrer Ausbeutung zu, speziell weiblicher Arbeit. Erwin Wurm lässt die Skulptur über ihre traditionellen Grenzen hinauswuchern und begreift sie als Prozess, der sich im Leben wiederfindet und Eigentum, Werbung, Gesundheitsvorsorge genauso betrifft wie etwa das Zu- und Abnehmen von Gewicht. Eine noch weitergehende Methode der Ausweitung von Kunst ins Leben wendet Timm Ulrichs mit seiner Totalkunst an, in der er sich etwa selbst bereits 1961 als »Erstes lebendes Kunstwerk« bezeichnete und beim Patentamt eintragen ließ. Thomas Feuerstein schafft unter anderem Laboratorien der Kunst, in denen Verflechtungen zwischen Sprache, Bildern, molekularen Strukturen sowie biologische, ökonomische und soziale Bedingungen des Lebens untersucht werden. Die genannten KünstlerInnen und ihre Arbeiten zeigen nur einen kleiner Ausschnitt einer intensiv geführten Auseinandersetzung, die auch vor dem heutigen Kunstmarkt nicht Halt machen, wie etwa Damien Hirsts umstrittene Rolle bei der Auktion seiner Arbeit »For the Love of God« belegt. Eine ausführlichere Erörterung mit dem Thema »Kunst und Wirtschaft «konnte beispielsweise in den Bänden 200 und 201 der Kunstzeitschrift »Kunstforum International« vorgelegt werden (Herausgeber: Dieter Buchhart und Gerald Nestler).

Neben künstlerischen Positionen zeigen auch die vielfältigen und zum Teil ganz unterschiedlichen Debatten, die etwa Giorgio Agamben, Dirk Baecker, David Harvey, Brian Holmes, Bruno Latour, Maurizio Lazzarato, Negri und Hardt, Paolo Virno, oder in Kunstfeld Boris Groys, Peter Weibel und viele andere in den letzten Jahren führen, Wege auf, wie die Einschreibung in den Raum der Ökonomie nicht nur als Kritik möglich ist, sondern wie darüber hinaus Alternativen aussehen könnten. Es muss auch im Sinne der Wirtschaft sein, sich nicht allein als Zentrum gesellschaftlicher Realität zu wähnen, sondern eine breitere Diskussion und offenere Entscheidungsfindungen zu ermöglichen. Auch den Lobbyisten der Finanzwirtschaft (die nicht nur in der Wirtschaft, sondern auch in der Politik zu finden sind) darf nun langsam dämmern, dass ihre Utopie des freien und rationalen Marktes – die letzte der großen Utopien, die vor drei Jahren grandios gescheitert ist ohne allerdings zusammenzubrechen wie andere Utopien zuvor – keine Lösung ist, um die offen vor uns liegenden Probleme anzugehen. Gleichzeitig wird es aber notwendig sein, dass die Mitglieder einer Gesellschaft Verantwortung übernehmen und diese nicht bequem auslagern – man könnte dies als eine essentielle Re-Aktualisierung von Aktion gegenüber Transaktion bezeichnen. Der Konsument als

»Entscheidungsträger« ist keine Alternative zu vernetzter, politischer Teilhabe. Und es ist kein Schaden, sich zu erinnern, was bereits Kant in Hinsicht auf das einzelne Subjekt formulierte: Dass es eben in der Verantwortung von uns allen liegt, Verantwortung zu übernehmen.[8] Darüber hinaus bieten sich heute Technologien an, um die individualistisch-konsumistische Sackgasse zu verlassen und in intelligentere gemeinsame Aktionen überzuführen. In einer globalen Welt sind die Vernetzungen zu eng geknüpft, als dass ein singulärer Teil, welcher auch immer, für sich stehen könnte bzw. müsste. Positiv formuliert könnte man sagen, wir sind nicht allein (oder wie es die Bewegung Occupy Wallstreet formuliert, »We are the 99 Prozent«), wobei diese Verbundenheit sich nicht nur über Personen ausdrückt, sondern Dinge und Technologien mit einschließt. Die partizipativ angelegte Installation »The Trend Is Your Friend!« ist nur ein Beispiel einer Reflexion, die sich dem Individuum und seiner derivativ vernetzten, daemonischen Realität widmet.

THE TREND IS YOUR FRIEND!
Eine performative und interaktive Installation von
Sylvia Eckermann und Gerald Nestler

»The Trend is your Friend!« ist eine Bild- und Klangmaschine, die durch autonome Roboter algorithmisch getriggert wird. Die BesucherInnen sind eingeladen zu partizipieren und tauchen in einen virtuellen Marktplatz ein. TIYF! ist eine experimentelle Übersetzung des Marktes als ein Modell, das Teil unserer sozialen Lebensumgebung ist. Welche Rolle spielen wir in diesem »Spiel«?

Diese von uns erschaffene Maschine funktioniert als »selbst-zufriedenes« System: wir Menschen müssen nicht aktiv eingreifen, damit sie sich »am Leben« erhält, passive Teilhabe ist ausreichend. Wir können zusehen, beobachten, aber wir können auch teilnehmen. Die Besucher schlüpfen im wahrsten Sinne des Wortes in die Rolle von Tradern und versuchen den Markt in eine Richtung zu bewegen – obwohl der Trend, der aus allen Transaktionen der Handelsakteure (menschlichen wie algorithmischen Agenten) resultiert, stär-

---

8 | Immanuel Kant, 1783: »Beantwortung der Frage: Was ist Aufklärung? Aufklärung ist der Ausgang des Menschen aus seiner selbstverschuldeten Unmündigkeit. Unmündigkeit ist das Unvermögen, sich seines Verstandes ohne Leitung eines anderen zu bedienen. Selbstverschuldet ist diese Unmündigkeit, wenn die Ursache derselben nicht am Mangel des Verstandes, sondern der Entschließung und des Mutes liegt, sich seiner ohne Leitung eines anderen zu bedienen [...].«

ker ist und die UserInnen feststellen müssen, dass sie kaum in der Position sind, als Individuen das System direkt zu manipulieren. Die Erfahrung, in welcher Form dies gemeinsam möglich ist, ist optional und sowohl Teil der Nutzenkalkulation als auch der emotionalen Einlassung der HumanakteurInnen.

TIYF! ist eine künstlerische Installation, die unsere Vorstellungen von Individualität und Gemeinschaftlichkeit herausfordert. Inwieweit wir hier Zeugen einer Veränderung gesellschaftlich verankerter Definitionen sind, die uns als Individuen und in unserer sozialen Umwelt betreffen, ist die Frage, die »The Trend is Your Friend« stellt: Werden wir, in dem wir Trends »richtig« erkennen und auf sie setzen, Teil einer Ökonomisierung, die uns zwar Gewinn verspricht, uns aber gleichzeitig absorbiert? Wird jenes widerständige Individuum, das bewusst oder unbewusst gegen den Trend »setzt«, gesellschaftlich als »Loser« ausgesondert? Ist Partizipation überhaupt noch wertfrei möglich oder wird jedes teilnehmende Verhalten heute ökonomisiert? Wäre also der titelgebende »Freund« in einer wissensbasierten Gesellschaft jener große Bruder, den Orwell für ein technisches Zeitalter gezeichnet hat, und in dem sich eine neue, wenn auch komplexere Gleichförmigkeit der Kontrolle einstellt, die uns die Zukunft in ihrer Hybris der Berechenbarkeit nimmt? Und werden die Freiheitsgrade, die eine demokratische Gesellschaftsordnung gewährleisten soll, ersetzt durch das Verlangen nach Zukunft und Wachstum, die individuell versprochen aber nur mehr derivativ erzeugt werden?

In TIYF! sind die BesucherInnen eingeladen, diese aber auch eigene Fragen in performativer Weise durchzuspielen. Das bildmächtige dreiteilige Szenario ist nach der Anordnung eines spieltheoretischen Modells (Double Auction) aufgebaut und ist somit ein Marktmodell, mit dessen Hilfe subtile Formen ökonomisierter Disziplinierung und konsumistischer Selbstkontrolle thematisiert werden können. Die BesucherInnen tauchen mit ihrem sinnlichen Wahrnehmungsapparat aus dem realen Raum in einen virtuellen, wobei ihre Körper sichtbar in der realen Welt zurückbleiben. Eine »Membran« teilt Body und Mind, die UserIn wird zum Joystick. Durch individuelle Entscheidungen affirmieren (Kaufsignal) bzw. negieren (Verkaufssignal) sie Handlungen, die vor ihren Augen ablaufen. Sie beeinflussen direkt und unmittelbar das Geschehen, lassen somit Trends entstehen bzw. abflauen, ohne dass sie mit Sicherheit wissen können, inwieweit ihre Affirmation bzw. Negation des Geschehens direkte Auswirkung hat.

»Autonome« Roboter übernehmen die Rolle der Market Maker. Ihr Ineinandergreifen simuliert die Komplexität der Märkte insoweit, als dass der oder die Einzelne im Geschehen verschwinden – anders gesagt, sie werden Teil einer fluktuierenden, komplexen Welt, die ein einzelner weder kontrollieren noch bestimmen kann. Erst die »Abrechnung« der Handelsentscheidungen fördert das individuelle Ergebnis zu Tage: Verlust oder Gewinn als trendförmige Auslese. Gleichzeitig wird das Dilemma all jener Verfahrensmuster spürbar, die individuelle Handlungsfreiheit (agency) postulieren, aber dabei vergessen, dass diese in einen Kontext gemeinsamer Verhandlung und Umsetzung einfließen müssen, soll ein Regime umgeschrieben und ausgehebelt werden.

LITERATUR

Becker, Gary S.: Human Capital: A Theoretical and Empirical Analysis, Chicago: University of Chicago Press 1964.

Foucault, Michel: Dispositive der Macht, Berlin: Merve 1978.

Lazzarato, Maurizio: »Immaterial Labour«, in: Hardt, Michael & Virno, Paolo (eds.), Radical Thought in Italy: A Potential Politics. Minneapolis: University of Minnesota Press 1996, S. 132–146

Slavin, Kevin: How Algorithms Shape our World, http://www.ted.com/talks/kevin _slavin_how_algorithms_shape_our_ world.html (Abruf: 04.07.2012).

Abbildung 3: Sylvia Eckermann/Gerald Nestler, »The Trend Is Your Friend!«, 2009
Installationsansicht mit den Szenarien Combat und Value und drei Handelsrobotern. Die BesucherInnen konnten von unten durch die Öffnungen in der Architektur schlüpfen und sich am Marktgeschehen beteiligen.

Eckard Foltin

WIE WERDEN WIR IN 2030 LEBEN?

Für die Zukunftsentwickler ist Erfahrung nicht genug – man braucht Visionen, um neue Wege zu gehen. In interdisziplinären Teams werden Entwicklungswege aus unterschiedlichen Blickwinkeln aufgezeigt, um durch kreative Lösungen neue Handlungsfelder sichtbar zu machen. Ziel ist es, bereits heute über Denkbarrieren hinweg die Produkte, Dienstleistungen und Anwendungsmöglichkeiten von morgen greifbar zu machen und mit Experten der unterschiedlichen Branchen zu diskutieren. Es wird am Beispiel geschildert, wie zukünftige Wohn- und Lebenswelten in Zusammenarbeit mit der Kreativindustrie und Künstlern entstanden sind.

Megatrends wie z.B. Klimawandel, Urbanisierung, demografischer Wandel und Gesundheit sind Treiber für Entwicklungen, die unsere Zukunft bestimmen und auf alle Gesellschaften und Industriebranchen Einfluss haben.

Dynamische Veränderungen in den Märkten erfordern, dass sich Unternehmen stetig an die neuen Rahmenbedingungen anpassen. Die Komplexität nimmt dynamisch zu und Vorteile von Technologien und Anwendungslösungen werden nur im Gesamtkontext und bei einer ganzheitlichen Lösungsstrategie sichtbar. Um eine aktive Rolle in den Wirtschaftsbeziehungen einzunehmen und am Wachstum maßgeblich beteiligt zu sein, ist es notwendig, dass Unternehmen Partner finden, um gemeinsam an neuen Lösungen zu arbeiten.

Abbildung 1: Die globalen Megatrends

Je weiter man in die Zukunft blickt, umso unsicherer sind die Erfolgschancen und Eintrittswahrscheinlichkeiten. Darum hat sich das Firmennetzwerk future_bizz gebildet, um das zukünftige Leben, Wohnen und Arbeiten aus verschiedenen Blickwinkeln zu betrachten und für die eigenen Entwicklungsziele der teilnehmenden Firmen greifbar zu machen.

Abbildung 2: »future_bizz«-community

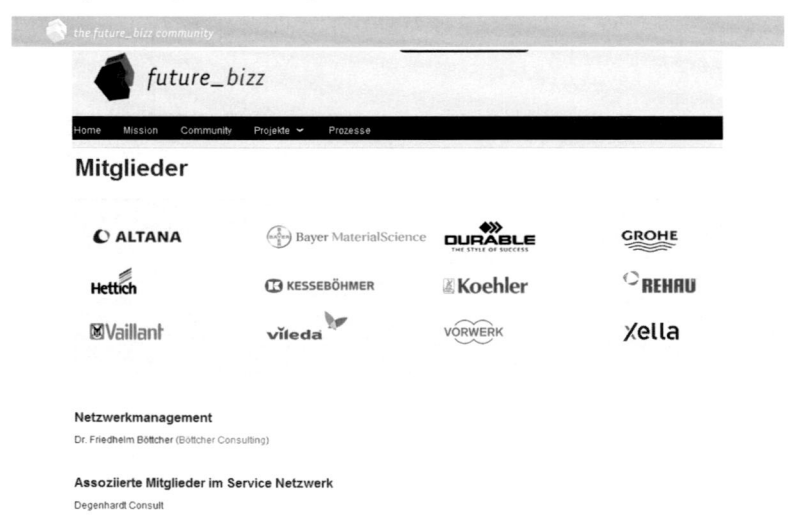

Anwendungsorientierte Forschung und Entwicklung geht in einem Zug einher mit dem Wechsel von der geschlossenen zur offenen Innovation. Dieser Trend wird verstärkt durch die Globalisierung und die Entwicklung des Internets (Web 2.0). Die vorwettbewerbliche Betrachtung von Zukunftsentwicklungen im Partnernetzwerk verbessert den Realitätsbezug, schafft Dynamik und ermöglicht strategische Konzeptentwicklungen. Durch die interdisziplinäre Zusammenarbeit gelingt es, Entscheidungsprozesse zu beschleunigen und gemeinsam erkannte neue Wachstumsfelder gezielt mit Partnern weiterzuverfolgen. So entstehen aus den zunächst offenen Innovationsprojekten auch definierte Partnernetzwerke, die gemeinsame Entwick-

> Anwendungsorientierte Forschung und Entwicklung geht einher mit dem Wechsel von der geschlossenen zur offenen Innovation.

lungsziele im Sinne einer vertraulichen Projektarbeit verfolgen. In den partnerschaftlichen Kooperationen werden Kompetenzen erweitert und für ein definiertes Projektziel gebündelt.

Abbildung 3: Prozessschritt der »future_bizz«-Projekte

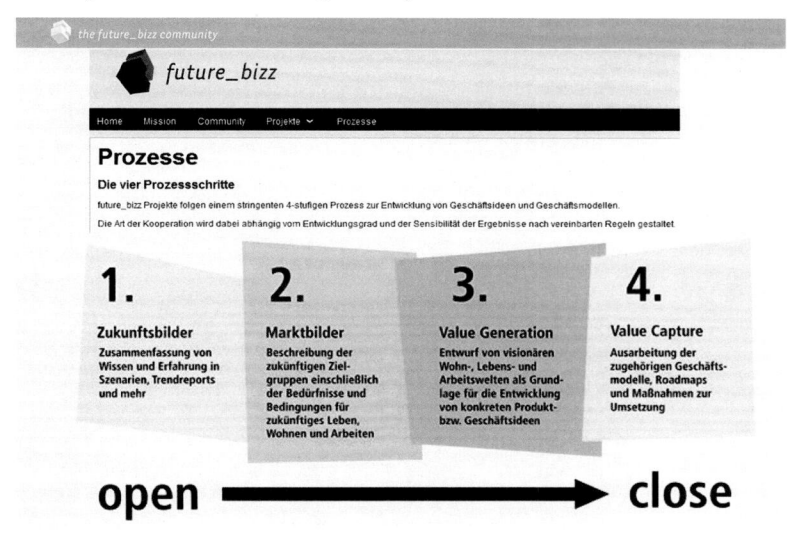

Abbildung 4: »Connect-Creativity«-Arbeitsgruppen

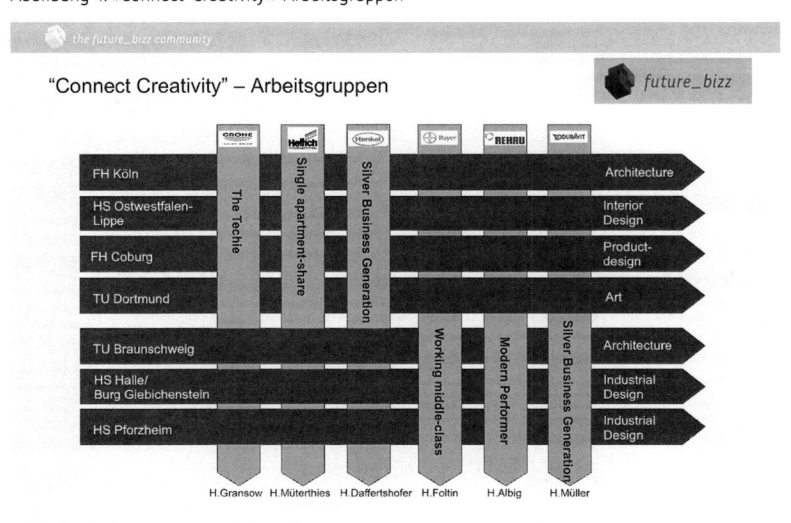

164 ECKARD FOLTIN

Zukunftsbilder zu Leben und Wohnen wurden in dem Firmennetzwerk future_bizz mit Hilfe der Szenariotechnik erstellt und bieten die Ausgangsbasis für das Projekt Connect Creativity mit Studierenden der Fachrichtungen Kunst, Architektur, Innenarchitektur, Industrie- und Produktdesign.

Dieses Projekt war ein Experiment für alle Teilnehmer. Es arbeiteten Professoren und Studierende der Fachbereiche Architektur, Innenarchitektur, Produktdesign und Kunst miteinander vernetzt und in gemeinsamen Workshops methodisch und inhaltlich mit Mitgliedern von »future_bizz« zusammen. Als Ergebnis dieses Projektes »Connect Creativity« entstanden circa 80 konsistente Zukunftskonzepte für das Wohnen und Leben. Diese Konzepte sind auf ganz bestimmte Zielpersonen mit ihren spezifischen Bedürfnissen wie Senioren, Singles, die arbeitende Mittelschicht, den modernen Performer oder den Technikfreak zugeschnitten.

Abbildungen 5 + 6: Beispiel Zielgruppen

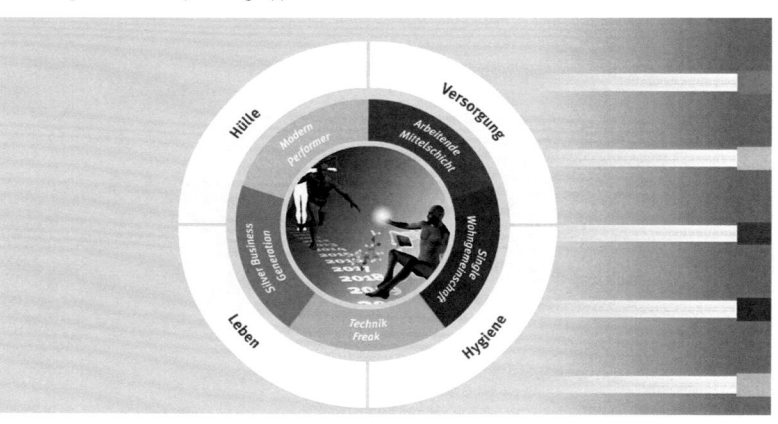

WIE WERDEN WIR IN 2030 LEBEN? 165

Abbildung 7: Der Veranstaltungsort [ID]factory an der Technischen Universität Dortmund

Der Beitrag der Kunst an diesem Projekt war bereits wesentlich dadurch geprägt, dass die [ID]factory an der Universität Dortmund als kreatives Umfeld und Workshop-Location durch ihre besondere kreative Atmosphäre und Möglichkeit zum flexiblen freien Gestalten Freiräume in der Diskussion und praktischen Umsetzung von Ideen ermöglichte. Die Workshops waren geprägt von Diskussion, Gestalten und wieder Zerstören von Ideen, indem immer wieder neue Gesichtspunkte aus einer anderen Fachrichtung eingebracht, diese kritisch im Gesamtkontext hinterfragt und in eine neue Richtung bei der Umsetzung der Anwendungslösung gelenkt wurden. Dadurch kamen herausfordernde und inspirierende neue Konzepte heraus, die sicher so in einer einzigen Fachdisziplin nicht möglich gewesen wären.

Die Effekte, die sich in diesem Projekt ergaben, lassen sich durchaus auf die zukünftigen Arbeitsbedingungen ableiten:

- Kein Lernen auf Vorrat, sondern Lernen an realen Problemen in der Wirklichkeit des Geschäftslebens
- Soziale Vernetzung gewinnt große Bedeutung und führt zu völlig neuen Arbeitsbedingungen.
- In die Projektarbeit müssen unterschiedliche Perspektiven integriert werden: interdisziplinär, interkulturell, generationsübergreifend u.a.m.

- Emotionale Intelligenz und Empathie sind wichtige Ressourcen für gestaltende Aufgaben.
- Arbeit wird zwischen den Workshops in virtuellen Teams fortgeführt.
- Nutzung von Wissenswelten und Support – Systemen für eigene Handlungs-, Interpretations- und Bedeutungskompetenz
- Individuelle Problemlösung hat weniger Akzeptanz und Relevanz als Teamergebnis.

Die Teambildung findet in Netzwerkprojekten unter erschwerten Bedingungen statt. Besondere Hürden müssen in einer solchen interdisziplinären Projektarbeit erkannt und bewältigt werden:

- Sprach- und Begriffswelten
- Regelungen und Normen
- Methoden und Instrumente zur Zielerreichung
- Anerkennung

Aufgrund der hochschulübergreifenden Teamzusammensetzung lagen virtuelle Teams vor, die sich nur bei den zweitägigen Workshops persönlich trafen. Die Teams setzten sich aus kreativen Personen zusammen, für die Individualität eine große Bedeutung hat. Dies kann im Gegensatz zu einer Kooperation im Team stehen.

Abbildung 8: Eindrücke aus der Projektarbeit

Das erfolgreiche Lernen im Projekt wird erreicht durch:

- Interaktion
- Dialog zum Austauschen von Erfahrungen
- Analysieren von Fehlern
- kritische Reflektion
- Aufbau von strukturiertem Wissen

Die interdisziplinäre Zusammenarbeit erfordert eine eigene Kultur:

- Verhandlung und Vereinbarung zum Bewältigen von Unsicherheit
- Abbau von Distanz
- Werte, Normen, Rollenerwartungen, Verhaltensregeln
- Komplementarität wird als Mehrwert empfunden
- kollektive Sinnfindung und Aufbau von Vertrauen
- transparenter Gesamtprozess mit Entscheidungskriterien und Kontrollpunkten

Die aktive Teambildung und -findung ist ein wichtiger Erfolgsfaktor. Hierzu gehören neben den formalen Kriterien auch die empatischen Einflüsse:

- klar definierte Teamaufgaben mit Abschluss- und Zwischenpräsentationen

Abbildung 9: Eindrücke aus der Projektarbeit

Abbildungen 10 + 11: Eindrücke aus der Projektarbeit

- Verpflichtung durch definierte Projektlaufzeit
- offener Umgang mit Konflikten
- Einbeziehen der Industriepaten, der Hochschullehrer und des Projektcoaches
- Verknüpfung von persönlichen Interessen (Semesterschein) und Projektentwicklungszielen (Nutzen der Ergebnisse)
- Freiraum für soziale Kontakte & Aufbau von Beziehungen im Rahmen der Workshops z.B. durch gemeinsame Abendveranstaltungen oder Besuch einer Ausstellung
- Kreatives Arbeitsumfeld in der [ID]factory

Kreative interdisziplinäre Projekte brauchen einen klaren organisatorischen Rahmen:

- Projektleiter als »local focus« stellt den organisatorischen Rahmen sicher
- Projektleiter ist als Ansprechpartner bzw. übergeordneter Koordinator jederzeit erreichbar
- Lenkungs- und Koordinationsmechanismen
- Resourcenkontrolle
- Gremien, in denen Interessen und Ziele ausgehandelt werden
- Entscheidungskompetenz

WIE WERDEN WIR IN 2030 LEBEN? 169

Abbildung 12: ein Projektteam

Die Projektziele konnten konsequent umgesetzt werden, indem folgende Instrumente zur Projektsteuerung umgesetzt wurden:

- gemeinsame Workshops in der [ID]factory, die immer mit dem Abschluss einer Projektphase verbunden waren
- Festlegung auf das weitere Vorgehen als Selektion von Konzepten und Ideen nach jedem Workshop
- Grundprinzip: problemorientiertes und situatives Feedback durch die Hochschullehrer, Industriepaten und Coach während der Workshops und in den separaten Arbeitsphasen
- regelmäßige problemzentrierte Prozessanalyse mit direktem Einleiten von Steuerungsmaßnahmen

Abbildungen 13 + 14: Eindrücke aus der Projektarbeit

- Förderung der offenen Kommunikation zwischen allen Beteiligten (Hochschullehrern, Studenten, Industriepaten und Coach)
- Systemische Unterbrechungen durch Diskussionen und »Interviews« im Plenum
- Schnelle Visualisierung von Problemen bzw. Konflikten in der Gruppe
- Besondere Feedback-Runden im Rahmen von Zwischenpräsentationen und Einzelgesprächen
- Verwendung von Konfrontationstechniken zur Aufklärung unterschiedlicher Blickwinkel und Sichtweisen

FAZIT

Die Kreativindustrie in Kombination mit Kunst bietet der Industrie einen sehr wesentlichen Beitrag, um eine Blickwinkelerweiterung über den Tellerrand hinaus zu ermöglichen und einen ganzheitlichen Entwicklungsansatz zu realisieren. Das Ergebnis des Projektes »Connect Creativity« belegt diese Behauptung eindrucksvoll.

Abbildung 15: Innovationen von morgen

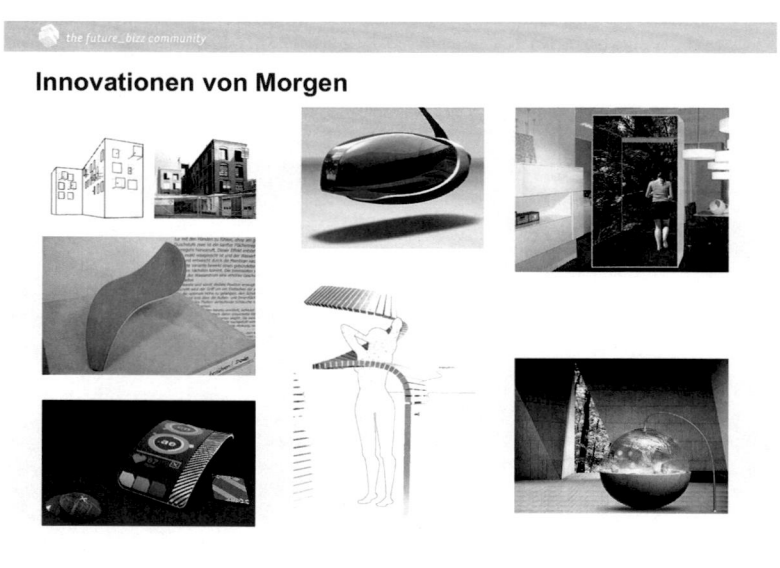

WIE WERDEN WIR IN 2030 LEBEN? 171

Abbildung 16: Connect creativity: Projektziele und -ergebnisse

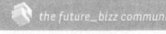

the future_bizz community

Connect Creativity:

Projektziel:
Visualisierung der Wohn- und Lebenswelten für die 5 Protagonisten in Form von Filmen, Skizzen, Collagen, Objekten und Designstudien
Durchführung des Projekts als Semesterarbeiten von Studenten aus verschiedenen Fachbereichen (Kunst, Design, Architektur, Innenarchitektur)
Interdisziplinäre Vernetzung der Hochschulen untereinander und mit den beteiligten Unternehmen im Projekt
Wechselwirkung Workshop - Arbeitsphasen als kreative Entwicklungsmethode

Projektstatus und Projektlaufzeit:
Start: 3/2008
Ende: 7/2008

Projektergebnis:
Holistische Wohnwelten für Räume in 2020
Basis für eine fassbare Darstellung der Zukunftswelten Unternehmen

5 Wohnwelten
80 Konzepte für Entwicklungsthemen
18 geschützte Konzepte, die in den 'Patenfirmen' weiterentwickelt werden
4 konkrete Produktentwicklungen

Bayer MaterialScience

THOMAS LOCHER
8 / # 11 / # 12

In seinen Arbeiten geht Thomas Locher häufig von Zeichen- und Kommunikationssystemen aus, um das Verhältnis von gesellschaftlichen Bedingungen und individuellen Handlungsmöglichkeiten aufzuzeigen. In seinen Text-Bild-Konstruktionen veranschaulicht er die Funktionsweisen und Gesetzmäßigkeiten von Sprache, dem Hauptmedium menschlicher Verständigung, und untersucht die hierin eingeschriebenen Strukturen von Macht, Autorität und Hierarchie. Zugleich machen seine Werke deutlich, wie sehr unsere Aneignung der Welt sowie unser Denken von Begriffen geprägt sind, da die Wahrnehmung von Bildern und Realität immer sprachlich vermittelt wird.

aus: Lenbachhaus Kunstbau, zur Ausstellung »Written on the wall III«

Abbildung S. 175: Thomas Locher, »# 8«
EXZERPT AUS DEM EXZERPT, 2006
Unser wechselseitiges Produkt ist also das Mittel, die Vermittlung, inkjet print, Folien, Acrylglashaube, inkl. 1 Wallpaper »La Salle grise«, 51 x 41 x 3 cm, Ausstellungsansicht, Georg Kargl Fine Arts, Vienna

Abbildung S. 176 (oben): Thomas Locher, »# 12«
WHAT, FIRST OF ALL, PRACTICALLY CONCERNS PRODUCERS WHEN THEY MAKE AN EXCHANGE, IS THE QUESTION, HOW MUCH OF SOME OTHER PRODUCT THEY GET FOR THEIR OWN? IN WHAT PROPORTIONS THE PRODUCTS ARE EXCHANGEABLE?
Was die Produktenaustauscher zunächst praktisch interessiert, ist die Frage, wie viel fremde Produkte sie für das eigene Produkt erhalten, in welchen Proportionen sich also die Produkte austauschen. 2007, 156 x 180 cm [157,2 x 181,2 x 4 cm], Holz, Acrylfarbe, Aluminium

Abbildung S. 176 (unten): Thomas Locher, »# 11«
LATER ON, WE TRY TO DECIPHER THE HIEROGLYPHIC, TO GET BEHIND THE SECRET OF OUR OWN SOCIAL PRODUCTS; FOR TO STAMP AN OBJECT OF UTILITY AS A VALUE, IS JUST AS MUCH A SOCIAL PRODUCT AS LANGUAGE.
Später suchen die Menschen den Sinn der Hyroglyphe zu entziffern, hinter das Geheimnis ihres eigenen gesellschaftlichen Produkts zu kommen, denn die Bestimmung der Gebrauchsgegenstände als Werte ist ihr gesellschaftliches Produkt so gut wie die Sprache. 2007, 156 x 180 cm [157,2 x 181,2 x 4 cm], Holz, Acrylfarbe, Aluminium

Unser wechselseitiges Produkt ist also das ███, die ███████ das Instrument, die anerkannte Macht unsrer wechselseitigen Bedürfnisse auf einander. Deine Nachfrage und das Äquivalent deines Besitzes sind also gleichbedeutende, gleich gültige termini für mich und deine Nachfrage hat erst einen Sinn, weil eine Wirkung, wenn sie Sinn und Wirkung in Bezug auf mich hat. Als bloßer Mensch, ohne dies Instrument ist deine Nachfrage ein unbefriedigtes Streben deinerseits, ein nicht vorhandener Einfall für mich. Du als Mensch stehst also in keinem Verhältnis zu meinem Gegenstande, weil ich selbst kein menschliches Verhältnis zu ihm habe.

WHAT, FIRST OF ALL, PRACTICALLY CONCERNS PRODUCERS WHEN THEY MAKE AN EXCHANGE, IS THE QUESTION, HOW MUCH OF SOME OTHER PRODUCT THEY GET FOR THEIR OWN? IN WHAT PROPORTIONS THE PRODUCTS ARE EXCHANGEABLE?

LATER ON, WE TRY TO DECIPHER THE HIEROGLYPHIC, TO GET BEHIND THE SECRET OF OUR OWN SOCIAL PRODUCTS; FOR TO STAMP AN OBJECT OF UTILITY AS A VALUE, IS JUST AS MUCH A SOCIAL PRODUCT AS LANGUAGE.

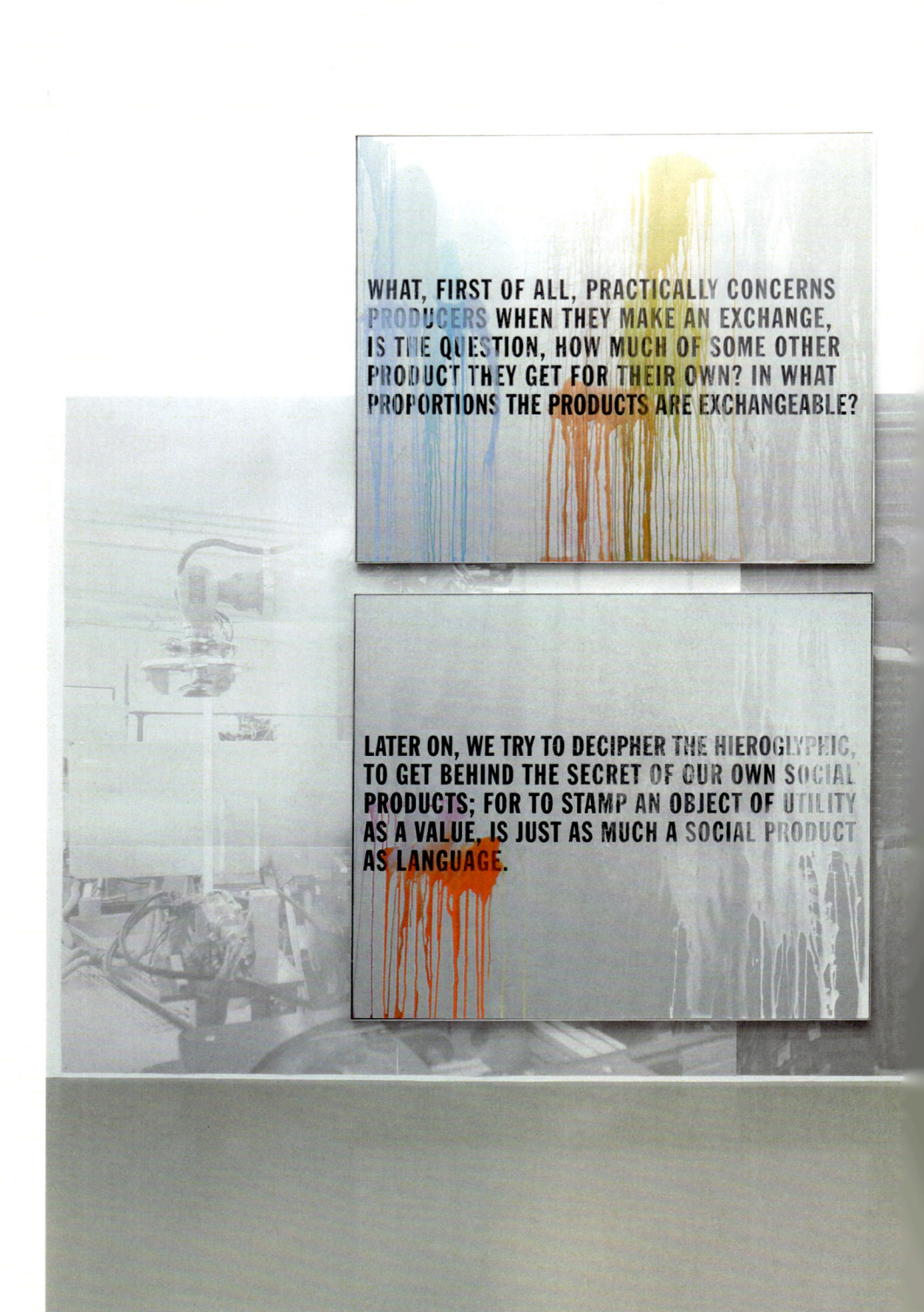

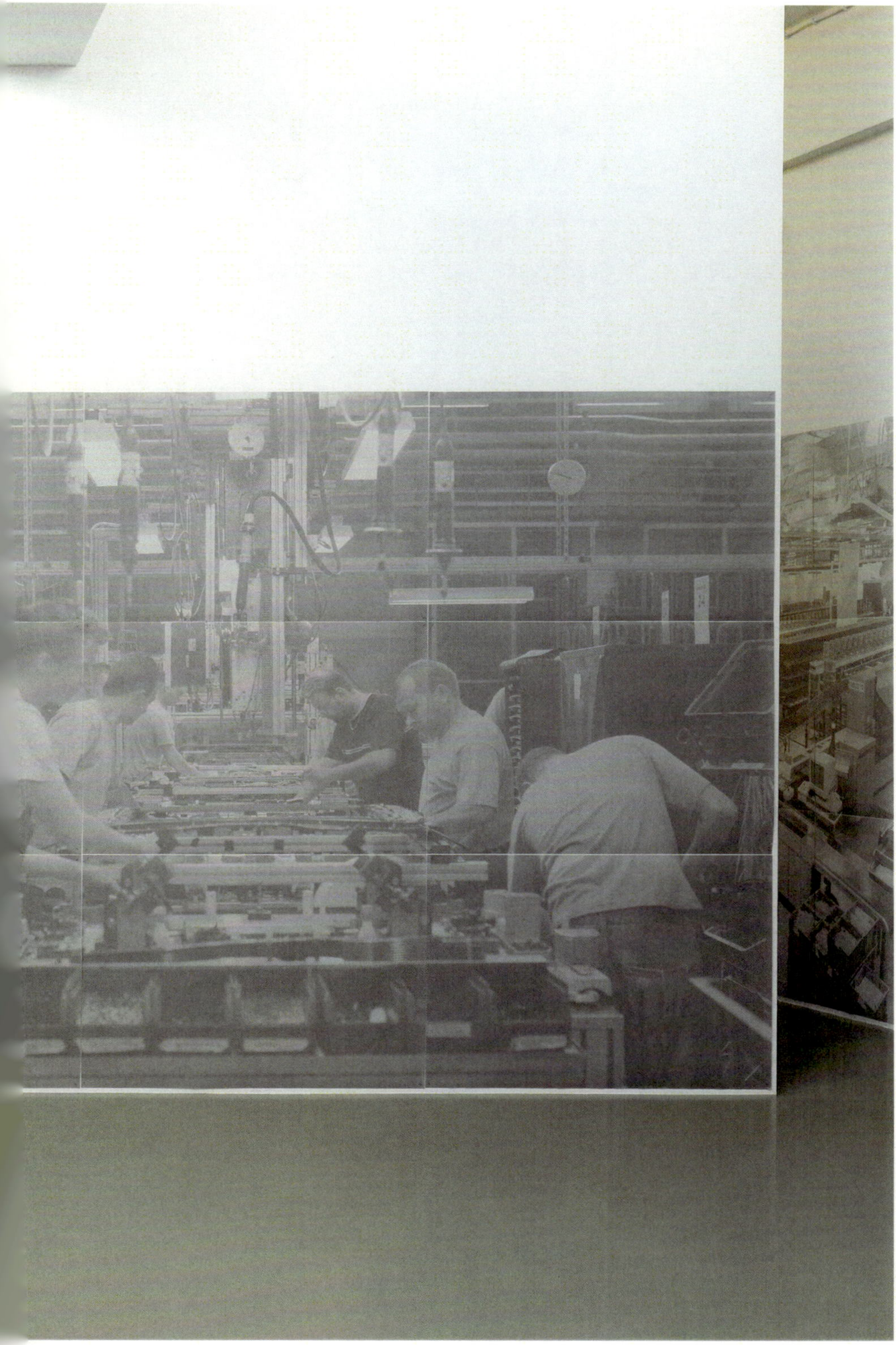

Jean-Baptiste Joly

EINE ZEIT OHNE EIGENSCHAFTEN

EIN GESPRÄCH MIT JEAN-BAPTISTE JOLY

Interviewer: Thomas Koch

THOMAS KOCH

Die Akademie Schloss Solitude wurde 1990 gegründet – damals ein Lieblingsprojekt von Ministerpräsident Lothar Späth. Jean-Baptiste Joly, Sie waren damals Gründungsdirektor und sind es heute nach über 20 Jahren immer noch. Damals hatten Sie eine wenig schmeichelhafte Presse. Jeden Tag Knatsch, schrieb der Spiegel, und in der Süddeutschen konnte man lesen: eine gehobene Jugendherberge mit Lothar Späth als Herbergsvater. Inzwischen sind die Artikel über die Akademie deutlich respektvoller. Hat man sich an Sie gewöhnt?

JEAN-BAPTISTE JOLY

Ich glaube, man hat sich schon im ersten oder zweiten Jahr an die Akademie Schloss Solitude gewöhnt. Der ausschlaggebende Zeitpunkt war das Jury-Verfahren der Akademie, als wir gesagt haben, dass die Stipendiaten auf Solitude von einzelnen Juroren ausgesucht werden sollten, dass man sich frei für das Stipendium bewerben konnte und dass als Juryvorsitzender Johannes Cladders berufen wurde, der inzwischen verstorbene berühmte Direktor des Museums von Mönchengladbach. Da haben viele Leute in der Szene verstanden, dass es wirklich um die Kunst und die Förderung von Künstlern geht und nicht um irgendeine Kulisse für den Hof des Ministerpräsidenten.

THOMAS KOCH

Angedacht war die Akademie Solitude als eine Art deutsche Villa Massimo zur Künstlerförderung. Wenn ich das richtig weiß, haben etwa 1000 Stipendiaten die Akademie inzwischen besucht. Was haben die denn bei Ihnen lernen können?

JEAN-BAPTISTE JOLY

Der Vergleich mit der Villa Massimo ist immer praktisch, weil dann jeder sofort versteht, worum es geht: Um die Vergabe von Stipendien und um Aufenthalte in den Studios der Akademie. Aber der Vergleich trügt auch. Die Villa Massimo hat etwa 15 Studios. Wir dagegen verfügen über 45 Studios. Wir begrenzen die Auswahl der Stipendiaten nicht nur auf Deutsche oder in Deutschland lebende Künstlerinnen und Künstler, sondern wir schreiben weltweit aus. Und wir fördern Stipendiatinnen und Stipendiaten in allen Kunstsparten, also nicht nur Bildende Kunst, Musik, Literatur, Architektur, sondern auch darstellende Künste, auch Design, auch neue Medien und Film und seit neun Jahren auch Geisteswissenschaften, exakte Wissenschaften und Wirtschaftswissenschaften. Was Stipendiaten bei uns lernen?

Wir sind eine Einrichtung zur Weiterentwicklung und Fortbildung von Künstlern außerhalb des Hochschulbereichs. Wir schenken den Stipendiaten eine Zeit, die ihnen gehört und nicht einer Institution. Wir geben den jungen Menschen, die wir hier fördern und die bereits ein abgeschlossenes Studium hinter sich haben (es sind keine Studenten, sondern junge professionelle Künstlerinnen und Künstler), eine Zeit, die wir eine Zeit ohne Eigenschaften nennen. Es ist eine Zeit, über die sie selber verfügen. Das ist das eine. Das andere ist, dass man auf Menschen trifft, denen man sonst außerhalb von Solitude nicht begegnen würde. Es ist ein kleiner Mikrokosmos von Menschen aus allen Kontinenten und allen Arbeitsbereichen, der sich hier trifft. Er besteht nicht nur aus den Künsten, wie vorhin gesagt, sondern auch aus den Wissenschaften. Es ist eine Horizonterweiterung, die sehr prägend ist für die Stipendiaten, die durch dieses Programm gelaufen sind.

THOMAS KOCH
Es gibt inzwischen sehr erfolgreiche Namen – Karin Beier und René Pollesch zählen dazu.

JEAN-BAPTISTE JOLY
Karin Beier, die jetzt Intendantin vom Deutschen Schauspielhaus Hamburg ist. Vor allem der berühmte Maler Neo Rauch war in unserem Sonderprogramm »Reisestipendien für DDR-Künstler« 1990. Da waren wir etwas weitsichtiger als viele Fördereinrichtungen. Durs Grünbein gehörte auch dazu.

THOMAS KOCH
Oder Raoul Schrott. Und Neo Rauch, das ist ja besonders apart, hat mit Ihrer Unterstützung seine erste Italienreise antreten können.

JEAN-BAPTISTE JOLY
Wir haben einen sehr schönen Brief von ihm, in dem er seine Begegnung mit einer Freske von Giotto in Italien beschreibt. Diese erste Begegnung war prägnant für ihn und hat sicherlich dazu beigetragen, dass er von seiner expressiv abstrakten Malerei überging zu dieser zurückhaltenden und dekorativen Malerei.

THOMAS KOCH
Jean-Baptiste Joly, Sie sind ein deutlicher Verfechter öffentlicher Kulturausgaben, also Förderung von Kultur und Bildung durch die öffentliche Hand, und Sie bezeichnen Kultur und Bildung als Säulen der Demokratie. Wieso?

JEAN-BAPTISTE JOLY
Ich bin nach wie vor in der Tradition der Aufklärung. Ich glaube nach wie vor, wenn man die Bürgerinnen und Bürger einer Gesellschaft mit Kulturthemen konfrontiert, mit diesem Denken, das auch dazu beiträgt, dass man das eigene Leben reflektieren kann, dass man daraus sicherlich auch einen Sinn für die eigene Reflektion über seinen Platz in der Gesellschaft hat. Das sind für mich die Fundamente. Also Demokratie geht nicht ohne Aufklärung.

THOMAS KOCH
Stichwort: Werte. Sie haben vor einigen Jahren versucht, Kultur, Kunst und die Bereiche, die sowieso schon bislang in der Akademie angesiedelt waren, mit der Wirtschaft zu verzahnen. Es gibt ein Programm »Art, Science and Business«. An wen wenden Sie sich damit?

JEAN-BAPTISTE JOLY
Ich wollte diese Bereiche der Kultur und der Kunst nicht nur mit der Wirtschaft, sondern auch mit den Wissenschaften verbinden. Wir wollten in diesem Programm die drei Domänen zusammenhaben. Ein Gesichtspunkt war die Erkenntnis der Kraft unseres Künstlernetzwerkes weltweit. Es ist ein weltweites Netzwerk von Künstlern, die sich untereinander kennen und erkennen (»Ach, du warst auf Solitude?«). Das ist ein Schatz für alle, die hier im Haus waren. Ich stellte mir vor, wie es wäre, wenn in diesem Netzwerk auch ehemalige Stipendiaten teilnehmen würden, die in völlig anderen Bereichen arbeiten – im Bereich der Wissenschaften oder der Wirtschaft, wenn sie diese gleiche Nähe zu den Stipendiaten hätten und keine Künstler wären. Daraus ließe sich ein ungeahntes soziales Potential entwickeln.

> Ich glaube daran, dass eine Zeit sich Fragen stellt, die sich in den verschiedensten Bereichen wiederfinden.

Das zweite war die Erkenntnis, dass die Fragen, die sich die Wissenschaften, die Wirtschaft und auch die Künste stellen, nicht immer, aber oft, die gleichen sind.

THOMAS KOCH
Nämlich?

JEAN-BAPTISTE JOLY
Wenn man sich heute Gedanken über den Unterschied zwischen Mann und Frau oder zwischen Leben und Tod macht, dann sind das Fragen, die man sich ebenso in der Medizin, in der Pharmaindustrie, in den Künsten, in der Literatur wie in den Wissenschaften stellt. Ich glaube daran, dass eine Zeit sich Fragen stellt, die sich in den verschiedensten Bereichen wiederfinden, und dass diejenigen, die die Fragen formulieren, nicht wissen, dass zur gleichen Zeit in anderen gesellschaftlichen Kreisen anders über dieselbe Frage diskutiert wird.

THOMAS KOCH
Wie setzen Sie das konkret um?

JEAN-BAPTISTE JOLY
Das mussten wir lernen. Wir haben ab 2002 kleine Workshops organisiert zum Thema »Einsamkeit der Netzwerke«. Eine Gruppe von zwölf Personen traf sich einmal pro Monat sechs Monate lang. Es waren Soziologen, Sozialwissenschaftler, Geografen und Künstler, die sich mit Netzwerktheorie befassen, und junge Manager, die mit ihren Alumni-Kreisen vernetzt in verschiedenen Unternehmen in Deutschland und in der Schweiz arbeiten. Die haben wir zusammengetan, um zu sehen, wie sie über Netzwerke reden und ob sie eine gemeinsame Sprache finden.

THOMAS KOCH
Und was haben die Netzwerker in der Wirtschaft von den Künstlern gelernt?

JEAN-BAPTISTE JOLY
Ich zitiere einen Satz von einem Elektroingenieur, der beim Konzern Bosch hier in Stuttgart arbeitet. Er war skeptisch, er war von sechs Wochenenden vier Wochenenden lang skeptisch. Aber er kam immer wieder und in seinem Abschlussbericht schrieb er den Satz »Ich musste zuerst lernen zu schätzen, was uns von den Künstlern in diesem Haus angeboten wurde.« Das heißt, es sind Ressourcen, die außerhalb der Kreise, die sich für Kultur interessieren, nicht bekannt sind. Und jetzt komme ich zu dem Punkt: was ist das denn?

Beginnen wir mit Literatur. Die Basis von literarischen Texten ist ihre Mehrdeutigkeit. Wie gehe ich mit einem Text um, der etwas sagen kann aber auch etwas anderes. Die Mehrdeutigkeit als Grundprinzip der Literatur lehrt uns außerhalb des binären Systems von diesem »Entweder – Oder«. Die Literatur bringt uns bei, dass es Phänomene gibt, in denen es weder falsch noch richtig gibt oder auch beides. Und das zu lernen, wenn man aus Ingenieur- oder Wirtschaftswissenschaften kommt, ist ein ganz wichtiges Phänomen, mit dem auch in dieser immateriellen Finanzwelt, in der wir leben, sehr viele Menschen langsam umzugehen lernen.

Der zweite Aspekt ist der Aspekt der Non-linearität. Ich bleibe beim Beispiel der Literatur, weil es sich am leichtesten erklären lässt. Sie haben zwar einen Text, der linear abläuft, d.h. die Wörter werden aneinandergereiht, aber wenn Sie genauer hinschauen, können Sie auch jenseits der semantischen Kette der Wörter einzelne Wörter anders kombinieren. Es sind Reime, rhetorische Figuren, Konstruktionen, die auf eine andere als auf die lineare Struktur der Semantik verweisen. Und das zu lernen, eine non-lineare Lektüre von Texten zu lernen, ist ganz wichtig, um sich von diesem sogenannten linearen Denken zu befreien.

THOMAS KOCH

Dass die Seminaristen, die Stipendiaten irgendwann von dem Geist einer solchen Veranstaltung mitgerissen werden, das kann ich mir gut vorstellen. Aber was sagen die entsendenden Firmen, wenn die zurückkommen?

JEAN-BAPTISTE JOLY

Das ist eine interessante Frage. Wir haben am Anfang vielleicht den Fehler gemacht zu glauben, dass wir als Kulturinstitution möglicherweise Firmen bei der Klärung ihrer Probleme helfen könnten. Aber das ist nicht unsere Aufgabe. Dann haben wir verstanden, dass wir einzelne Personen fördern und weiterbringen. Aber ob es sich dann für ein Unternehmen umsetzt, ist eine Frage, die nicht von uns geklärt werden kann. Wir wollen in erster Linie Privatpersonen vernetzen und an dieser Erfahrung teilhaben lassen. Was sie daraus in ihren Firmen machen, ist ihr eigenes Thema, wobei Sie sofort von Firmen sprechen und an große Unternehmen denken. Wir stellen fest, dass wir bei selbstständigen Beratern, Coaches usw. eigentlich noch mehr Erfolg hatten. Auch als Vermittler sind Coaches wichtig, die in der Lage sind, die Erfahrung mit Künstlern für Wirtschaftsleute verbal verständlich zu machen.

THOMAS KOCH
Es gibt ja inzwischen viele Workshops, die über reine Vermittlung von Fachwissen hinausgehen und sie sind sehr beliebt. Das geht von dem inzwischen fast berüchtigten Überlebenstraining bis hin zu Veranstaltungen im Kloster, die beispielsweise der Benediktinerpater Anselm Grün sehr erfolgreich für Daimler Benz anbietet. Aber hier sind die Parallelen leichter zu ziehen, zumal wenn es sich um Führungskräfte handelt. Wie ist denn das bei der Kunst? Wie schwer ist es da, Parallelen zu dieser materiellen Welt zu ziehen?

JEAN-BAPTISTE JOLY
Ein Thema, das uns in den letzten Jahren immer wieder beschäftigt hat, war das Thema: »Was sind die günstigen Bedingungen, die Innovation fördern?« Mit dem Thema werden wir hier im Bereich der Kunst stark konfrontiert. Wir haben im Gespräch mit verschiedenen Firmen gesehen, wie diese Themen und die Art, wie wir das bei uns zu klären versucht haben, für sie gewinnbringend ist.

Ein Beispiel:
Die Solitude-Stipendiaten gehen durch ein strenges Jury-Verfahren. Wir erhalten jedes zweite Jahr 1800 Bewerbungen. Die Jury der Akademie wählt 60 bis 65 Personen aus, allesamt exzellente junge Künstlerinnen und Künstler oder auch Wissenschaftlerinnen und Wissenschaftler mit hoher Motivation und exzellentem Fachwissen. Was wir ihnen geben, sind Freiräume zum Denken, die Zeit, die zur Verfügung steht und auch Anschlussmöglichkeiten mit anderen, Austauschmöglichkeiten und Zugang zu guten Informationsquellen. Dabei schauen wir nicht auf vorgegebene oder zu erwartende Ergebnisse, sondern lassen sie aufeinander agieren.

Im Gespräch mit verschiedenen Firmen, die im Bereich der Innovation auch versuchen, eigene Labors zu gründen, waren wir überrascht, wie sehr sich unsere Methoden ähnelten.

Es gibt aber einen wesentlichen Unterschied: Wir freuen uns über jeden Stipendiaten, der unser Haus nach dieser prägenden Erfahrung verlässt, weil wir wissen, er ist für die künftigen Jahre ein Botschafter der Idee von Solitude. Während die großen Firmen, die dieses Risiko eingehen, es als eine Niederlage betrachten, wenn sie von einem Mitarbeiter verlassen werden, weil er woanders angeheuert wurde. Wir sagen dann: Im Gegenteil, ihr müsst lernen, wenn ihr die Leute so geprägt und weitergebildet habt, dass es sogar gut für euch ist, dass sie weggehen, denn sie tragen eure Idee weiter.

THOMAS KOCH
Obwohl Sie sich inzwischen auch dieser Welt der Wirtschaft zugewandt haben, ist dennoch immer wieder gelegentlich der Vorwurf zu hören, zuletzt anlässlich des 20. Jubiläums der Akademie Solitude, die Akademie sei ein Elfenbeinturm vor den Toren Stuttgarts und mache zu wenig aus sich. Sie gingen zu wenig nach draußen. Wie begegnen Sie diesem Vorwurf?

JEAN-BAPTISTE JOLY
Wer auf Solitude ist und die Ausstellung eines kongolesischen Künstlers sieht, die die Kriegsverhältnisse in seinem Land zeigt, oder ein Symposium über Design, Gestaltung und Produktion besucht, wird mit der Realität von heute konfrontiert, nicht mit einem Elfenbeinturm.

Für ein Haus dieser Größe mit einem kleinen Team hört man verhältnismäßig viel von uns. Einige Veranstaltungen organisieren wir für ein breites Publikum, wie vor kurzem unseren Solitude-Tag, an dem Hunderte von Besuchern teilgenommen haben, oder wie unsere jüngste Open-Air-Opernproduktion »Orfeo« im Hof des Schlosses.

Es ist aber so als wenn Sie einem Max-Planck-Institut für Festkörperforschung vorwerfen würden, dass zu wenige Impulse nach außen kommen. Die Impulse kommen, die sehen Sie dann später bei der Documenta, in Venedig auf der Biennale, in Donaueschingen oder Sie sehen sie im MoMA, oder Sie sehen sie in Princeton. Es ist genauso wie die Anwendung von Forschungsergebnissen in einem Labor. Aber im Gegensatz zu einem Max-Planck-Institut sind wir immer wieder offen, weil wir nämlich mit den Öffentlichkeitsmitteln der Kultur arbeiten und nicht mit denen der Wissenschaft, die sich nach wie vor mit dem sogenannten »Public Understanding of Science« schwer tut.

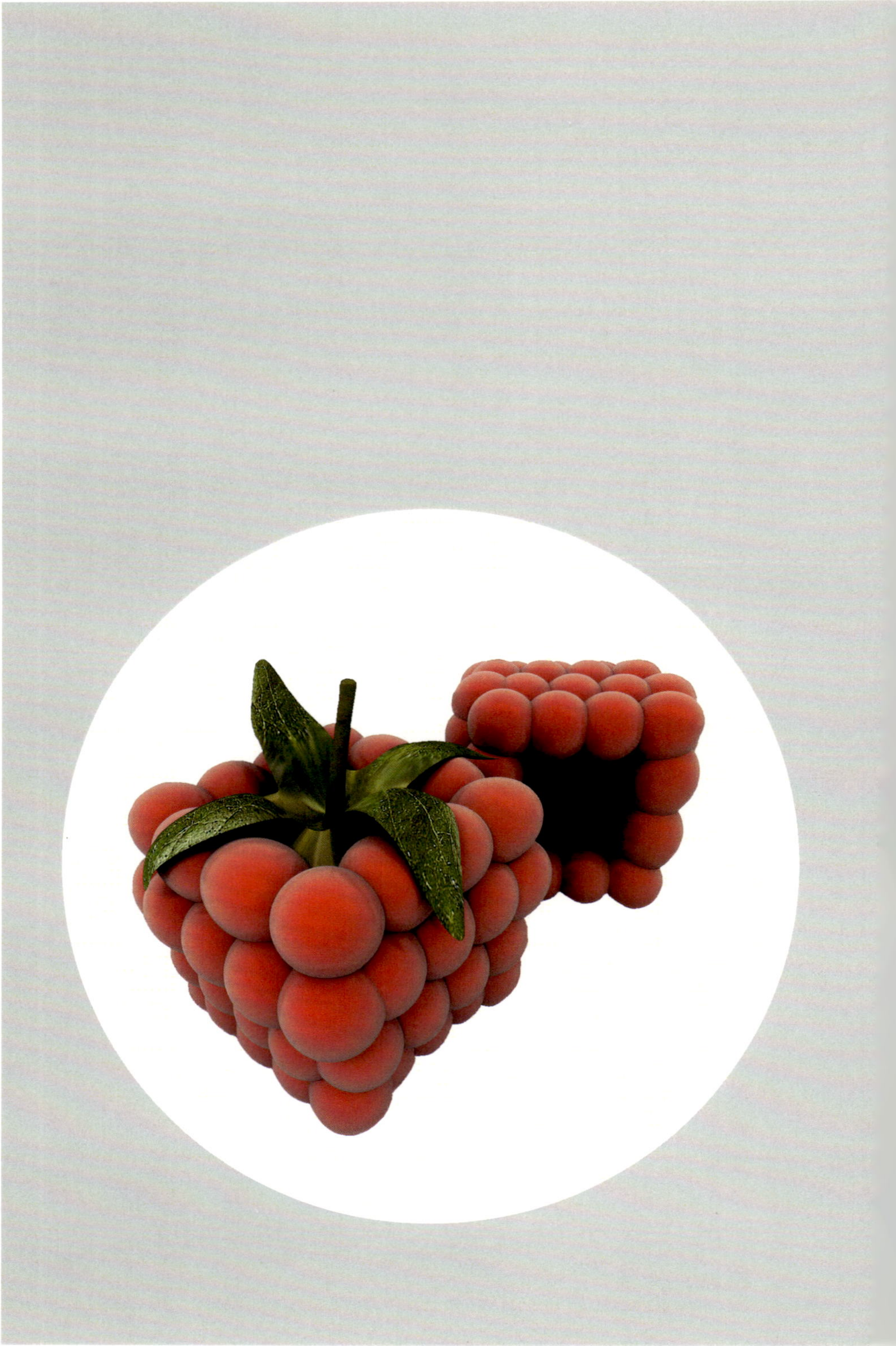

SIND QUADRATISCHE HIMBEEREN ZUKUNFTSFÄHIG?

Werner Preißing

VISUAL THINKING
DAS LANGSAME VERFERTIGEN VON GEDANKEN IN BILDERN

VORWORT

Eine gute Methode, sich selbst mit einem Problem auseinanderzusetzen oder mit anderen zu diskutieren, besteht darin, die Problemstellung zeichnerisch darzustellen. Charakteristisch für die dabei schrittweise entstehenden Denkskizzen sind die Popper'schen »Probierbewegungen«, denn es handelt sich bei diesem Prozess nicht um die Illustration von etwas fertig Gedachtem, sondern um die Visualisierung des Denkprozesses selbst einschließlich aller Versuche und Irrtümer.

»Alles Leben ist Problemlösen«, so Karl R. Popper und er erklärt »Versuch und Irrtum« im Sinne von »Probierbewegungen« zur wesentlichen Komponente des Lebens allgemein und des Problemlösungsprozesses. Physische und geistige »Probierbewegungen« sind nach Popper auch die Grundlage allen Lernens.

Fähigkeiten zum »problemlösenden Denken« sollen in der neuen PISA-Studie 2012 (ACER, Australian Council for Research on Education, im Auftrag der OECD) neben Fähigkeiten zum analytisch-logischen Denken besondere Bedeutung finden. Dabei geht es im Wesentlichen um die Lösung komplexer, fachübergreifender Problemstellungen. Ein Hilfsmittel zur Lösung solcher, in der Regel non-linearer Probleme ist die vom Verfasser entwickelte Faktorenfeldmethode[1] in Verbindung mit einer Bildsprache, die u.a. Symbole aus der Systemanalyse verwendet. Im folgenden Beitrag werden Beispiele für die Vorteile visueller Darstellungen gezeigt.

1. VISUALISIERUNG – EIN THEMA, SO ALT WIE DIE MENSCHHEIT

Von den Höhlenmalereien in Lascaux (Abb. 1) über die Inschriften auf Granitplatten in Newgrange (Abb. 4) bis hin zu den Thangkas (Abb. 2, 3), die von tibetischen Mönchen auf der Flucht vor chinesischen Agressoren aufgezeichnet und in entlegene Bergdörfer mitgenommen wurden, mit dem gesamten Heilwissen der Tibeter auf insgesamt 80 Tafeln, reicht die Spanne über Dokumentationssysteme wie Mind Mapping (Abb. 5) bis zu den computergestützten Grafiken, Charts, Torten- und Spinnendarstellungen, z.B auf EXCEL-Basis (Abb. 6), um Zahlenzusammenhänge zu veranschaulichen.

---

[1] | Preißing, Werner: Visual Thinking, Probleme lösen mit der Faktorenfeldmethode, Freiburg: Haufe 2008.

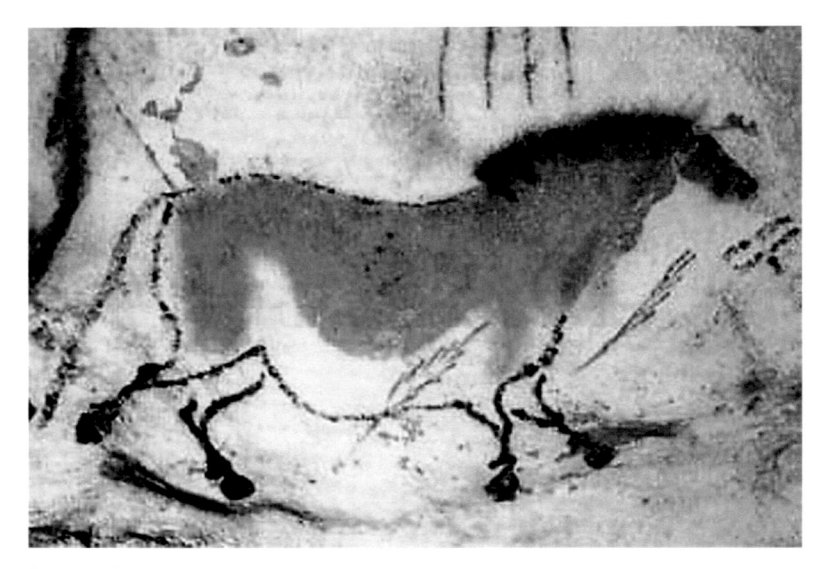

Abbildung 1: Höhlenmalerei, Lascaux, Frankreich

Abbildung 2: Tibetan Medical Thangka of the four Medical Tantras Cai Jingfeng, July 1987, Lhasa

Abbildung 3: Tibetan Medical Thangka of the four Medical Tantras Cai Jingfeng, July 1987, Lhasa, Behandlung (Detail)

VISUAL THINKING 191

Abbildung 4: Verzierter Steinblock (Türstein). Hügelgrab, Newgrange, Irland

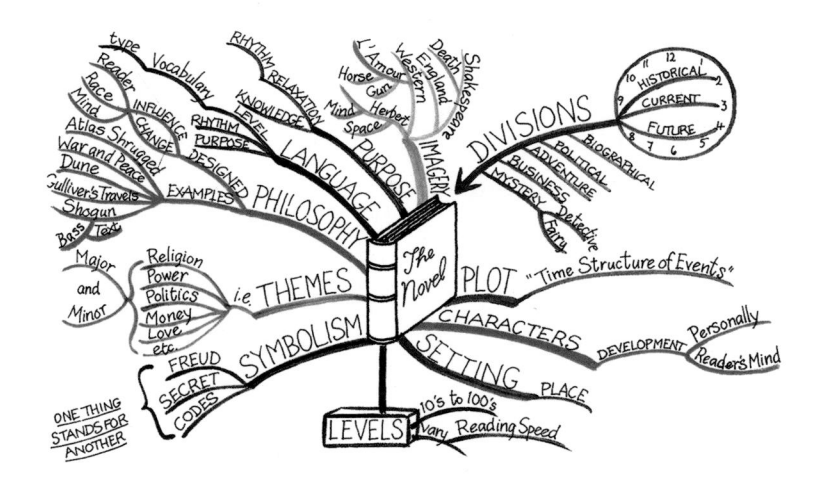

Abbildung 5: Mindmap

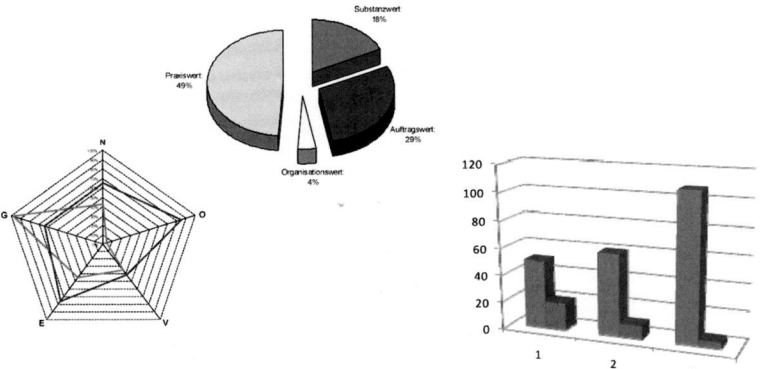

Abbildung 6: Diverse Chartdarstellungen

So interessant es ist, die Geschichte der zeichnerischen Darstellungen, Zeichen, Icons, Signale bis hin zu Firmenlogos in der Geschichte und in der Gegenwart zu verfolgen, so wenig hat dies mit dem Thema »Visual Thinking« zu tun. Visual Thinking ist das Denken in Bildern, Zeichnungen, Skizzen, um sich selbst (oder anderen) etwas zu veranschaulichen. Die Ergebnisse sind keine Illustration des Gedachten, keine plakativen Signale, sondern repräsentieren einen Denkprozess.

So wie über die »allmähliche Verfertigung der Gedanken beim Reden« (Kleist, »Der zerbrochene Krug«), die »Verdichtung in der Poesie durch Schreiben« (A.J. Weigoni), die »allmählichen Verfertigung der Gedanken beim Komponieren« (Dieter Ammann) die Rede ist, gilt dies auch für die »allmähliche Verfertigung der Gedanken beim Zeichnen«.

Zeichnen wird dabei vorwiegend im Bereich der Architektur und Kunst angesiedelt (Roland Knauer, Wolf Hamm). Manche Künstler werden als »manische Zeichner« tituliert. In der Tat ist die Beobachtung des künstlerischen Prozesses, so wie z.B. bei Picasso zu verfolgen in dem sehenswerten Film von Henri-Georges Clouzot aus dem Jahre 1955, höchst aufschlussreich. Es wird entworfen, verworfen, verdichtet, völlig umgeworfen und am Ende erscheint das Ergebnis in seinem Kern geradezu herausgeschält. Die dahinterliegenden Gedankengänge, der Prozess, der Kampf mit den eigenen Gedanken ist analytisch nicht nachvollziehbar. Die Tafelaufschriebe von Joseph Beuys (Abb. 7) entstanden während seiner Vorlesungen, ebenso wie die sog. steinerschen Tafelbilder (Abb. 8).

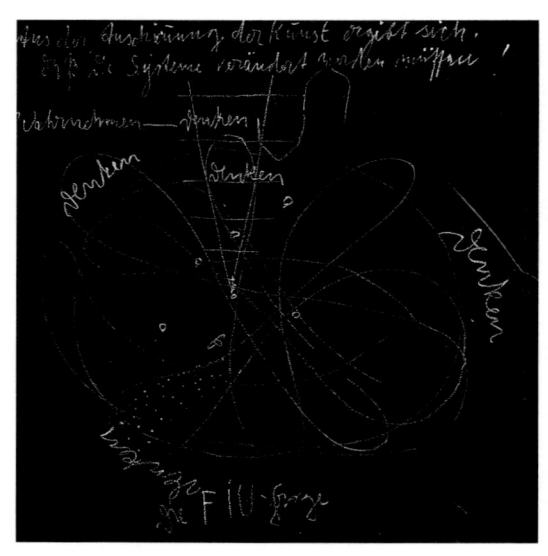

Abbildung 7: Joseph Beuys, Tafelbild

Beuys und Steiner haben bei allen Unterschieden in ihren Denkansätzen und ihrer Aussage eines gemeinsam: Die zeichnerische Darstellung dient nicht

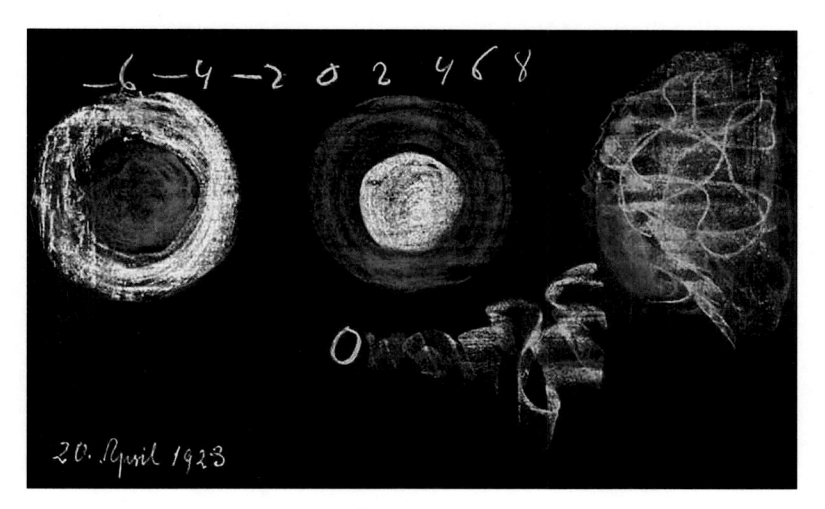

Abbildung 8: Rudolf Steiner, Wandtafelzeichnungen 1919 – 1924

zur Illustration des Gedachten, sondern sie repräsentiert den Denkprozess selbst. Visual Thinking orientiert sich dabei an konkreten Fragen und Problemen.

Charakteristisch für solche Visualisierungen sind

- kurze, knappe Darstellung
- Reduktion auf das Wesentliche
- OPO-Prinzip, one page only

Denkskizzen sind hilfreich, um sich selbst über einen Sachverhalt, eine Problemstellung Klarheit zu verschaffen und diesen Sachverhalt mit anderen zu diskutieren. Eine gute Denkskizze entsteht dabei nur selten im Handstreich, sondern sie entwickelt sich ähnlich dem erwähnten bildnerischen Prozess bei Picasso allmählich durch Hinzufügen, Weglassen, Verwerfen und Vereinfachen. Ist sie (vorläufig) fertig, sieht sie schlicht und reduziert aus – wenn sie gut ist – so wie das bei einem guten Kunstwerk der Fall ist. Die Essenz eines Gedankens, einer Idee kann nur vermittelt werden, wenn sie ohne unnötige Schnörkel dargestellt wird.

Eine gute Denkskizze hat eine ästhetische Anmutung. Falls nicht, wurde falsch gedacht, oder die Logistik des beschriebenen Systems an sich ist nicht stimmig.

2. AUFLÖSUNG VON BARRIEREN DURCH SKIZZEN

Unverständliche Texte und Darstellungen erzeugen Barrieren, errichten Schranken zwischen »Wissenden« und »Unwissenden«. Manchmal führen sie auch in die Irre.

Ein amüsantes Beispiel findet sich bei Karl. R. Popper, der einen Text seines Kollegen Habermas »übersetzt«:

Zitate aus Habermas' Aufsatz	Poppers Übersetzungen
Die gesellschaftliche Totalität führt kein Eigenleben oberhalb des von ihr Zusammengefassten, aus dem sie selbst besteht.	Die Gesellschaft besteht aus den gesellschaftlichen Beziehungen.
Sie produziert und reproduziert sich durch ihre einzelnen Momente hindurch.	Die verschiedenen Beziehungen produzieren irgendwie die Gesellschaft.
So wenig jenes Ganze vom Leben, von der Kooperation und dem Antagonismus des Einzelnen abzusondern ist,	Unter diesen Beziehungen finden sich Kooperation und Antagonismus; und da (wie schon gesagt) die Gesellschaft aus diesen Beziehungen besteht, kann sie nicht von ihnen abgesondert werden.
so wenig kann irgendein Element auch bloß in seinem Funktionieren verstanden werden ohne Einsicht in das Ganze, das an der Bewegung des Einzelnen selbst sein Wesen hat.	Aber das Umgekehrte gilt auch: Keine der Beziehungen kann ohne die anderen verstanden werden.
System und Einzelheit sind reziprok und nur in der Reziprozität zu verstehen.	(Wiederholung des Vorhergehenden.)

Wer verstanden werden will, muss sich deutlich und unmissverständlich ausdrücken – soweit dies die Sprache als Medium erlaubt. Sprache an sich bietet in Bezug auf die Eindeutigkeit von Aussagen keine unbegrenzten Möglichkeiten. Hierzu ein einfacher Satz aus dem Gebiet der Aussagenlogik:

»Der alte Mann sieht die drei Mädchen oben auf dem Hügel.«

Dieser Satz ist semantisch legitim, lässt sich aber ohne Probleme unterschiedlich interpretieren: Entweder der alte Mann ist unten und sieht die Mädchen oben auf dem Hügel, oder er ist oben und die Mädchen sind unten. Beides kann gemeint sein.

Interessanterweise wird auch der relativ klare Satz »Kunst fördert Wirtschaft« (SPO = Subjekt, Prädikat, Objekt) – glücklicherweise nur in vereinzelten Fällen – genau umgekehrt verstanden, als er vom Veranstalter gemeint ist. Die Konnotation »Wirtschaft fördert Kunst« ist derart verfestigt, dass der Satzbau im Sinne von OPS (Objekt, Prädikat, Subjekt) verstanden wird, wie z.B. bei Sätzen wie »Martin fördert das Leben«, »Clarissa fördert die Theorie«, »Verdauung fördert Rizinusöl«.

Eindeutiger ist eine Zeichnung.

Ist es so?

...oder so?

Abbildung 9: Eindeutigkeit bildhafter Darstellungen

Unmittelbar verständlicher ist eine Visualisierung:

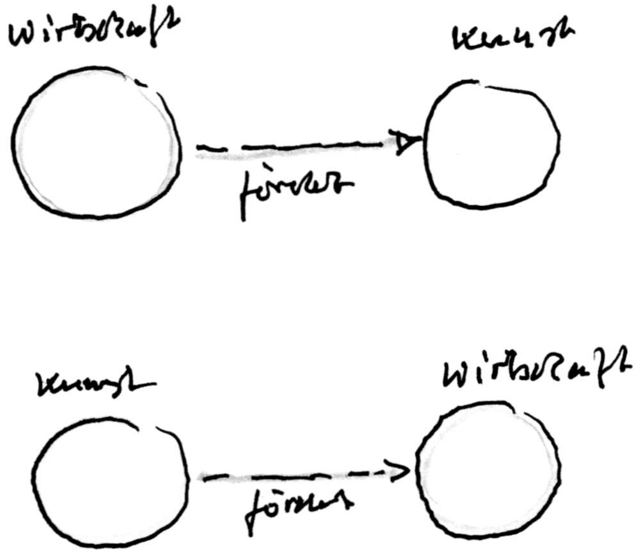

Abbildung 10: Kunst fördert Wirtschaft

Abgesehen davon, dass sich solche Sätze eindeutiger formulieren lassen, wird aus den Missverständnissen deutlich, wie exotisch es offensichtlich anmutet, dass ausgerechnet die Kunst Wirtschaft fördern soll und nicht umgekehrt Wirtschaft die Kunst.

Ein weiteres Beispiel: Folgender Satz zur Definition des Systembegriffs wird normalerweise erst nach mehrmaligem Lesen verständlich:

WIKIPEDIA

»System (v. griech. σύστημα, systema, ›das Gebildete, Zusammengestellte, Verbundene‹; (Pl. Systeme) bezeichnet ein Gebilde, dessen wesentliche Elemente (Teile) so aufeinander bezogen sind und in einer Weise wechselwirken, dass sie (aus einer übergeordneten Sicht heraus) als aufgaben-, sinn- oder zweckgebundene Einheit (d.h. als Ganzes) angesehen werden (können) und sich in dieser Hinsicht gegenüber der sie umgebenden Umwelt auch abgrenzen.«

Diese Definition des Begriffes »System« lässt sich visuell so darstellen, dass sie erheblich einfacher zu verstehen ist:

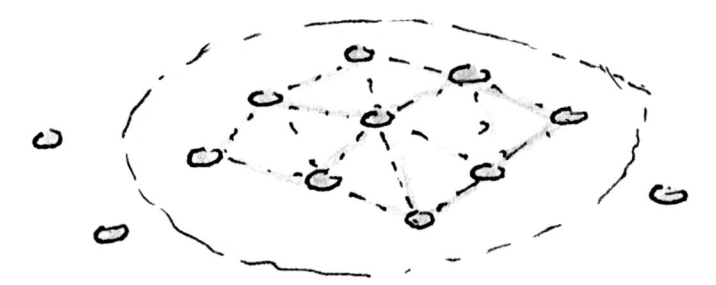

Abbildung 11: System mit seinen Elementen in einem abgegrenzten Gebiet

Präzisieren ließe sich auf Basis dieser Zeichnung: Ein System besteht aus Elementen (Punkten) und Relationen (gestrichelten Linien). Elemente können dabei Prozessoren, Organismen, Unternehmen sein. Relationen sind z.B. Informationen, Leistungen, Waren, Energieflüsse. Außerdem wird deutlich, was mit Systemgrenzen gemeint ist. Die übergeordnete Sichtweise des Betrachters lässt sich in der dritten Dimension darstellen. Was wir als System definieren, hängt von unserer Idee, unserer Sichtweise ab. Die Zusammengehörigkeit von Teilen zu einem Ganzen ergibt sich aus einer übergeordneten Idee.

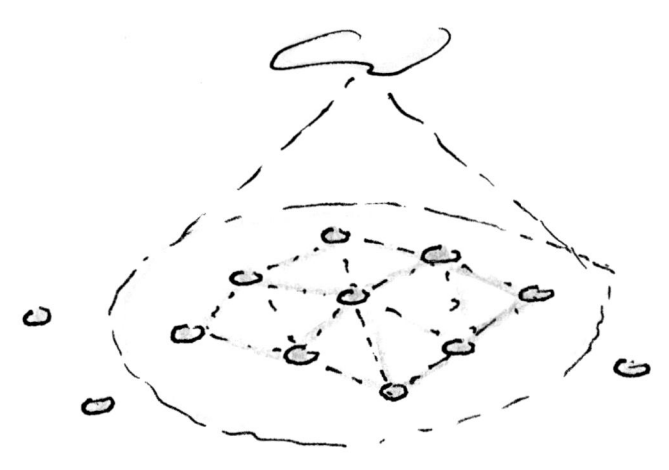

Abbildung 12: Sichtweise

Die Darstellung in dieser Form wirft Fragen auf, erleichtert Analogieschlüsse und ermöglicht es einfach, die systemische Sichtweise auf andere Gebiete zu übertragen.

Generell ist ein Charakteristikum des Repertoires von Visual Thinking die Einbeziehung des Betrachters, des Wertenden, Entscheidenden durch Einführung der dritten Dimension. Die Unterscheidung wird durch die Verwendung von Farben unterstützt. »Gelb« ist die Farbe der Idee, die »Wolke«, »blaugrün« ist die Farbe der Fakten, der materiellen Komponenten.

3. WIE GEHT DER PROZESS DES LANGSAMEN VERFERTIGENS VON GEDANKEN IN BILDERN?

Abbildung 13: Denkskizze zur Vortragsvorbereitung

Denkskizzen entstehen in einem Prozess von »Versuch und Irrtum«, d.h. von »Probierbewegungen« auf einem Blatt Papier, einer Flip-Chart oder einer Tafel. Die erste Skizze beinhaltet die Überlegung, in welchen Situationen Denkskizzen hilfreich sein können, A beim Nachdenken im »stillen Kämmerlein«, B bei (Beratungs-) Gesprächen, C in einer Gesprächsrunde an der Flip-Chart.

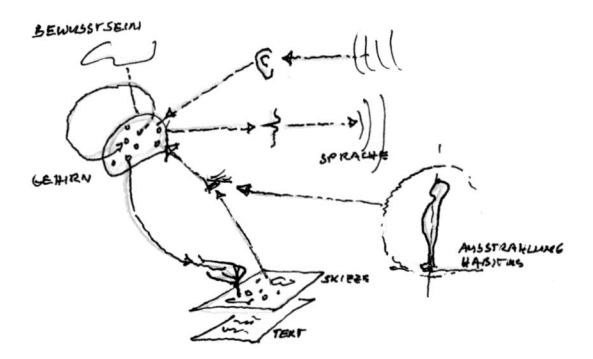

Abbildung 14: Denkskizze zum »Visual Thinking«

Anschließend wird die Skizze auf die eigentliche Fragestellung konzentriert, was denn »Visual Thinking« im Kern bedeutet.

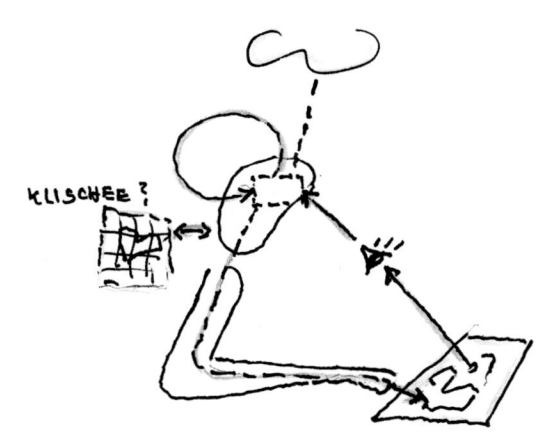

Abbildung 15: Vereinfachte Denkskizze

Für die beabsichtigte Kernaussage ist diese vereinfachte Denkskizze völlig ausreichend.

4. BEISPIELE AUS DEM BEREICH MANAGEMENT

4.1 Strategie ist der Weg vom Standort zum Ziel

Anhand einiger Beispiele aus Management und Unternehmenspraxis soll gezeigt werden, welche Folgerungen praktischer Art sich aus der Visualisierung von Themen ableiten lassen.

Die klassische Managementtheorie fordert die Definition klarer Ziele, um angesichts der aktuellen Situation, des Status, daraus Strategien und in der Folge Maßnahmen abzuleiten. Das entsprechende Bild ist unmittelbar verständlich.

Abbildung 16: Lineare Betrachtung von Status zum Ziel

Allerdings lassen sich sowohl Ziel als auch Status in der Regel schwerlich mit einem Begriff oder Satz »definieren«. Status und Ziel stzen sich aus Komponenten zusammen, die zudem miteinander vernetzt sind. Daraus ergibt sich folgende Darstellung:

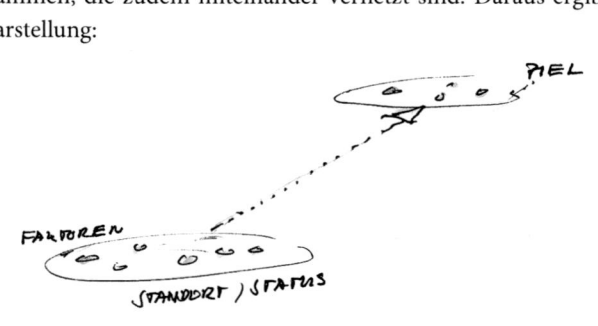

Abbildung 17: Non-lineare Betrachtung

Hinzu kommt, dass über die Faktenebene hinaus die subjektive Sichtweise von Status und Ziel eine ausschlaggebende Rolle spielt.

Damit ergibt sich eine Systemskizze, die als dritte Dimension die Ideenebene mit einbezieht.

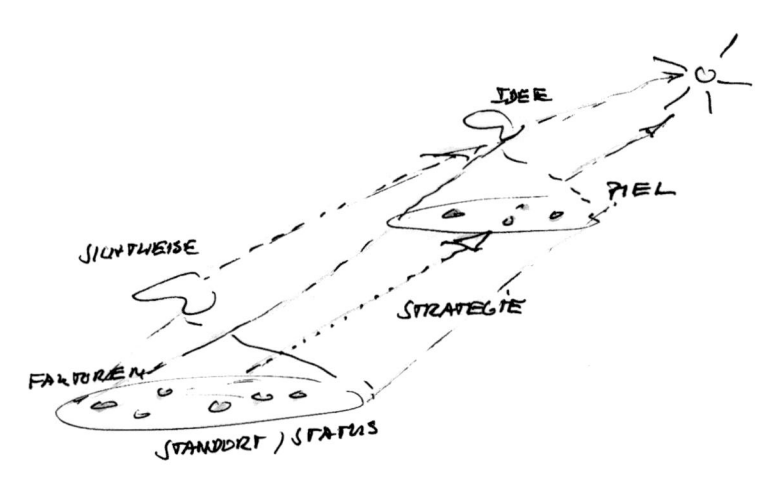

Abbildung 18: Non-lineare Betrachtung + Ideenebene

Diese Darstellung entspricht den realen Verhältnissen wohl besser als die lineare Start-Ziel-Darstellung.

4.2 Unternehmensorganisation

Bei der Organisation von Betrieben herrschen heute immer noch hierarchische Strukturen vor, auch wenn sie als »flach« bezeichnet werden.

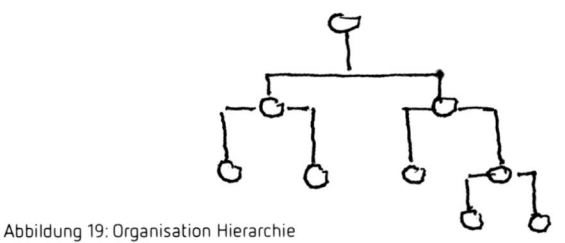

Abbildung 19: Organisation Hierarchie

Seit geraumer Zeit ist die Rede von vernetzten Strukturen, sowohl innerbetrieblich als auch betriebsübergreifend. Moderne Strukturen oszillieren zwischen Vernetzung und Hierarchie, d.h.: »Entscheidungsfindung im Netz, Umsetzung von Projekten in der Hierarchie«.

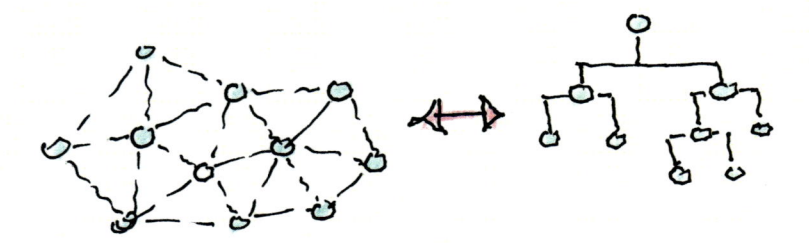

Abbildung 20: Organisation Hierachie – Netz

Aus der Verbindung der Ideenebene (gelb) mit der funktionalen Ebene (grün) ergibt sich die Spindelstruktur als Organisationsform von Unternehmen

Abbildung 21: Einfache Spindelstruktur: funktionale Organisation

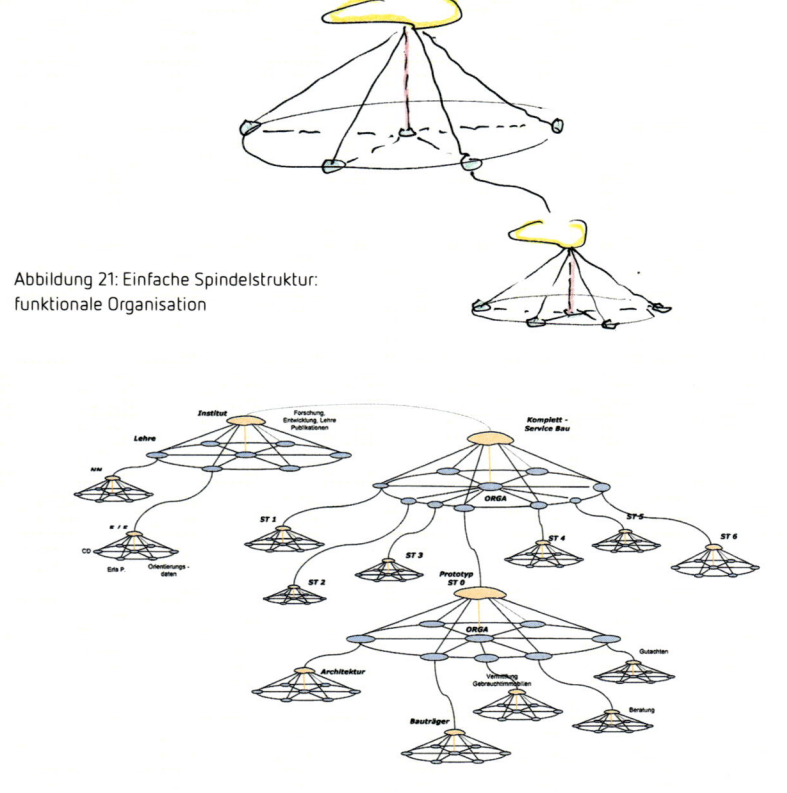

Abbildung 22: Komplexe Spindelstruktur: Organisation eines Unternehmens in der Baubranche

4.3 OPO-Darstellung

Im Rahmen der Betreuung von Master Thesen in meinem Studiengang »Architektur Management« an der Steinbeis-Hochschule Berlin üben die Absolventen, den Kern ihrer Arbeit auf einem Blatt darzustellen – »one page only«.

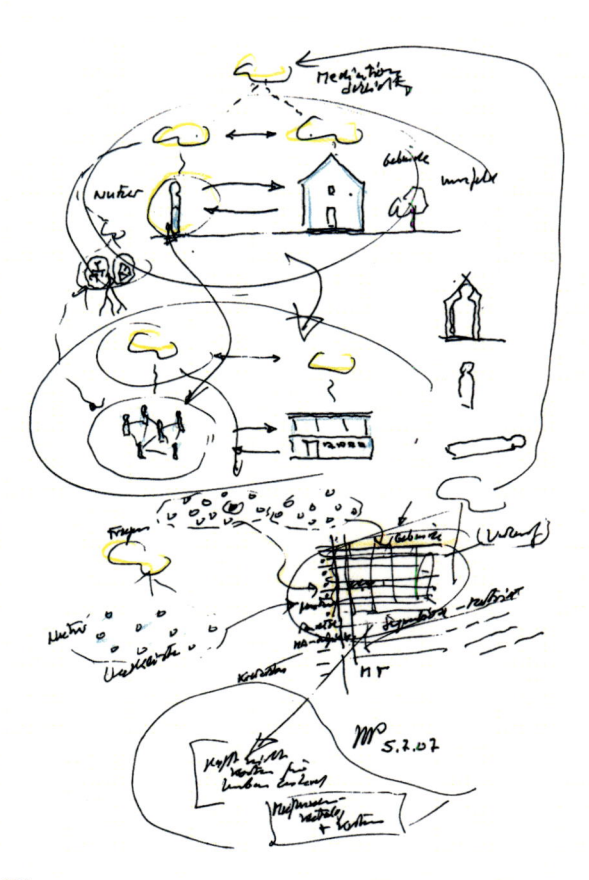

Abbildung 23: OPO

Ziel der vorliegenden Arbeit war die Entwicklung einer nutzergerechten Dienstleistungsidee. Diese besteht in einer »Mediation« zwischen der Idee, den Vorstellungen des Nutzers und der vorhandenen Idee, Ausstrahlung des Bauwerks. Zur Transformation wurde eine Entscheidungstabelle erarbeitet.

4.4 Management by Objectives

In einem mittelständischen Unternehmen der Baubranche wird darüber nachgedacht, wie die Ertragssituation verbessert werden kann. Die Relation von Gewinnen zu den Personalkosten hat sich in letzter Zeit zunehmend verschlechtert.

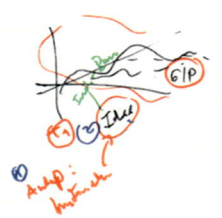

Abbildung 24:
Werner Preißing, Skizze

Es stellt sich die Frage nach den Unternehmenszielen, und ob diese von allen Mitarbeitern getragen werden.

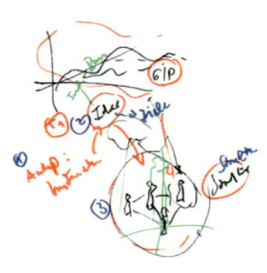

Abbildung 25:
Werner Preißing, Skizze

Korrespondiert die Struktur des Unternehmens mit der Idee?

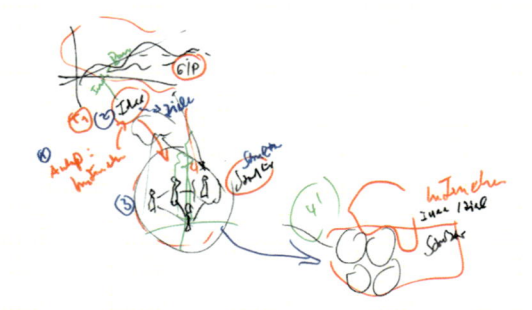

Abb.: 26:
Werner Preißing, Skizze

Aus den Unternehmenszielen kann in Bezug auf einzelne Funktionsbereiche ein SOLL-Kompetenzprofil abgeleitet werden.

VISUAL THINKING 205

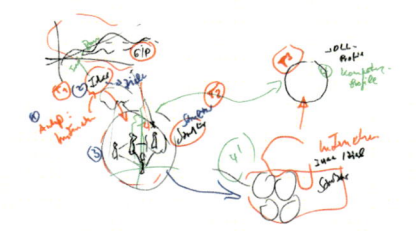

Abbildung 27:
Werner Preißing, Skizze

Entsprechend den spezifischen Kompetenzen der Mitarbeiter ergeben sich IST-Profile.

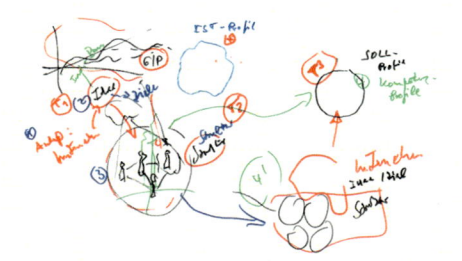

Abbildung 28:
Werner Preißing, Skizze

Aus der Abweichung von SOLL- und IST-Profilen ergeben sich Ansätze zur gezielten Verbesserung der Mitarbeiterkompetenzen und Maßnahmen zur Mitarbeiterführung durch Zielvorgaben (management by objectives).

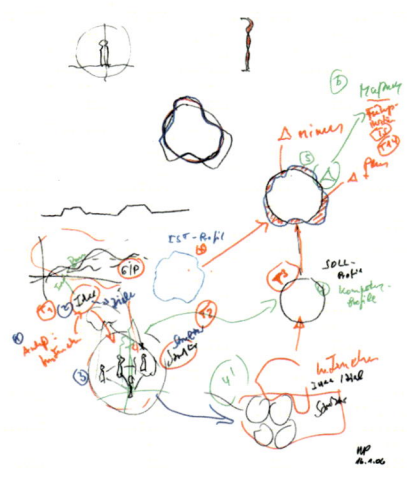

Abbildung 29:
Werner Preißing, Skizze

Die so ad hoc während der Besprechung auf der Flip-Chart entstandene Visualisierung wurde in unveränderter Form zur Einführung der Thematik in einer Mitarbeiterrunde verwendet.

5. VISUAL THINKING ALS WERKZEUG

Frühe Erfahrungen mit Denkskizzen hat wohl jeder schon in der Form von Spickzetteln gemacht, bei denen es darum ging, möglichst viele Inhalte auf kleinstem Raum darzustellen.

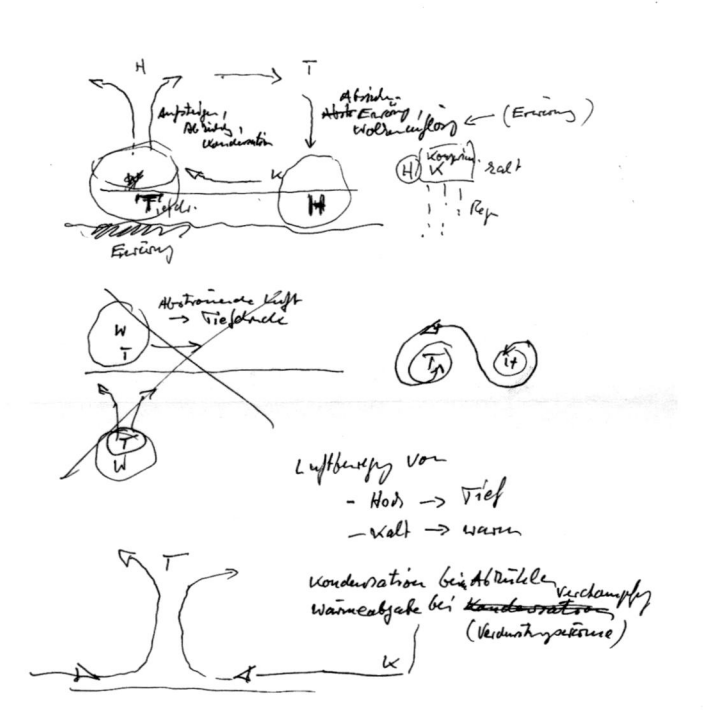

Abbildung 30: Spickzettel

Mein Zufallsfund aus dem Jahr 1962 in einem alten Physikbuch zeigt, dass ich mir auch damals schon Dinge besser vorstellen konnte, wenn ich sie aufgezeichnet habe. Im Verlauf der Jahre und nicht zuletzt auf der Grundlage meiner Arbeit als Systemanalytiker habe ich aus einzelnen Skizzen Systembausteine entwickelt, die in folgender Übersichtstabelle auszugsweise dargestellt sind.

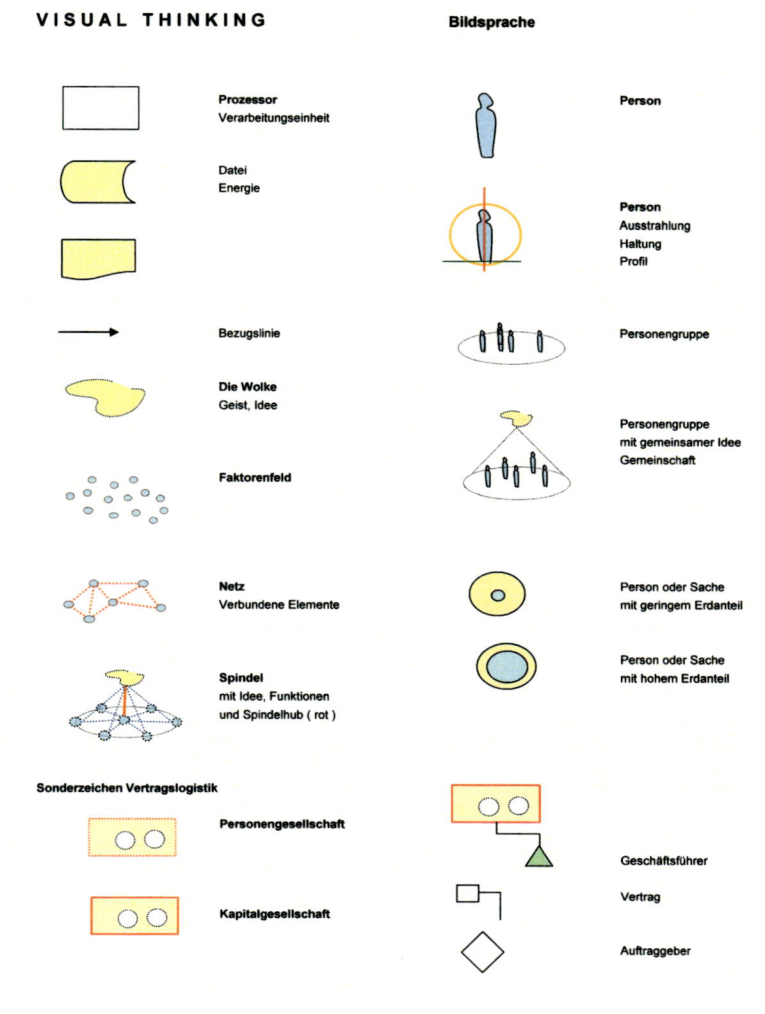

VISUAL THINKING	Bildsprache
Prozessor / Verarbeitungseinheit	Person
Datei / Energie	Person / Ausstrahlung / Haltung / Profil
Bezugslinie	Personengruppe
Die Wolke / Geist, Idee	Personengruppe mit gemeinsamer Idee / Gemeinschaft
Faktorenfeld	
Netz / Verbundene Elemente	Person oder Sache mit geringem Erdanteil
Spindel / mit Idee, Funktionen und Spindelhub (rot)	Person oder Sache mit hohem Erdanteil
Sonderzeichen Vertragslogistik	
Personengesellschaft	Geschäftsführer
Kapitalgesellschaft	Vertrag / Auftraggeber

Abbildung 31: Werkzeugkasten Visual Thinking

Mit den Sonderzeichen, dem Zeichenrepertoire für Vertragslogistik lassen sich komplexe Unternehmensverknüpfungen in einfacher Form und logistisch sauber darstellen.

Manchmal macht es auch Spaß, über Dinge einfach nur so nachzudenken. Beispielsweise entstand eine Denkskizze aus dem Nachdenken über die Abneigung gegenüber dem Wort »Vorlesung«. Erwachsenen Menschen etwas vorzulesen scheint manchmal etwas deplatziert. Das Wort »Reflektion«/»Reflexion« bietet sich hier an im weiteren Zusammenhang mit einem Spiegel. Auf dieser Spur entstand die Unterscheidung von Sichtbarkeit bzw. Unwissenheit ersten, zweiten und dritten Grades.

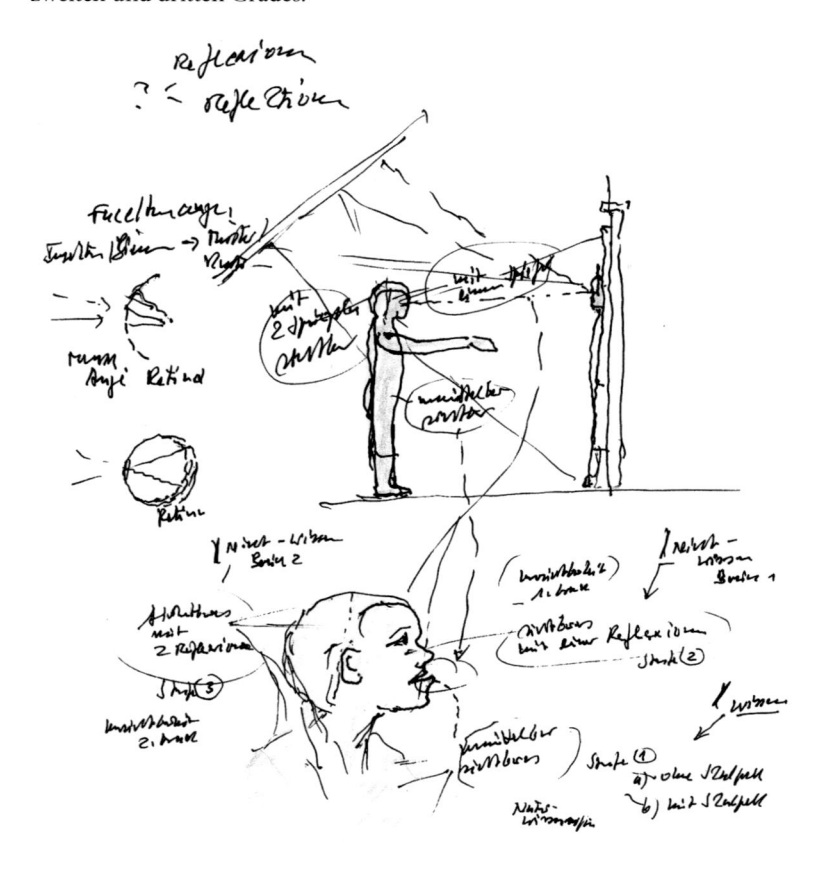

Abbildung 32: Reflexion

Visual Thinking erfolgt in folgenden Schritten:

- Ganzheitliches Erfassen des Themas
- Identifizieren der Hauptpunkte, Hauptlinien, Strukturen
- Reduktion auf das Wesentliche
- Unschärfe akzeptieren
- Wegdenken, spielerisch denken, Analogien suchen

Technisch gesehen geht es beim Umsetzen darum, Plattheiten zu vermeiden, (z.B. Smileys, Strichmännchen), Schnelligkeit zu üben, d.h. beim Denken und Sprechen gleichzeitig zu zeichnen und dabei zu versuchen, alles auf einem Blatt darzustellen (OPO-Prinzip, »one page only«), um die Übersicht zu behalten.

6. VISUAL THINKING – WAS WIR DAVON HABEN

Denkskizzen sind Werkzeuge zum Nachdenken, Werkzeuge, um mit anderen zu denken, in einer Sprache, die fach- und sprachübergreifend ist. In einer Zeit zunehmender Verflechtung von Aufgaben und Problemen in allen Bereichen unseres wissenschaftlichen, sozialen, gesellschaftlichen und wirtschaftlichen Lebens liegt eine zentrale Aufgabe darin, eine Sprache und gleichzeitig eine Reflexionsebene zu finden, mit Hilfe derer Komplexität auf ein verständliches und diskutierfähiges Maß reduziert wird.

Gelungene Ergebnisse des Visual Thinking erlauben ein großes Maß an Partizipation. Der Zugang ist universal und »barrierefrei«. Bilder sind nicht sprachlich fixiert. Visual Thinking funktioniert über kulturelle Grenzen hinweg. Visual Thinking ist international und interkulturell.

Der Wechsel vom Wort zur Zeichnung beinhaltet auch, Denkvorgänge aus dem bisherigen Kontext herauszulösen, feste Konnotationen zu entkonventionalisieren.

> Gelungene Ergebnisse des Visual Thinking erlauben ein großes Maß an Partizipation.

Bilder unterscheiden sich von Definitionen. Sie sind elastischer zu lesen. Sie führen die Gedanken, ohne sie festzulegen oder einzuengen. Sie könnten die Antwort sein auf die erforderliche Flexibilität des Wandels. Visual Thinking schlüsselt hochkomplexe Inhalte in erfassbare Sachverhalte auf und funktioniert als universale Schlüsselkompetenz.

SANTIAGO SIERRA

250 CM LINE TATTOOED ON SIX PAID PEOPLE

250 CM LINE TATTOOED ON SIX PAID PEOPLE

Zur Biennale in Venedig vermauert er den Pavillon Spaniens, gewährt ausschließlich Bürgern mit spanischem Pass Zutritt und stellt damit die globalisierte Kunstwelt, die glaubt zwischen New York und Berlin freien Eintritt beanspruchen zu können, auf den Kopf. In Mexiko-Stadt lässt er zur Rushhour einen Lastwagen quer über die Hauptverkehrsader stellen und blockiert den gesamten Verkehr für fünf Minuten. In Havanna lässt er sechs jungen Arbeitslosen eine insgesamt 250 cm lange Linie auf den Rücken tätowieren; jeder erhält für diese nachhaltig bleibende Arbeit 30 Dollar Lohn.

Diese und andere Arbeiten machen Santiago Sierra zu einer der zentralen Figuren einer neuen Kunstbewegung.[1]

In seiner provokanten Arbeit legt er die Missstände durchaus vertrauter Mechanismen in Politik und Gesellschaft offen. Er holt die menschenverachtenden Seiten des ökonomischen Systems immer wieder gezielt ins Museum und thematisiert dabei Armut, Entlohnung und Ausgrenzung. Sierra instrumentalisiert sowohl seine Probanden als auch sein Publikum in ein tückisches System eines radikalen künstlerischen Prozesses. »Was kostet der Mensch und wie wird sein Wert bemessen?«[2]

Abbildung S. 212–213: Santiago Sierra, »250 cm line tattooed on six paid people«, Espacio Aglutinador, Havana, Kuba, December 1999
Photographic documentation of the event, Courtesy of the artist and Galerie Peter Kilchmann, Zürich

---

1 | Quelle: NRW Forum Kultur und Wirtschaft
2 | Siehe Interview von Belinda Grace Gardner in www.artnet.de/magazine/interview-mit-santiago-sierra/aus.html (Abruf 28.07.2012).

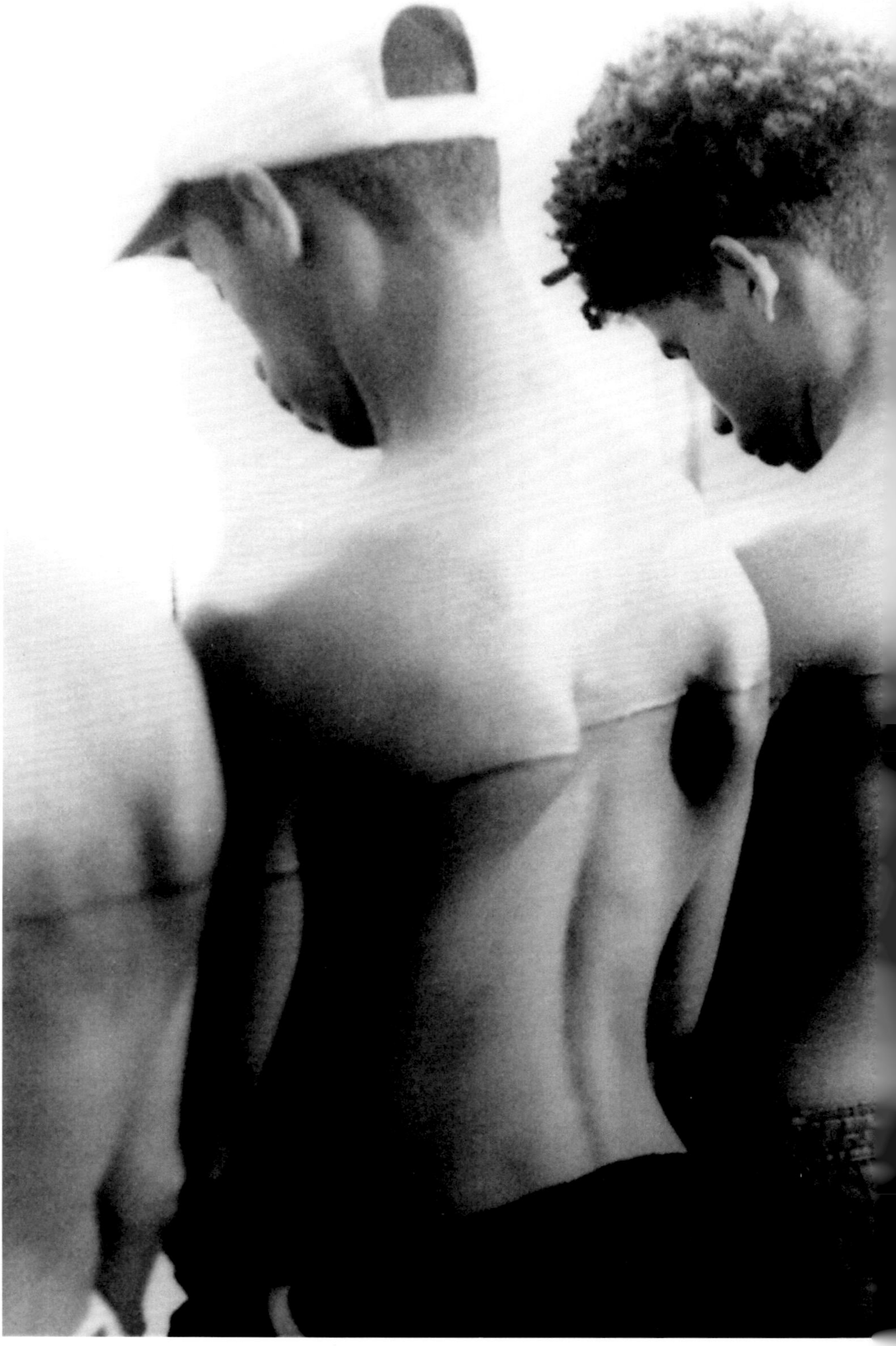

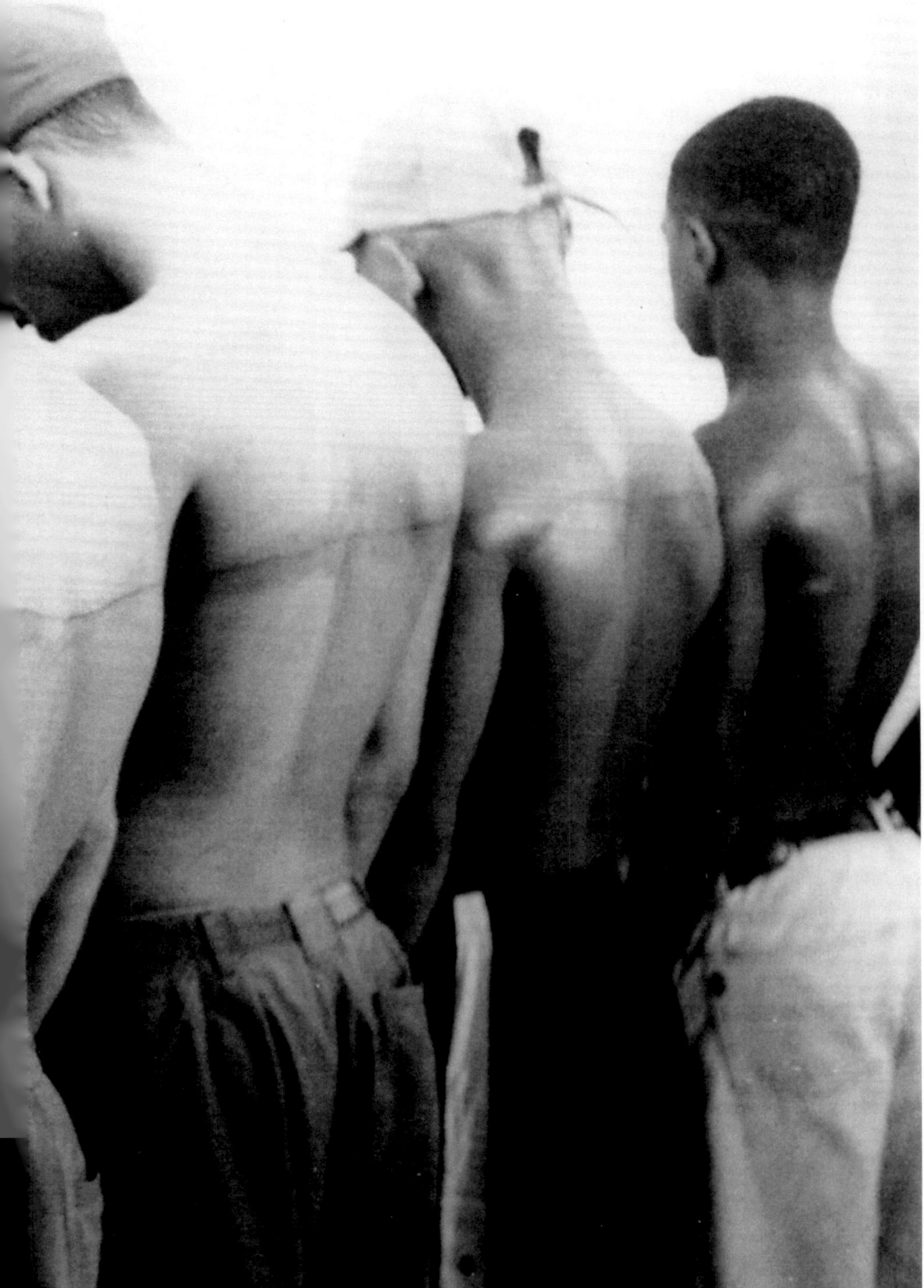

Julian Nida-Rümelin

MODERNE KUNST ALS PARADIGMA WIRTSCHAFTLICHER INNOVATION

In Bayern sagt man »nur nicht hudeln«, also auch, wenn man unter Zeitdruck steht, soll man die Dinge nicht hastig behandeln, und dementsprechend habe ich mir vorgenommen, Ihnen die einzelnen Thesen in aller Ruhe konzentriert, aber möglicherweise dann vereinfachend zu präsentieren und ich hoffe, wir kommen so gut durch, dass wir dann sogar noch Zeit haben für das Gespräch.

Also die erste, etwas irritierende These, ich hab es auch erst nicht glauben mögen und habe mich dann ein wenig in die Literatur eingelesen, scheint zu stimmen. Es ist ein Irrtum, den viele Historiker – auch wir alle – vermutlich hatten, dass es eine Aufwärtsentwicklung gegeben hat, was den Lebensstandard angeht durch wirtschaftliche zunehmende Leistungsfähigkeit. In der Antike ging es den Leuten ziemlich schlecht, ab dem Mittelalter dann schon besser, in der frühen Neuzeit noch besser und jetzt geht es uns sehr gut. Das ist offenkundig falsch. Die meisten Wirtschaftshistoriker sind sich unterdessen darin einig, dass es einen solchen Prozess erstaunlicherweise nicht gegeben hat, dass es nicht einmal einen deutlichen Unterschied im Lebensstandard zwischen Hochkulturen und Nicht-Hochkulturen gibt, dass die wirkliche Veränderung Anfang des 19. Jahrhunderts einsetzt. Manche sagen, dass sich ab 1820 plus/minus etwas verändert. Und das breitet sich dann aus, vergegenwärtigt noch einmal, globalisiert sich.

Es ist noch etwas anderes merkwürdig: In der ökonomischen Industrie gibt es keine Analysen des Phänomens Wachstum. Wachstum ist eigentlich etwas Externes. Es kommt so nicht vor. Wachstum kommt natürlich als Beschreibung vor. Man beschreibt bestimmte Vorgänge, aber eigentlich von der Analyse her ist Wachstum und auch Innovation erst einmal ein Rätsel. Das lässt uns ein wenig nachdenklich werden. Woher kommt eigentlich die Dynamik der Veränderung? Was ändert sich 1820 um Himmels willen? Es ändert sich natürlich viel, aber warum gerade da? Und auch ich stochere da natürlich im Nebel. Ich habe jetzt keine fertigen Antworten, aber ich werde ein paar Denkanstöße in diese Richtung geben. Und zwar will ich es in der Weise machen, dass ich erst einmal weit zurückblicke, und zwar nicht auf die Wirtschaftsgeschichte, sondern auf die Kulturgeschichte als Ganzes. Ich glaube, man kann sagen, dass es ganz bestimmte Phasen gibt, die durch ein hohes Maß an Kreativität geprägt sind und dann wieder Phasen, die über eine lange Zeit durch Stagnation, oft Stagnation auf höchstem Niveau, geprägt sind.

Ich finde es faszinierend, wenn man das herrschende Museum in Taipeh anschaut (alles Beutekunst, die Tschiang Kai-scheks Truppen aus China mitgenommen haben), dann hat man vor seinem geistigen Auge die zeitlichen Schichtungen. Was war da in Europa unterdessen los? Dann wird man erst einmal voller Bewunderung in China die Maltechniken, die frühe Fähigkeit, Perspektiven zu entwickeln, ansehen. Überhaupt ist die Präzision beindruckend, und über die meiste Zeit ist die chinesische Kulturgeschichte der europäischen weit voraus. Dann fällt allerdings noch etwas anderes auf: Nämlich die große Kontinuität, dass sich über viele Jahrhunderte vergleichsweise wenig ändert. Die Brüche sind zumal in der Neuzeit ganz offenkundig sehr viel größer in Europa. Nun ist es eine schwierige Frage, womit das genau zusammenhängt.

Ich werfe jetzt einen Blick auf die Kreativitätsphasen unserer Geschichte. (Da kenne ich mich auch besser aus.) Ich richte den ersten Blick auf die griechische Antike, genauer die griechische Klassik. Es ist ein Feuerwerk von Kreativität und Innovation. Das Ganze dauert 150 Jahre, dann ist sie schon wieder vorbei, die Ausbreitung der griechischen Kultur im östlichen Mittelmeer bis hinein nach Kleinasien – ja sogar nach Indien hinein. Die Römer, die römische Literatur, die römische Kunst, sie zehrt ganz und gar von diesen 150 Jahren griechischer Klassik: Cicero mit dem Werk, mit dem seitdem Pennäler gepiesakt werden, »De officiis«. Dieses Werk, schreibt Cicero selbst, ist nichts anderes als die Übertragung der Lektüre von Panaitios, soweit er das verstanden hat, ins Lateinische. Nun leider haben wir die Schriften von Panaitios nicht überliefert. Was ist da los? Ich werde wenigstens ein paar Stichworte dazu in die Debatte bringen. Das eine ist das Phänomen, dass sich die Kunst und die Wissenschaft auf einmal als autonom verstehen. Das hat natürlich auch eine Vorgeschichte, d.h. künstlerisches und wissenschaftliches Schaffen, damals unter dem Terminus Philosophie, wird politischen zumal machtpolitischen und klerikalen, religiösen Zwecken entzogen oder entzieht sich dem. Ein wunderbares Dokument dieser Entwicklung ist der Thaitetos-Dialog von Platon. Hier macht Platon sich Gedanken, »Was ist eigentlich Wissen?«, und er kommt zu dem Ergebnis, dass es doch darauf ankäme, die besseren Argumente zu haben, nicht Menschen zu überreden, nicht zu siegen in einer Wortstreitkunst, wie er das nennt. Es geht auch nicht darum, einen Konsens zu stiften, sondern darum herauszubekommen, wie es sich wirklich verhält. Und dazu bedarf es der ruhigen Abwägung von Gründen, von Argumenten Pro und Kontra. Das ist eigentlich Philosophie. Mir scheint, das ist bis heute eigentlich Philosophie: das ruhige Abwägen mit dem Ergebnis eines eigenständigen Urteils. Das heißt: Die Wissenschaft an ihrem Ursprung in der griechischen Klassik versteht sich als autonom in dem Sinne, dass sie nicht anderen externen Zwecken dient.

Und jetzt kommt das Paradoxon. Dieses Paradoxon wird erst deutlich in der Neuzeit und in der Moderne. Diese Entlastung setzt Kreativitätspotentiale frei. Es ist nicht mehr das Vorgegebene, das kopiert wird von einer Schülergeneration auf die nächste, nachgeahmt bis zu einer Perfektion der Technik getrieben wird, sondern man selbst muss immer wieder neu über die Dinge nachdenken und rechtfertigen, zu welchen Ergebnissen man gekommen ist. Und dieses Phänomen – wie gesagt – tritt erst in aller Deutlichkeit in der Neuzeit in Erscheinung. Diese Entlastung von Wissenschaft setzt ein intellektuelles Kreativitätspotential frei, was dann übersetzt in Technologie gesellschaftliche kulturelle Praxis Veränderungsprozesse auslöst und prägt.

Damit werfe ich noch einen kurzen Blick auf die zweite faszinierende Phase der Kreativität und der Innovation in unserem Kulturkreis. Das ist die italienische Frührenaissance, Renaissance-Humanismus und dann auch die Renaissance insgesamt, die sich in Europa breitmacht. Auch dort beginnt diese Phase einer extremen Kreativität mit einem Bruch, mit einem Traditionsbruch, nämlich dem Eindämmen der klerikalen Autoritäts- und Wahrheitsansprüche mit einer langen Vorgeschichte. Der Abelar ist gewissermaßen eine der literarischen Größen weit vor dem Einsetzen dieses Prozesses. Auch Wilhelm von Ockham ist natürlich so ein Vorläufer dieser Entwicklung. In einem mühseligen, übrigens sehr blutigen, tausende von Menschenleben kostenden Prozess entsteht der frische Blick, die eigenständige Konfrontation mit der Realität. Nicht vermittelt über autoritative Schriften, sondern aus sich selbst heraus entsteht die Idee eines genuin-humanen Lebens in Anknüpfung an das stoische Denken in der Antike, des humanen Lebens. Der Petrarca sagt: Lest Gedichte, schreibt Gedichte, lest die alten, ja zu welchem Zwecke, damit Ihr »mitis et amabiles« werdet – mild und liebenswert –, damit Ihr Euch in Ruhe auseinandersetzt mit diesen literarischen Produkten. Das kann die Persönlichkeit entwickeln, und das in einer Zeit, in der der Kraft- und Gewaltmensch gewissermaßen Hochkonjunktur hatte, wenn man an die Geschichte der damaligen Zeit denkt (Macchiavelli mit »IL Principe« usw.).

Dritte Phase: Der Neuhumanismus, und ich sage hinzu, der deutsche Neuhumanismus des 19. Jahrhunderts. Hier gibt es einen bescheidenen Gelehrten, etwas ängstlich von Konstitution, auch schwächlich körperlich, nie aus Königsberg herausgekommen und der vermutlich bedeutendste Denker der europäischen Aufklärung, nämlich Immanuel Kant. Er setzt sich auseinander mit der Rolle des Staates, des Fürsten und seines Ministers an den Universitäten, in der Wissenschaft. Dazu muss man wissen, Platon las nach vorgegebenen Texten. Er hat es geschickt unterlaufen, indem er Randnotizen gemacht hat und er am Ende doch seine eigene Vorlesung hielt. Aber das war Curriculum, das war vorge-

> Die Entlastung von Wissenschaft setzt ein intellektuelles Kreativitätspotential frei.

geben vom Minister. Und Kant wendet sich an den Fürsten und sagt, submissest, ich will ja die Autorität nicht in Frage stellen (Der späte Kant war dann fasziniert von der Französischen Revolution, aber er blieb immer ambivalent. Dabei ist die Revolution selbst eine Untat.): Ja, aber die Autorität gegenüber Medizin, Jurisprudenz, Theologie liegt auf der Hand. Das ist Ausbildung zu einem bestimmten staatstragenden Beruf. Aber hat in der Wahrheitssuche der Fürst oder der Minister eine besondere Kompetenz oder Autorität? Eigentlich nein. Wenn die untere Fakultät, die philosophische, entstanden aus dem Trivium und Quadrivium des Mittelalters eher propädeutisch auf der Wahrheitssuche ist, dann hat sich der Staat dort herauszuhalten. Und die Schüler von Kant entwickeln daraus eine ganze Wissenschafts- und Universitätstheorie. Schleiermacher, Fichte zumal, gar nicht so sehr Wilhelm von Humboldt.

Aber Wilhelm von Humboldt, den man in das Amt des Ministers drängen musste, der es nicht wollte, weil er sich ja nicht auskannte mit administrativen Vorgängen, der entwickelt dann die Blaupause einer Universität in dieser wunderbaren Schrift von 1809/10 – eine Blaupause der Universität, in der auf einmal die Wahrheitssuche, die Konfrontation mit Forschung, die Kooperation zwischen Lehrenden und Studierenden auf gleicher Augenhöhe steht – unglaublich revolutionär, Anfang des 19. Jahrhunderts. Das muss man sich einmal vorstellen: Die Schule ist zu Ende, wenn man studiert. Man ist erwachsen. Der auf einmal einen Kreativitäts- und Innovationsprozess sondergleichen in Gang setzt, zum Vorbild weltweit geworden, bis heute zum großen Teil der US-amerikanischen Universitäten. Entlastung, Entlastung von Verzwecklichung. Es ging nicht mehr um Berufsausbildung, sondern es ging auf einmal um die Wahrheitssuche.

Heute sagen viele, die Humboldt für obsolet halten: Es ist ja auch eine komische Idee. Warum soll man ganze Generationen von Jungakademikern auf die Wahrheitssuche und die Forschung ausrichten, das macht doch nur Sinn für wissenschaftlichen Nachwuchs. Nein, Humboldt war der Meinung: Ganz falsch. Das ist genau die Praxis, die die Persönlichkeit bildet, die eigenständige Urteilskraft entwickelt, damit Entscheidungsfähigkeit entwickelt, und die deshalb die entsprechend gebildeten außerhalb der Akademia sich bewähren lässt. Das war die These. Und diese These war überaus erfolgreich. Aus diesem Kreativitätszentrum der unteren philosophischen Fakultät spalten sich dann in einer Kaskade innerhalb weniger Jahrzehnte – ganz ist der Prozess auch noch nicht abgeschlossen – die Naturwissenschaften, die Geisteswissenschaften, die Sozialwissenschaften, das ganze Fächerspektrum ab mit Ausnahme von Jurisprudenz, Medizin, Theologie im 19. und frühen 20. Jahrhundert, Psychologie erst um die Jahrhundertwende vom 19. zum 20. Jahrhundert. Und die »rückständige Nation«, also der deutsche Sprachraum in Mitteleuropa, rückständig in vielfältiger Hinsicht – nicht in Hinsicht Literatur, Musikkompositionen, Museen auch, aber sonst ausgesprochen rückständig sowohl was die industrielle Entwicklung, die frühindustrielle Entwicklung angeht als auch was die politische Entwicklung angeht, dieses Gebilde wird auf einmal zur führenden, mit England führenden Industriemacht Europas. Das hängt paradoxerweise mit der Freisetzung von Kreativität durch die Rücknahme der Instrumentalisierung zusammen.

Und damit bin ich bei der Moderne im engeren Sinne, also 100 Jahre später. Ich möchte als Zwischenschritt drei Bedingungen der Kreativität festhalten:

1. Autonomie – in dem gerade erläuterten Sinne vage genug. Mein Vorredner hat zu Recht indirekt, vielleicht ist ihm das gar nicht bewusst, aus der nikomachischen Ethik zitiert. Da sagt nämlich Aristoteles »es zeichnet den Gebildeten aus, dass er nicht nach einer Genauigkeit sucht, die dem Gegenstand nicht angemessen ist« – also gegen Platon, gegen das Exaktheitsideal. Auch ich lass es entsprechend vage: Autonomie als Bedingung von Kreativität, Eigengesetzlichkeit, Unabhängigkeit.
2. Urteilskraft, Persönlichkeit – In all diesen Phasen sind es uns heute noch faszinierende Persönlichkeiten, die diese Kreativität in der Spitze jedenfalls prägen.
3. Interdisziplinarität – nicht in dem vielleicht modischen und auf den Hund gekommenen Sinne von »wir alle setzen uns zusammen und jeder erzählt mal dem anderen auf dem Volkshochschulniveau aus seiner eigenen Disziplin«, sondern im Sinne einer Reibung zwischen Perspektiven, zwischen Methoden, die unvereinbar erscheinen. Und aus dieser Reibung entstehen wieder neue Paradigmen, entsteht Kreativität.

> Interdisziplinarität im Sinne einer Reibung zwischen Perspektiven, zwischen Methoden – aus dieser Reibung entsteht Kreativität.

Damit bin ich bei der modernen Kunst. Wir sind jetzt 100 Jahre später plus/minus ein paar Jahrzehnte. Die Moderne im engeren Sinne beginnt mit der modernen Kunst. Modern auch hier im engeren Sinne, d.h. so irgendwo zwei Jahrzehnte vor der Jahrhundertwende vom 19. zum 20. Jahrhundert. Und da möchte ich Ihren Blick auf drei Strömungen richten, die Sie alle kennen.

Ich will die drei Strömungen, drei Entwicklungen der modernen Kunst, die wunderbar diese Phase der Kreativität und des Umbruchs illustrieren, kurz in Erinnerung rufen: Es sind Impressionismus, Jugendstil und der sogenannte Suprematismus. Ich werde es gleich einmal kurz erläutern.

Man kann durchaus sagen, die moderne Kunst in diesem engeren Sinne beginnt mit dem französischen Impressionismus. Es ist schon fast symptomatisch, wie es losgeht. Da gibt es Künstler, die Schwierigkeiten haben, ihre Werke in den jurierten Ausstellungen unterzubringen. So beginnt das Ganze. Und dann kommt interessanterweise ein Fotograf, ein sehr wohlhabender, einflussreicher Fotograf, auch Aeronaut, der entscheidet, vom 15. April bis 15. Mai 1874 eine Ausstellung zu organisieren. Heute gilt das als die erste Impressionisten-Ausstellung, auch wenn der Terminus eigentlich ein polemischer Terminus ist, den die Gegner dieser Strömung dann erfunden haben. In dieser Zeit, und zwar anhand Claude Monets »Impressionen – Sonnenaufgang« ist ja dieser Terminus entstanden.

Es ist nicht ganz uninteressant, dass ein Fotograf sich der Sache angenommen hat, weil die früheste Phase der Fotografie, und in der befinden wir uns ja, durchaus interessante Ähnlichkeiten mit impressionistischen Techniken aufweist. Weil sie so grobkörnig ist, entsteht eine Art impressionistischer Eindruck der Fotografie.

Das Interessante ist, dass sich die Hauptprotagonisten dieses Umbruchs selbst ja gar nicht als revolutionär sehen. Es gibt ein paar Repräsentanten der etablierten Oberschicht, des mehr oder weniger snobistischen Pariser Bürgertums darunter. Die meisten jedoch sind rechtschaffene Kleinbürger, einfache Menschen, die nichts weniger schätzen als die Revolution, die aber dann gewissermaßen zu einer Art Revolution gezwungen werden, und zwar in Gestalt einer Sezession. Nachdem die Kunstkritik ratlos ist – und nicht nur die breite Öffentlichkeit, wie manchmal dargestellt, sondern vor allem die Kunstkritik, d.h. die Kunstrichter, die Presse –, Verheerendes auch anlässlich dieser Ausstellung. Aber dann findet sie doch erstaunliches Interesse. Es entsteht eine sezessionistische Haltung, d.h. ich löse mich daraus und mache mein eigenes Ding.

Was ist es eigentlich, was diesen ersten Schritt in die moderne Kunst ausmacht? Da könnte man jetzt mit Kunsttheoretikern in Details gehen und ich bin kein Kunsthistoriker. Ich habe mich mit Kunst mein Leben lang auseinandergesetzt, weil ich aus einer Künstlerfamilie komme, aber das ist gewissermaßen auch eine subjektive Perspektive. Ich bin sozusagen nicht wissenschaftlich mit Kunstgeschichte beschäftigt, aber ich glaube, man kann guten Gewissens sagen, und da haben wir einen weiten Konsens, der Paradigmenwechsel besteht darin, dass die subjektive Perspektive des Künstlers jetzt ausschlaggebend ist und nicht, eine Geschichte richtig erzählt zu haben oder einem Interesse eines Fürsten nach Heroisierung seiner Taten entsprochen zu haben. Hundert Jahre später, nachdem sich die Wissenschaft Autonomie erkämpft hatte in Gestalt der humboldt'schen Reform-Universität, erkämpft sich die bildende Kunst eine analoge Autonomie. Die Subjektivität, der subjektive Standpunkt die Wiedergabe eines Eindrucks in diesem Falle ist so radikal im Sinne eines Paradigmenwechsels von Kunst, dass Kunst und Lebensform ab da eine spannungsreiche aber enge Bindung eingehen. Mein letztes Buch, das ich publiziert habe, hat nicht ganz zufällig den Titel »Philosophie und Lebensform«, nicht Kunst und Lebensform, sondern Philosophie und Lebensform. Dort werden Sie ein paar Diskussionen finden, die hier für diese Überlegung durchaus relevant sind. Man kann sagen, es war eine Rebellion gegen eine Kunst in dienender Rolle, eine auch auf weite Strecken apologetische Kunst gegen Heroisierung, gegen den Politkitsch, der besonders im 19. Jahrhundert weit verbreitet war. Und interessant ist, dass sich die Protagonisten ihrer revolutionären Tat nicht einmal bewusst waren – jedenfalls am Anfang nicht.

Zweites Schlaglicht ist das, was im Deutschen »Jugendstil« heißt, dem französischen »Art Nouveau«, dem englischen »modern style« ein paar Jahre später. Dort ist der Zusammenhang zwischen Kreativität, Innovation, Paradigmenwechsel in der Kunst und in der Technik, in der Technologie, in der Gesellschaft, in der ökonomischen Praxis vielleicht am deutlichsten von allen Strömungen der modernen Kunst insgesamt. Der Jugendstil beginnt gewissermaßen mit einer Vorstellung von Humanität. Die Welt, die kulturelle Welt, die Lebenswelt wird reicher – übrigens zum Teil anknüpfend an antike Motive –, und das deutlich auch beim Stuck und vielen anderen. Die Idee ist, dass man das Leben, so wie es sich jetzt abspielt, die Verarmung der Ästhetik, die Verarmung auch zwischenmenschlicher Beziehungen durch Kunst auf ein höheres Niveau hebt, und man kann sagen, der Jugendstil hat sich selber sehr bald wieder totgeritten, gerade durch diese überbordende Ornamentik und durch Kitschtendenzen innerhalb dieser Strömungen, die relativ massiv waren. Aber man sollte nicht vergessen, dass dieser Brückenschlag zwischen Kunst und Lebenswelt etwas auslöst, was dann in Gestalt des Bauhauses, der ornamentlosen Architektur, in der sozusagen die Funktionalität selbst zum ästhetischen Kriterium wird, stilbildend wird für Jahrzehnte, im Grunde bis heute, mit Brüchen bis heute. Adolf Loos ist gewissermaßen derjenige, der dann diese Übersetzung leistet.

Ich werfe einen dritten kurzen Blick auf das, was man damals als Suprematismus bezeichnet hat, und das natürlich als Terminus schon ein wenig irritierend ist, ein etwas hochgestochener Begriff ist für eine relativ einfache Forderung, nämlich die, dass die künstlerisch geschaffenen Objekte selbst gegenüber dem, auf das sie sich beziehen, eine Suprematie haben, also vorrangig sind. Das ist sozusagen die konsequente Weiterentwicklung des Autonomiegedankens. Es ist nicht die Leistung als eine Art Bildung, sondern es ist die schöpferische Kraft der Kunst selbst, die unmittelbar und nicht nur mittelbar sich dann beweisen muss. Man kann sagen, eine Art Verselbstständigung von Farbe und Form getragen von stark politischen Utopien – in meinen Augen auch durchaus problematischen Utopien, etwa der Utopie, mit Kunst zu einem besseren Menschen beitragen zu können, Kunst in einer universellen Sprache formulieren zu können, das Individuum zurücktreten lassen hinter einer Art kollektiver Kunst, an der alle gleichermaßen teilhaben. Kasimir Malewitsch ist der prominenteste Vertreter dieser Richtung, also nicht abstrakte Kunst eigentlich, wie manche das nennen würden, sondern absolute Kunst, Kunst, die selbst einen schöpferischen Akt darstellt und sich nicht mehr durch Vermittlungsleistungen bewähren muss, gegenstandslose Vollkommenheit gewissermaßen und durchaus mit dieser schönen Vision, die Gegensätze zwischen Mensch und Natur, Geist und Körper aufzuheben, zwischen Materie und Geist aufzuheben.

Ich weiß nicht, ob diese Schlaglichter genügen, um eines deutlich zu machen: Die Kreativitäts- und Innovationspotentiale in der Ökonomie schöpfen nicht aus der Ökonomie selbst, sondern sie müssen woanders beginnen und dann die wirtschaftliche Praxis beeinflussen. Technologie spielt eine wichtige Scharnierrolle zwischen wissenschaftlichem Fortschritt und technologischer Innovation und dann wirtschaftlicher Innovation. Die vielleicht zentrale Rolle spielen Sehweisen, Lebensformen, Wertmaßstäbe, Ästhetiken und da ist der Nukleus von Kreativität nun einmal die Kunst. Ich glaube, die Kunst wird regelmäßig unterschätzt in ihrer Kultur und damit gesellschafts- und am Ende auch unserer ökonomischen praxisprägenden Rolle. Es verändern sich Sichtweisen, nach außen gegenüber der Welt, der gesellschaftlich verfassten und der natürlichen Welt, aber auch was genuines Menschsein eigentlich ausmacht – Individualität, Kollektivität, Rolle der intellektuellen Durchdringung, immer wieder neu definiert. Die Kunst ist eben nicht nur etwas, was irgendwie mitläuft, manche sagen ein Frühwarnsystem für gesellschaftliche Entwicklungen, wo das eine oder andere vorweggenommen wird durch die besondere Sensibilität von Künstlern. Sie ist viel mehr. Ich glaube, Kunst und Wissenschaft sind die beiden großen Kreativitätspotentiale der Gesellschaft. Und eine gut organisierte Ökonomie profitiert davon. Sie ist nicht der wirkliche Nukleus der Kreativität, diese muss von woanders kommen. Und paradoxerweise kommen diese Kreativitätspotentiale nur auf, sie können sich nur entwickeln, wenn sie von ökonomischer, politischer, ideologischer und religiöser Instrumentalisierung freigehalten werden. Die Kreativitätsentwicklungen der Kunst und Wissenschaft sind jeweils interne Prozesse, die nicht frei von Ideologie sind, nicht frei von Politik usw. Und jeder verfolgt seine eigenen Ziele. Manche müssen sich ja auch von Wissenschaft und Kunst ernähren, das ist völlig legitim. Der entscheidende Punkt ist dieses System als Ganzes. Das System Kunst mit den Publikationen außen herum, mit den Debatten dazu, mit den einbezogenen Rezipienten. Gleichermaßen kann Wissenschaft sich nur kreativ entwickeln, wenn es von unmittelbarer Steuerung und Instrumentalisierung freigehalten wird. Ich glaube, das ist eine ganz wichtige Botschaft. Manche, die wissen, womit ich mich manchmal auch beschäftige und herumärgere und streite, wissen, dass ich glaube, dass wir gegenwärtig ein Problem haben. Die Umsteuerung der Wissenschaft und der Universität und der universitären Lehre geht gegenwärtig in die genau andere Richtung. Und die große Gefahr besteht, dass wir dadurch Kreativitätspotentiale der Wissenschaft vernichten anstatt sie zu fördern. Ganz Ähnliches gilt für den Bereich der Kunst. Wer dieses wunderbare in Europa gewachsene System, in dem der Staat merkwürdigerweise viel Geld zur Verfügung stellt, um Freiräume der Kunst zu schaffen, die unmittelbaren ökonomischen Verwertungszwänge von Kunst abzuschwächen oder ganz zurückzunehmen, wer dieses System in Zeiten der Staatsverschuldung gefährdet durch Schließung von Institutionen oder durch Strangulierung der Etats, der zerstört nicht nur den künstlerischen Eigensinn, zerstört nicht nur Künstlerexistenzen, sondern zerstört das zweite große Kreativitätspotential der Gesellschaft. So scheint es mir.

ANDREAS GURSKY
CHICAGO BOARD OF TRADE II

Mit seinen großformatigen Fotografien zeigt Andreas Gursky zentrale Phänomene des 21. Jahrhunderts als das Zeitalter der globalisierten, kapitalistischen Gesellschaft, wie etwa Massenevents, Börsen oder futuristisch anmutende Architektur auf, widmet sich weiterhin auch klassischen Sujets, wie dem Landschaftsbild.

Das realisierte Werk kann aus einem einzigen Foto bestehen oder aus zahlreichen Aufnahmen zusammengestellt sein. Der Künstler geht wie ein Maler vor: Er verbleibt nicht bei der Aufnahme eines Momentes, sondern schafft eine Bildkomposition aus einer größeren Anzahl von Aufnahmen. Somit entstehen Bilder, die der Momenthaftigkeit enthoben scheinen und dennoch eine spezifische Gegebenheit zeigen. Andreas Gursky vereint in seinem Werk die Stetigkeit und Objektivität des Mediums in der Tradition von Bernd und Hilla Becher mit einem malerischen Gestus.

Den Gegensatz von Masse und Individuum, der Totale und dem Detail, thematisiert Andreas Gursky im Rahmen seiner Arbeit. Die Mehrzahl seiner Arbeiten sind aus einer erhöhten Perspektive aufgenommen, und dem Betrachter wird der Blick auf eine Totale eröffnet. In der Masse wird der Mensch zum Ornament, bei der Techno-Party gleichermaßen wie beim Massenballett in Nordkorea. Nähert man sich den Arbeiten, sind einzelne Personen auszumachen, die jedoch nicht als erkennbare Individuen funktionieren, sondern eher als Stellvertreter für den Betrachter. Andreas Gursky zieht den Betrachter somit in seine Welt, die aus stereotypisierten Bildern unseres Zeitalters der Information besteht.

Quelle: Galerie Sprüth Magers, London 2007

Abbildung S. 226–227: Andreas Gursky, »Chicago Board of Trade II«,
C-Print, 205 x 335 x 6,2 cm (gerahmt), 1999

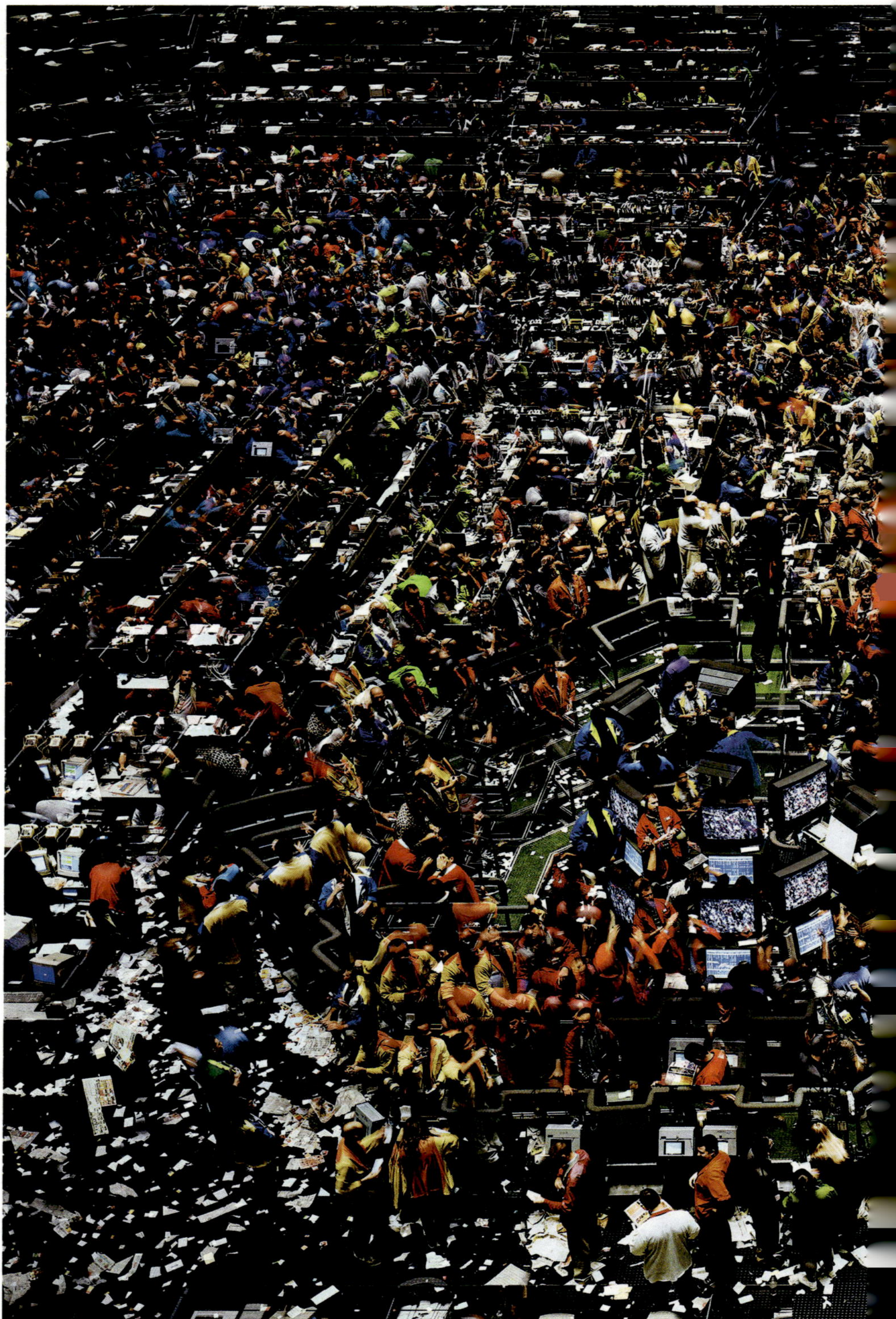

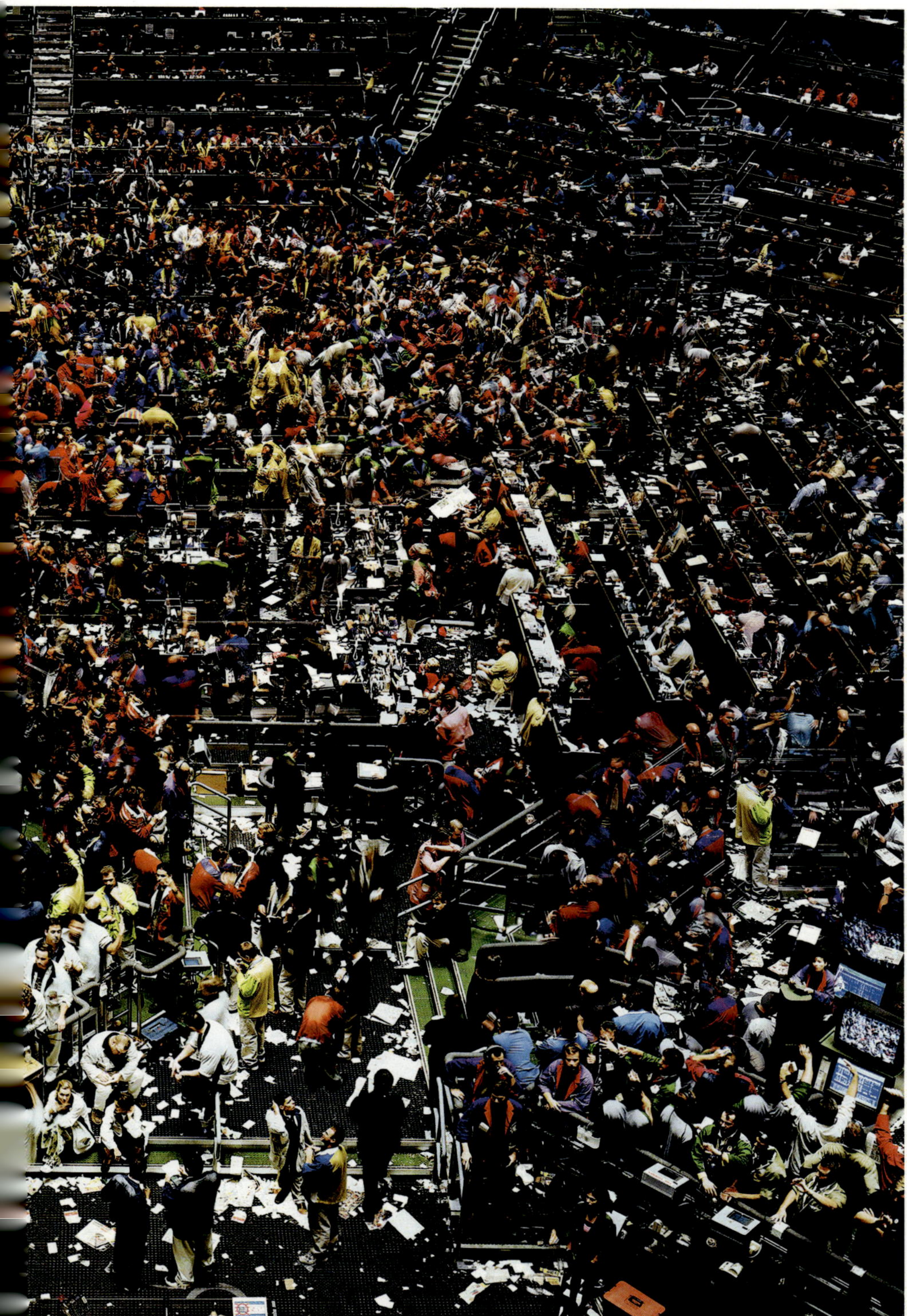

BEST PRACTICE I:
SCHNITTSTELLE WIRTSCHAFT

Eine Podiumsdiskussion mit Annerose Müller, Özlem Nas,
Doris Rothauer und Markus Wiludda

BEST PRACTICE I: SCHNITTSTELLE WIRTSCHAFT   229

Der Übergang von der Industrie- zur Wissensgesellschaft wird von einem veränderten Konzept der Kreativität begleitet. Werte und Haltungen wie Flexibilität, künstlerisches Denken und Individualität werden zu Schlüsselbegriffen in Politik, Wirtschaft und Bildung. Kreativität wird zum Kapital. Im Rahmen einer Podiumsrunde werden drei Beispiele aus der Praxis an den Schnittstellen zwischen Kunst und Wirtschaft vorgestellt und erläutert. Sie zeigen die Vereinbarkeit von wirtschaftlicher Nachhaltigkeit und Kunst als Handlungsfeld unkonventioneller Denk-, Sicht- und Handlungsweisen.

Ist es bloß ein triviales Fußballmuster oder doch ein religiöses Ornament? Ein grüngeflecktes Wabenmuster ziert seit 2009 die beiden Minarette der Hamburger Centrum-Moschee. Es ist das Ergebnis eines interreligiösen Dialogs zwischen Moschee, der lokalen Öffentlichkeit und dem evangelischen Künstler Boran Burchhardt, der dieses mehrfach codierte Design entwarf. Özlem Nas[1] präsentiert ein ungewöhnliches Projekt, das sprichwörtlich Symbolcharakter besitzt: Als Kunst im öffentlichen Raum und als Lieferant von »Gegenbildern« in einer medial tendenziös geführten Islam-Debatte. Die auffällig gestalteten

Abbildung 1: Podiumsdiskussion während des Symposiums.
Doris Rothauer, Annerose Müller, Özlem Nas, Moderator Markus Wiludda (v. li. nach re.)

Minarette sorgen dabei für Irritation und so für eine Gesprächsgrundlage weit über das Umfeld der Moschee hinaus. Künstlerische Denkweisen (»Zufall zulassen«, »interdisziplinäre und interkulturelle Zusammenarbeit«, »neue Wege einer Offenheit und Öffentlichkeit«) lassen dort die Idee der »Begegnung« in mehrfacher Hinsicht erfahrbar werden.

Annerose Müller[2] vom Kulturkreis des BDI skizziert mit dem »Bronnbacher Stipendium« eine sinnige Verknüpfung zwischen Industrie, Ausbildung und Kunst. Das von der Wirtschaft initiierte Weiterbildungsprogramm soll StudentInnen der Universitäten Bochum und Mannheim ein Verständnis für künstlerische Prozesse sowie umfassendes kulturelles Wissen vermitteln. Die Auseinandersetzung erfolgt dabei teils praktisch, teils in Gesprächen und Vortragssituationen. Die künftigen Führungskräfte erfahren kulturelles Engagement als Teil von Unternehmensprofilierung und Persönlichkeitsbildung. Die systemische Verknüpfung zwischen Kreativem und Unternehmerischem und die neue Sensorik der Wirtschaft für künstlerische Prozesse werden als zukunftsfähig skizziert.

Das »Büro für Transfer« von Doris Rothauer[3] in Wien fungiert als Unternehmensberatung und Netzwerkknotenpunkt. Ihr Struktur- und Szenewissen verknüpft sie mit wirtschaftlichem Denken und berät Unternehmen aus der Kreativwirtschaft in Fragen der Marktanalyse, der konzeptionellen Ausrichtung und der Projektorganisation. Überdies bietet das »Büro für Transfer« auch journalistische Begleitung und Redaktion an und verfügt über ein Netzwerk von Gestaltern, Autoren und Moderatoren. Das Zusammenführen von künstlerischen Strukturen und ökonomischem Interesse sorgt dabei für einen entscheidenden Wettbewerbsfaktor.

Text: Markus Wiludda[4]

ZU DEN PERSONEN

1 | Özlem Nas ist Frauenbeauftragte der Schura Hamburg und Funktionärin des BIG e.V. und sitzt im Integrationsbeirat der Stadt Hamburg. Sie begleitete die Ideenfindung des »Minarett-Projektes«.

2 | Annerose Müller ist studierte Diplom-Geologin und seit 1989 beim Kulturkreis der deutschen Wirtschaft im Bundesverband der deutschen Industrie tätig. Dort ist sie zuständig für auswärtige Kulturarbeit und koordiniert im »Arbeitskreis Kulturelle Bildung« das »Bronnbacher Stipendium«.

3 | Doris Rothauer ist Wirtschaftswissenschaftlerin und Kulturmanagerin. Seit 2006 betreibt sie als Geschäftsführerin das »Büros für Transfer« in Wien.

4 | Markus Wiludda ist Chefredakteur und Musikressortleiter für das CampusRadio eldoradio* sowie Dozent für die Landesanstalt für Medien und Projektberater der Universität, Fachhochschule und Stadt Dortmund.

»WENN MAN NICHT GEGEN DEN VERSTAND VERSTÖSST, KANN MAN ÜBERHAUPT ZU NICHTS KOMMEN.«

Albert Einstein

Helga Weiß

BEST PRACTICE II:
ABENTEUER KULTUR

1. HINTERGRUND

»Wir wollen allen Mitarbeitern die Möglichkeit geben, gemeinsam voneinander zu lernen, einander als Menschen zu begegnen, die Individualität des anderen anzuerkennen, um die Voraussetzungen zu schaffen, sich selbst zu erkennen und entwickeln zu wollen und sich mit den gestellten Aufgaben verbinden zu können.« (Auszug aus den Mitarbeitergrundsätzen von dm-drogerie markt)

Die dm-Unternehmenskultur bietet die Möglichkeit, die Arbeit als für das Leben sinnvoll zu erfahren, indem sie zum Ort der eigenen Entwicklung wird. Die Lehrlinge und Studenten (die bei dm »Lernlinge« genannt werden, um der Aktivität und Eigeninitiative im Lernen Ausdruck zu geben) sind in einem Lebensalter, in dem sie entscheidende persönliche Entwicklungsschritte durchlaufen. Die Berufsausbildung bedeutet dabei mehr, als sich rein fachlich zu qualifizieren. Daher geht die Ausbildung bei dm über die Vermittlung des notwendigen Fachwissens hinaus. dm gibt seinen Lehrlingen ausreichend Raum, um auch ihre individuellen Fähigkeiten zu entfalten. Bestandteil der Ausbildung ist daher neben der Berufsschule und dem aktiven, entdeckenden »Lernen in der Arbeit« für alle Lehrlinge und Studenten »Abenteuer Kultur«.

Im Rahmen von »Abenteuer Kultur« nehmen Lehrlinge und Studenten während ihrer Ausbildung an Theaterworkshops teil. dm ermöglicht damit seinem »Nachwuchs«, in einem außergewöhnlichen, nicht-alltäglichen Umfeld Fähigkeiten in sich zu entdecken und diese zu entwickeln. Dabei steht ausdrücklich nicht der Erwerb von fachlichen Schlüsselkompetenzen im Vordergrund, sondern die Persönlichkeitsentwicklung des Einzelnen.

2004 erhielt dm für diesen Baustein der Ausbildung den »Initiativpreis Aus- und Weiterbildung« des Deutschen Industrie- und Handelskammertages der Otto Wolff-Stiftung und der Wirtschaftswoche.

2. PROJEKTZIEL UND LERNCHANCEN

Bei »Abenteuer Kultur« steht die individuelle Persönlichkeitsentwicklung des Einzelnen im Mittelpunkt. Deshalb ist es weder möglich noch sinnvoll, konkrete allgemeingültige Ziele zu formulieren. Was die Lehrlinge und Studenten durch »Abenteuer Kultur« lernen, erleben und erfahren, ist individuell verschieden.

Viele Lehrlinge berichten im Nachhinein, dass sie durch die Theaterworkshops in ihrem Selbstbewusstsein gestärkt wurden. Andere haben zu neuen

Ausdrucksformen gefunden. Manche erklären, dass sie sich überwinden mussten und es ihnen schwer fiel, sich auf das Abenteuer einzulassen. Sie mussten richtiggehend mit sich ringen und sind an die eigenen Grenzen gestoßen. Sie erleben jedoch, dass sie etwas geschafft und geleistet haben, was sie sich im Vorfeld selbst nie zugetraut hätten. Auch die Stärkung des Teamgeistes und des Wir-Gefühls sowie die Gelegenheit, sich und die Kolleginnen und Kollegen von einer ganz anderen Seite kennengelernt zu haben, sind Lernphänomene, die die Jugendlichen mit den Workshops verbinden.

Auch der Zeitpunkt, wann die Teilnehmer ihre eigenen Lernchancen erkennen oder umsetzen können, ist sehr individuell. So kommt es immer wieder vor, dass Lehrlinge und Studenten erst Monate oder gar Jahre nach dem Workshop erkennen oder formulieren können, was sie durch »Abenteuer Kultur« gelernt haben und inwiefern sie sich durch den Workshop persönlich weiterentwickeln konnten.

3. ENTSTEHUNG VON »ABENTEUER KULTUR«

Im August 1999 machte der dm-Gründer Prof. Götz W. Werner seine Kolleginnen und Kollegen auf einen Aufsatz von Dr. Rainer Patzlaff aufmerksam, der den Sprachverlust unserer Kinder beschreibt.[1] Angeregt durch diesen Aufsatz stellte sich die Frage, wie das Unternehmen dm-drogerie markt der Sprachlosigkeit und der fehlenden Kommunikationsfähigkeit der jungen Menschen entgegenwirken könnte. Daraus entstand die Idee zu »Abenteuer Kultur«.

Unterschiedliche Pilotprojekte im Jahr 2000 – neben Theaterworkshops unter anderem Tanzperformances und Bildbetrachtungen im Museum – zeigten, dass das Theaterspielen den Jugendlichen die beste und unmittelbarste Entwicklungsmöglichkeit bot. So setzte dm im Januar 2001 erstmals mit 33 Projekten und rund 650 Lehrlingen und Studenten »Abenteuer Kultur« bundesweit um. Seitdem ist es als Baustein fest in die dm-Ausbildung aller Lehrlinge und Studenten integriert.

Inzwischen nehmen jährlich etwa 1700 Lehrlinge und Studenten an rund 90 »Abenteuer Kultur«-Workshops teil.

---

1 | Dr. Rainer Pazlaff: Kindheit verstummt – Sprachverlust und Sprachpflege im Zeitalter der Medien. Herausgeber: Intern. Vereinigung der Waldorfkindergärten e.V. Stuttgart.

4. PROJEKTRAHMEN

4.1 Teilnehmer

»Abenteuer Kultur« ist Bestandteil der Ausbildung bei dm-drogerie markt. Alle Lehrlinge und Studenten nehmen im ersten und zweiten Lehrjahr an jeweils einem Theaterworkshop teil.

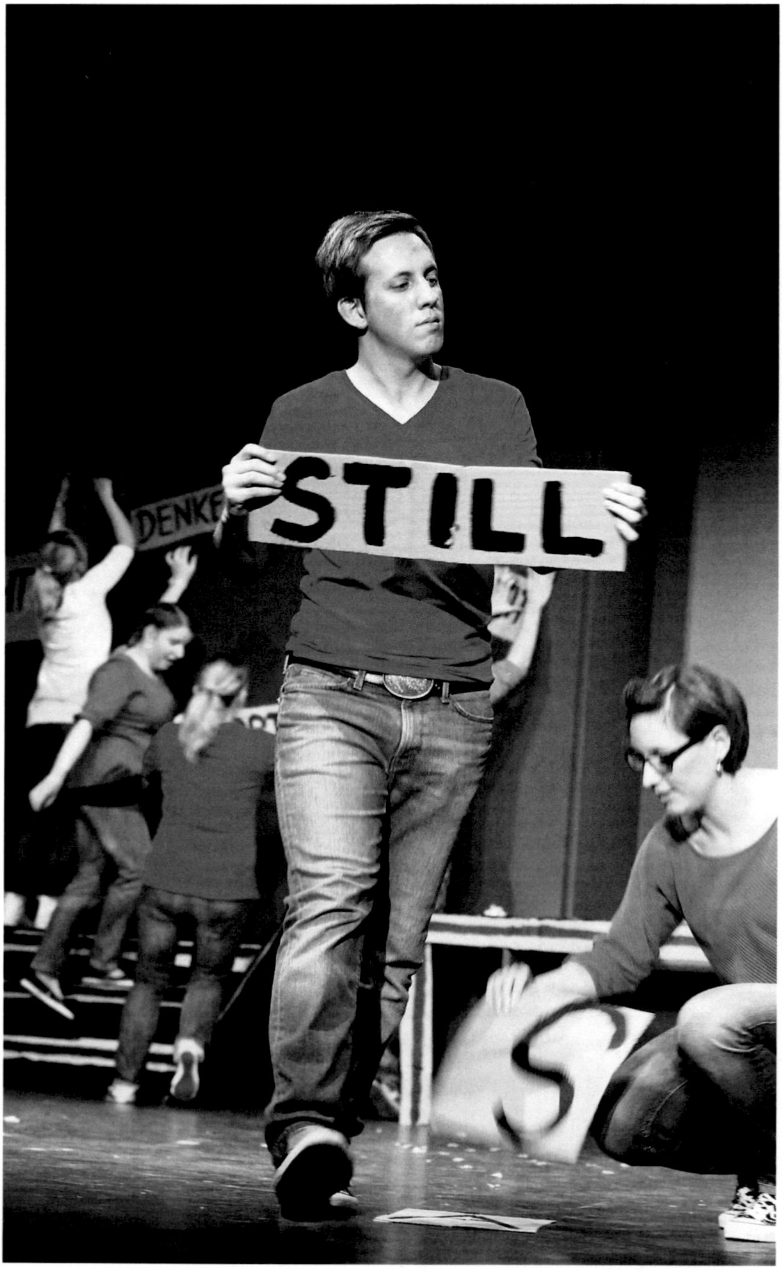
STILL
DENKE

4.2 Zeitlicher Rahmen

Alle »Abenteuer Kultur«-Workshops finden zwischen Anfang Januar und Ende Juli statt. Über einen Zeitraum von sechs bis acht Wochen treffen sich die Teilnehmer mit den Workshopleitern an acht Tagen. Sie arbeiten täglich 7,5 Stunden an ihrem Theaterprojekt. Am achten Tag findet eine Präsentation vor Freunden, Familien und Kollegen statt.

4.3 Workshopleiter

Die »Abenteuer Kultur«-Workshops werden von erfahrenen Theaterschaffenden geleitet. Es handelt sich dabei um Regisseure, Schauspieler und Theaterpädagogen mit hoher künstlerischer, persönlicher und sozialer Kompetenz und einem guten Gespür für die Jugendlichen. Einige Workshopleiter arbeiten im Tandem, andere leiten den Workshop alleine oder suchen sich Unterstützung durch Assistenten.

4.4 Begleitung der Workshops

Die Workshopleiter werden von den Fachverantwortlichen aus dem Bereich Aus- und Weiterbildung bei dm-drogerie markt (dem sogenannten »Abenteuer Kultur«-Team) sorgfältig ausgewählt und für den jeweiligen Workshop beauftragt. Ein Patenteam, bestehend aus den Fachverantwortlichen und externen künstlerischen Beratern, begleitet die Workshops und unterstützt die Künstler in ihrer Arbeit. Die Paten stehen dabei mit den Workshopleitern in engem Austausch, besuchen in der Regel einen Probentag und die Präsentation.

Einmal im Jahr treffen sich alle Workshopleiter zum Erfahrungsaustausch und zur Weiterbildung zu einem zweitägigen sogenannten Künstlertreffen. Die Paten bereiten das Künstlertreffen vor. Die Teilnehmer greifen hier Themen auf, die den Paten bei der Begleitung der »Abenteuer Kultur«-Gruppen aufgefallen sind. Zudem haben die Teilnehmer die Möglichkeit, sich über ihre Erfahrungen mit den Workshops auszutauschen und sich mit der dm-Unternehmenskultur auseinanderzusetzen. Darüber hinaus werden Impulse für die weitere Arbeit gesetzt.

4.5 Spielorte

Die Workshopleiter wählen selbst geeignete Proben- und Aufführungsorte aus. Dies können Theaterräume, Gemeindesäle, Museen, Bibliotheken, Schulen, Turnhallen oder andere Räume sein, die genügend Platz und die geeignete Atmosphäre für die Theaterarbeit bieten und bei der Präsentation ausreichend Raum für die Zuschauer bereithalten.

5. INHALT DER WORKSHOPS

Die inhaltliche Gestaltung der Workshops sowie die Themen- und Textwahl liegen bei den Workshopleitern. dm macht hierbei keine Vorgaben, da gerade diese Freiheit entscheidende Vorraussetzung ist, um künstlerische Prozesse zu ermöglichen.

Je nach Gruppenkonstellation – Gruppengröße, Alter der Lehrlinge und Studenten sowie bisherige Erfahrungen – und den künstlerischen Hintergründen und Vorlieben der Workshopleiter sind ganz unterschiedliche Vorgehensweisen möglich. Manche Workshopleiter gehen mit verschiedenen Themen, von denen die Lehrlinge und Studenten anschließend eines aufgreifen, auf die Reise. Andere begeben sich ganz offen und ohne Vorgaben in den Prozess, wieder andere beginnen die Workshops mit einer Literaturvorlage. Entscheidend dabei ist, dass es den Workshopleitern gelingt, bei den Jugendlichen Begeisterung für eine Geschichte zu wecken, die zu ihrer eigenen werden kann.

Auf diesem Weg entstehen unter anderem Textcollagen aus literarischen und eigenen Texten, Neuinterpretationen von Klassikern oder von modernen Theaterstücken. Einzige Bedingung ist, dass die Jugendlichen sich dabei nicht ausschließlich in »ihrer« Welt und »ihrer« Sprache bewegen, sondern das bereits Bekannte verlassen und mit für sie Neuem und Fremden in Berührung kommen, insbesondere auch in Bezug auf die Sprache und die Ausdrucksmöglichkeiten.

6. PRÄSENTATION

Am achten und letzten Workshoptag findet »Abenteuer Kultur« seinen vorläufigen Höhepunkt in der Präsentation. Zu diesem Anlass laden die Workshopteilnehmer für sie wichtige Menschen aus dem privaten und beruflichen Umfeld ein und zeigen ihr Theaterstück vor Publikum.

Bühnenbild, Kostüme, Maske, Musik und Theatertechnik für die Präsentation werden innerhalb des Workshops erarbeitet und sollten die Darstellung unterstützen, sich dabei aber nicht in den Vordergrund drängen. Zentrum der Aufführung ist stets die Darstellung und der Ausdruck der Teilnehmer. Es geht weniger um die perfekte Performance als vielmehr darum, eine dem achttägigen Probenprozess entsprechende Form zu finden und diese dem Publikum zu zeigen.

Nach der Präsentation findet sich die Gruppe zu einer kurzen Nachbesprechung zusammen, die den offiziellen Abschluss bildet. In dieser Besprechung haben die Lehrlinge die Möglichkeit über das Erlebte zu sprechen. Zudem können Impulse für die Zeit nach dem Workshop gesetzt werden.

7. FINANZIELLE ERMÖGLICHUNG

Alle dm-Märkte entrichten unabhängig von der Anzahl ihrer Lehrlinge einen pauschalen Leistungspreis für die Ausbildung und ermöglichen damit die Finanzierung von »Abenteuer Kultur«.

8. »ABENTEUER KULTUR« IM UNTERNEHMEN

Voraussetzung für das Gelingen des Gesamtprojektes in der Arbeitsgemeinschaft dm-drogerie markt ist, dass die Beteiligten ihre Erfahrungen aus »Abenteuer Kultur« im Arbeitsleben anwenden können. So beginnt ein Prozess, in dem die künstlerischen Fähigkeiten und die wirtschaftlichen Forderungen miteinander ein organisches Ganzes bilden, das allmählich das ganze Unternehmen und alle Führungsebenen einbezieht und »den Unterschied macht«.

»Abenteuer Kultur« hat über die Jahre einen guten Nährboden geschaffen, auf dem die Unternehmenskultur von dm wachsen und gedeihen kann.

ZUR PERSON

Helga Weiß arbeitet seit 1973 bei dm drogerie markt, zunächst in Filialverantwortung, später im Außendienst und anschließend im Bereich Marketing und Beschäftigung. Seit 1999 ist sie Bereichsverantwortliche für Aus- und Weiterbildung bei dm.

Mitautorinnen: Lena Breitfuß, Angelika Dietz, Isabelle Faller

MIKA ROTTENBERG
SQUEEZE

SQUEEZE

Mika Rottenbergs Arbeit »Squeeze« setzt die Beschäftigung der Künstlerin mit wertgenerierenden Mechanismen fort, indem sie die Logistik des globalen Outsourcings und die Alchimie der Kunstproduktion untersucht. Durch moviemagic-Portale verbindet Rottenberg Videos aus ihrer Studio-Bühne in Harlem mit Vor-Ort-Aufnahmen einer Eisbergsalat-Farm in Arizona und einer Gummifabrik in Kerala, Indien. Diese zusammengesetzte Fabrik arbeitet unaufhörlich daran, ein einziges kostbares Objekt, eine kleine Skulptur zu erschaffen. Das Video wird in einem eigens dafür hergerichteten Theater präsentiert. Die Skulptur ist nicht zugänglich – sie bleibt außerhalb der Reichweite einer öffentlichen oder privaten Betrachtung.

»Squeeze« ist ein architektonisches Portrait von kreuz und quer verlaufenden Montagelinien: Ein multidirektionales Labyrinth, das Energie in einem geschlossenen Kreislauf zirkulieren lässt. Der zentrale Protagonist – das Produkt, um das sich die ganze Arbeit dreht, wird nur durch seine Rohstoffe sichtbar. In der kontinuierlichen Video-Schleife wird der Herstellungsprozess nie vollendet und bleibt in ständigem Fluss. Das Video erzählt eine Schritt-für-Schritt-Choreografie der Räume und Mechanismen, Einrichtungen und Landschaften. Arbeitende Hände, Füße, Zungen und Gesäße verlangen Verwöhnung und Pflege, Innenräume werden durch Ausbrüche »fremder Elemente« von außerhalb durchdrungen. Auch wenn diese verschiedenen Komponenten der Fabrik »Mühe machen«, scheint doch alles ausschließlich zum Wohle der Bewegung zu geschehen.

Quelle: Pressemitteilung der Nicole Klagsbrun Gallery
zur Ausstellung 30. Okt. bis 18. Dez. 2010

Abbildung S. 242–243: Mika Rottenberg, »Squeeze«, 2010
Single channel video installation and digital C-print, Duration: 20 min., Dimensions variable, Edition of 6

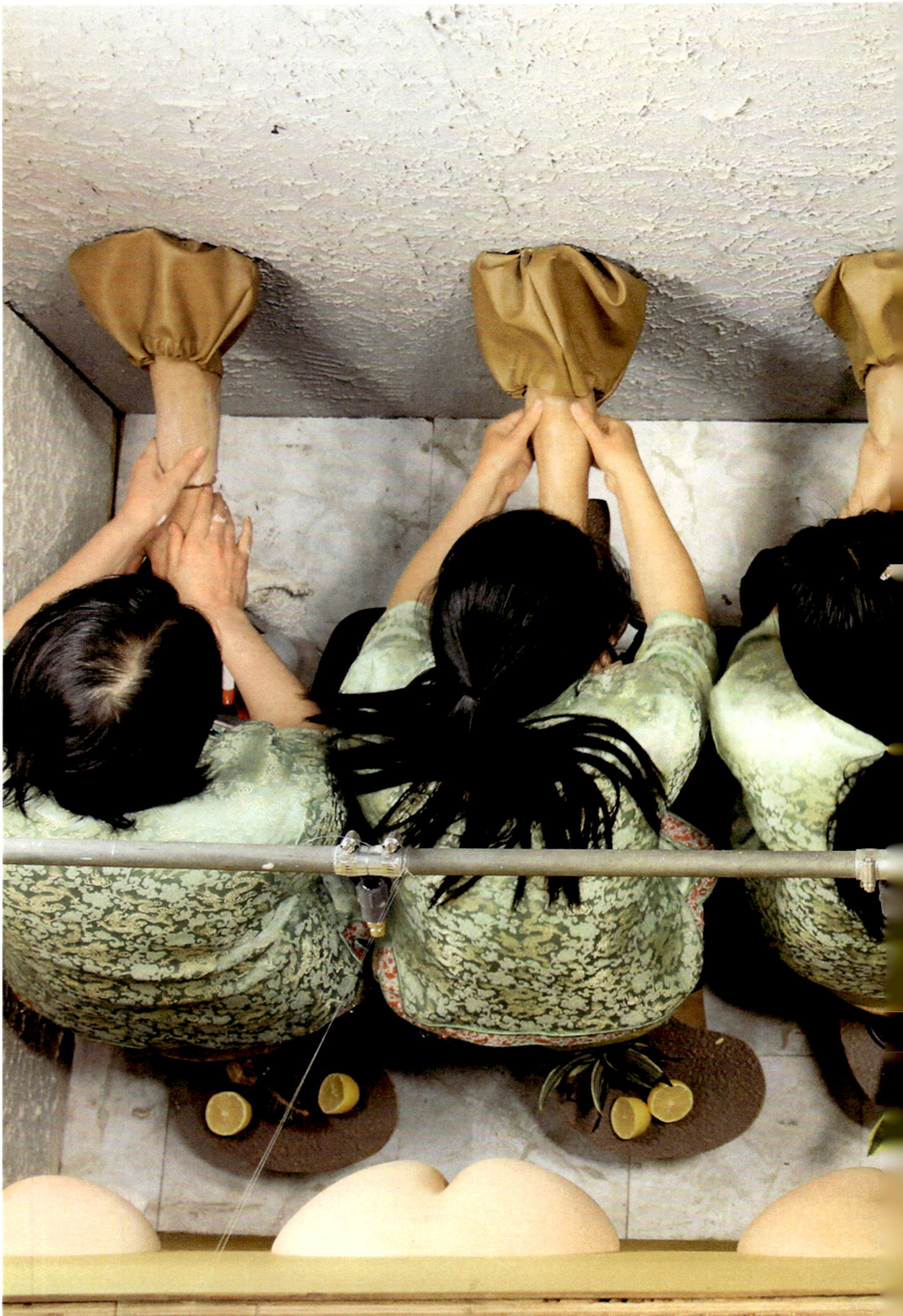

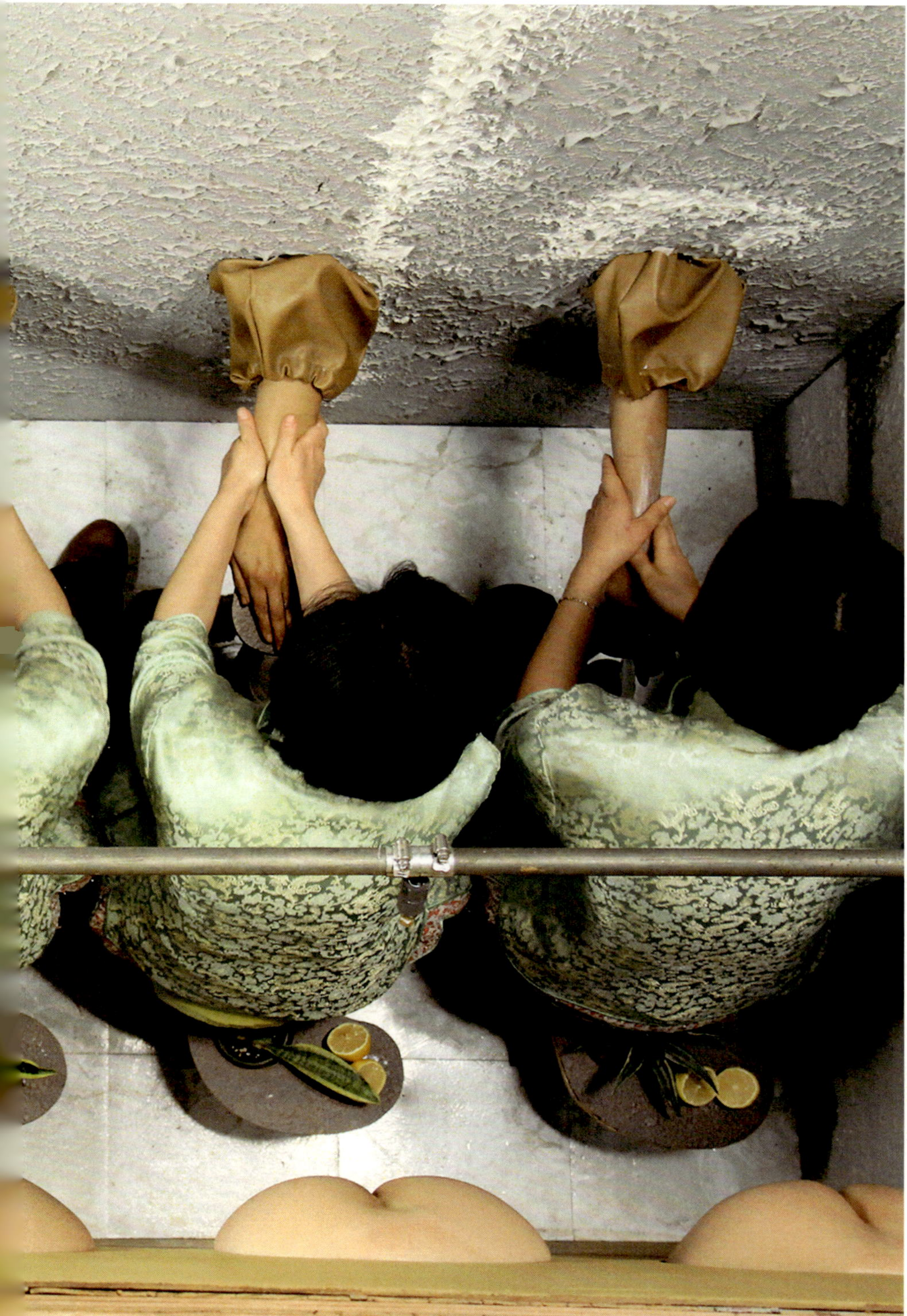

RESOLUTION

Aus dem Diskurs zwischen Kunst, Wissenschaft und Wirtschaft wurden im Verlauf des interdisziplinären Symposiums »Kunst fördert Wirtschaft« am 21. und 22. November 2010 Empfehlungen für eine innovationsfähige Zukunft verfasst:

»Wir fordern, dass non-lineares, künstlerisches Denken und Handeln im Bildungssystem verankert wird, um in die Zukunft wirken zu können. Wir plädieren dafür, über die reine Wissensvermittlung hinauszugehen, offene Systeme zu erproben und überfachliche Kompetenzen auszubilden. Wir begreifen Kunst und Wissenschaft auf Augenhöhe«.

Dies ist zusammengefasst das zentrale Ergebnis der gemeinsamen Resolution von 170 anwesenden Fachleuten aus unterschiedlichsten Disziplinen. Nach Fachvorträgen, Diskussionsrunden und intensiven Gesprächen wurden von den Teilnehmern des Symposiums Forderungen, Empfehlungen und Anregungen verabschiedet, die die Rolle des non-linearen Denkens für eine innovationsfähige Zukunft herausstellen. Die Empfehlungen für Handlungs- und Entscheidungsträger wurden wie folgt formuliert:*

*Die Reihenfolge entspricht der Stimmengewichtung. Es wurden 349 Stimmen abgegeben.

- WIR FORDERN, DASS NON-LINEARES DENKEN IM BILDUNGSSYSTEM VERANKERT WERDEN MUSS, UM IN DIE ZUKUNFT WIRKEN ZU KÖNNEN.

- WIR EMPFEHLEN DIE KULTUR UND VERMITTLUNG DES KÜNSTLERISCHEN DENKENS UND HANDELNS IN AUSSERKÜNSTLERISCHE FELDER.

- WIR REGEN AN, ÜBER DIE REINE WISSENSVER-MITTLUNG HINAUSZUGEHEN, UM PERSÖNLICHE INNOVATIONSKOMPETENZ ZU ENTWICKELN.

- WIR PLÄDIEREN FÜR OFFENE SYSTEME ALS VORAUSSETZUNG FÜR NON-LINEARES DENKEN UND HANDELN. SIE SIND GLEICHERMASSEN DESSEN FOLGE.

- WIR FORDERN DIE AKZEPTANZ VON WISSEN-SCHAFT, KUNST UND WIRTSCHAFT IN GEGENSEITIGER AUGENHÖHE. AKZEPTIEREN HEISST AUCH, VONEINANDER ZU LERNEN.

- WIR FORDERN DIE AUSBILDUNG ÜBERFACH-LICHER, INTERSUBJEKTIVER KOMPETENZEN NEBEN OBJEKTBEZOGENER, FACHLICHER WISSENSVERMITTLUNG.

- WIR EMPFEHLEN DIE FORCIERTE EINRICHTUNG VON ÜBERFACHLICHEN »ERFINDERWERKSTÄTTEN« BUNDESWEIT IN SCHULEN UND UNIVERSITÄTEN.

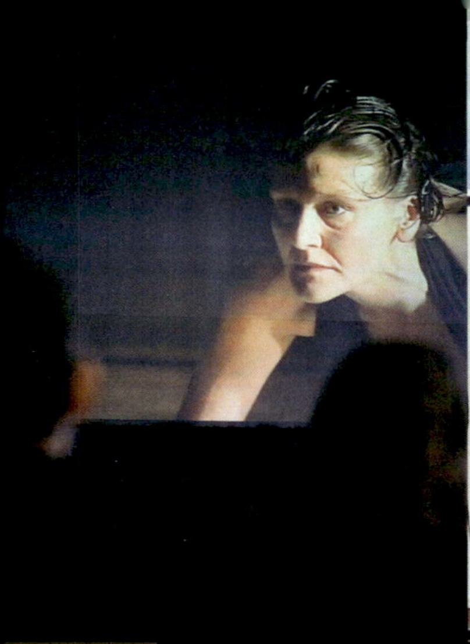
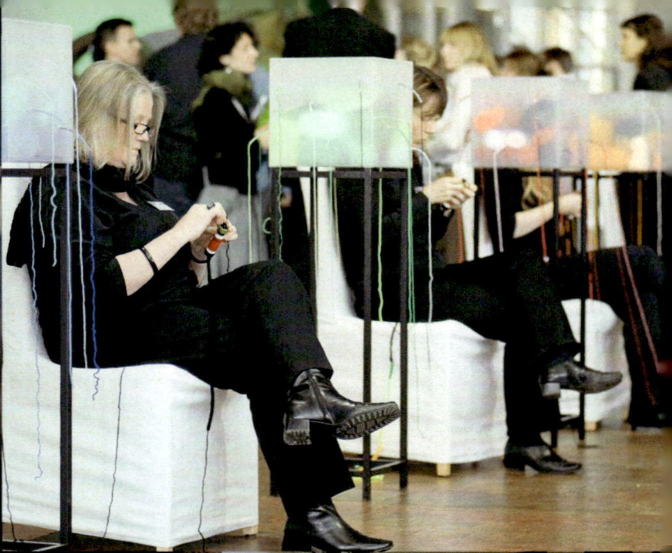
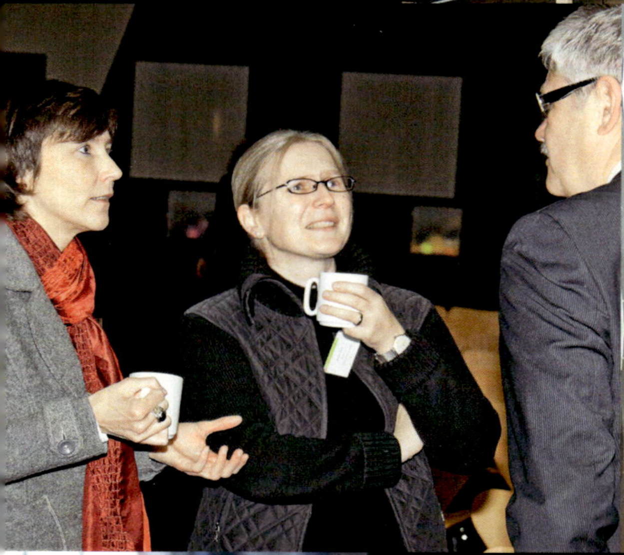
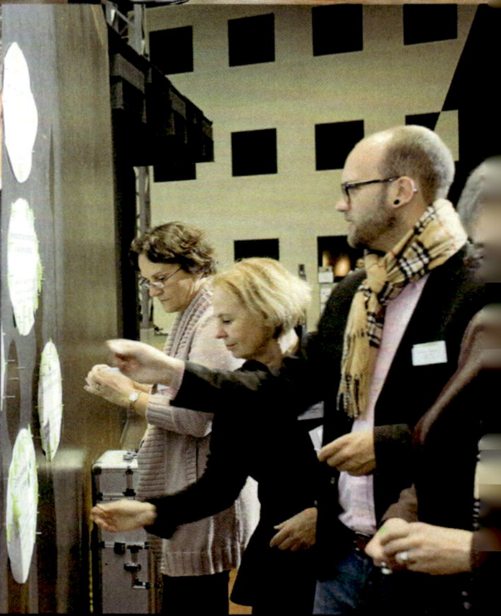
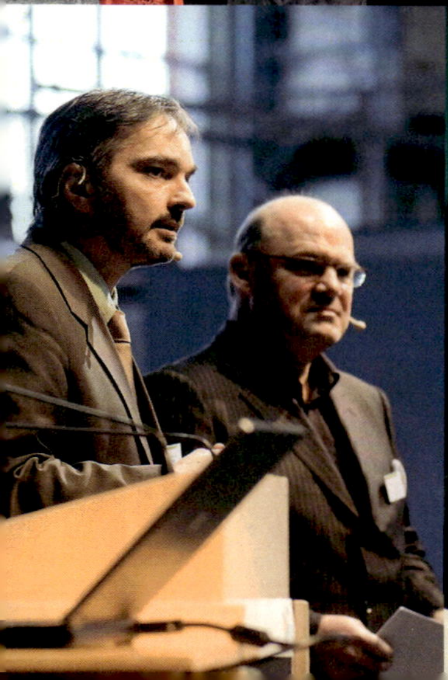
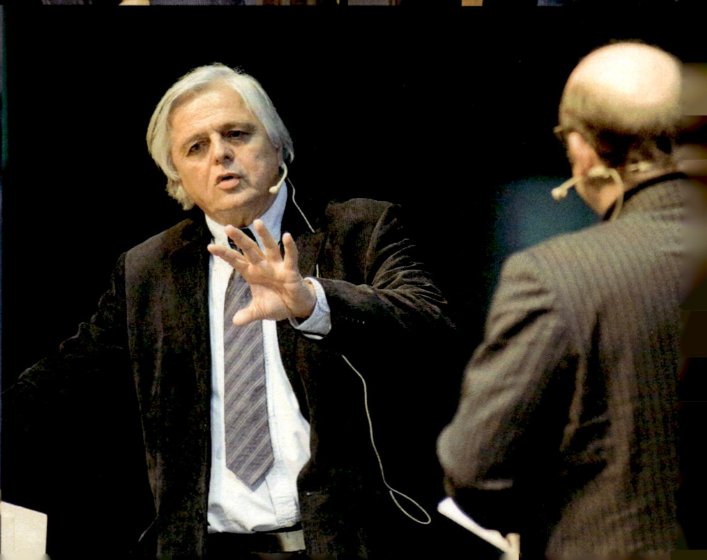

Zentrum für Kunsttransfer
[ID] factory

in der Stahlhalle der DASA

Kunst

Kunst
fördert
Wirtschaft

Kunst
fördert
Wirtschaft

Kunst fördert Wirtschaft

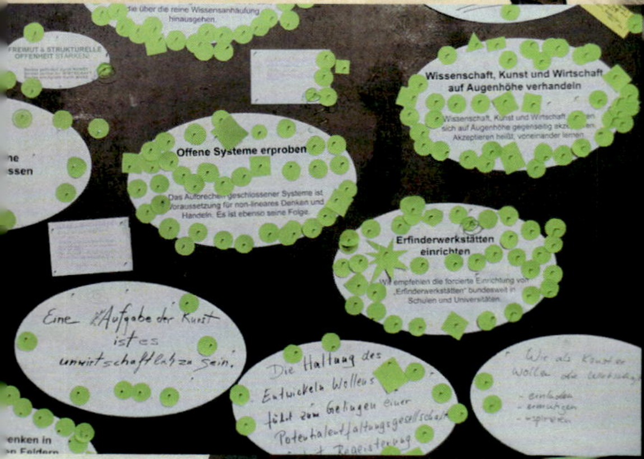
Wissenschaft, Kunst und Wirtschaft auf Augenhöhe verhandeln
Offene Systeme erproben
Erfinderwerkstätten einrichten
Eine Aufgabe der Kunst ist es unwirtschaftlich zu sein.

Prof. Ursula Bertram
Künstlerin, TU Dortmund, Mainz, Quimper/Frankreich

Ursula Bertram ist Künstlerin und Professorin an der TU Dortmund. Ihr Forschungsschwerpunkt ist der Kunsttransfer, präziser der Transfer künstlerischen Denkens in außerkünstlerische Felder wie Wirtschaft und Wissenschaft. Gemeinsam mit dem Büro für Innovationsforschung BfI gründete sie das bundesweite Modellprojekt Zentrum für Kunsttransfer mit der [ID]factory als Lehr- und Entwicklungsraum für non-lineares, künstlerisches Denken.

Sylvia Eckermann
Künstlerin, Wien

Sylvia Eckermann schafft seit 1989 komplexe intermediale Installationen, die der BetrachterIn im realen als auch im virtuellen Raum begegnen können. Ihre Kunstwerke entstehen aus Raumkonzepten, die immersive Erfahrungen vermitteln und Situationen umfassen, in denen die BetrachterIn als AkteurIn in ein aus Bild- und Klangwelten generiertes Environment eintaucht. Sie gehört zu den KünstlerInnen, die sich schon sehr früh mit »Game Engines« beschäftigten (»Game Art-Installationen«). 2012 erhielt sie das »Österreichische Staatsstipendium für Video- und Medienkunst«, ihre audio-visuellen Arbeiten werden auf internationalen Ausstellungen gezeigt (z.B. Helsinki, Wien, London, Graz u.a.).

Eckard Foltin
Innovationsmanager, Bayer MaterialScience, Leverkusen

Eckard Foltin ist Leiter des Creative Centers innerhalb des Bereiches New Business bei der Bayer MaterialScience AG. Das interdisziplinäre Team des Creative Centers entwirft mit den Mitteln der Zukunftsforschung u.a. Szenarien für den Alltag der Zukunft und entwickelt daraus Visionen und Anwendungsideen für das Leben von morgen.

Dr. Simon Grand
Ökonom, Unternehmer und Strategieforscher, Universität St. Gallen und HGK Basel

Simon Grand beschäftigt sich mit unternehmerischen Strategien der Veränderung und Innovation, im Kontext von Wirtschaft, Wissenschaft und Kultur. Er ist Gründer und Akademischer Direktor von RISE Management Research, Universität St. Gallen, Gründer und Partner von TATIN Scoping Complexity, Design- und Kunstforscher an der Hochschule für Gestaltung und Kunst, Basel.

Reinhild Hoffmann
Choreografin und Opernregisseurin, Berlin

Reinhild Hoffmann gehört zu der Pioniergeneration des deutschen Tanztheaters. Ihre Ausbildung erhielt sie bei Kurt Jooss an der Folkwang Hochschule Essen. 1978 gründete sie am Bremer Theater ein eigenes Tanztheaterensemble. Die Stücke, die Reinhild Hoffmann am Bremer Theater (1978–1986) und am Schauspielhaus Bochum (1986–1995) erarbeitete, wurden auf vielen internationalen Gastspielen gezeigt und erhielten zahlreiche Auszeichnungen. Seit 1995 arbeitet sie freischaffend als Choreografin, Tänzerin, und Regisseurin. Der Schwerpunkt ihrer Arbeit hat sich auf Regie im Musiktheater verlagert.

Prof. Dr. Gerald Hüther
Neurobiologe, Universität Göttingen

Gerald Hüther, Leiter der Zentralstelle für Neurobiologische Präventionsforschung, verbindet Erkenntnisse aus dem Bereich der Gehirnforschung mit system- und evolutionstheoretischen Ansätzen. Wie entwickelt sich Innovationskompetenz aus neurologischer Sicht? Wie bedient der Mensch sein Gehirn? Ein besonderer Schwerpunkt liegt in der Zusammenführung natur- und geisteswissenschaftlicher Ansätze und in der Zurückgewinnung einer Einheit im Denken, Fühlen und Handeln des Menschen.

Prof. Jean-Baptiste Joly
Akademie Schloss Solitude, Stuttgart

Jean-Baptiste Joly ist seit 1989 Vorstand der Stiftung Akademie Schloss Solitude in Stuttgart sowie Gründungsdirektor und künstlerischer Leiter der Akademie. Weiterhin lehrt er als Honorarprofessor im Fachbereich Theorie und Geschichte an der Kunsthochschule Weißensee, Hochschule für Gestaltung, Berlin. Zuvor war er von 1983 bis 1988 Direktor des Institut Français de Stuttgart. Joly engagiert sich als Vorstands-, Kuratoriums- und Stiftungsratsmitglied in diversen kulturellen Stiftungen. Außerdem ist er Mitglied des Deutsch-Französischen Kulturrats sowie im Beirat von Transcultural Exchange Boston.

Prof. Dr. Gerhard Kilger
Physiker, Philosoph, Leiter der DASA, Dortmund

Gerhard Kilger hat in den Jahren 1975 bis 1980 als einer der ersten Experten für Mikrominiaturisierung auf internationaler Ebene an der Erarbeitung der physikalischen Grundlagen für spätere Chipherstellung mitgewirkt und dabei an internationalen Kongressen und Kooperationen mitgearbeitet. Als Leiter der Deutschen Arbeitsschutzausstellung DASA, einem der größten und modernsten Technikmuseen Deutschlands, setzte er wegweisende, innovative Impulse für szenische Ausstellungskonzepte und -choreografien.

Thomas Koch
Journalist, Mainz

Thomas Friedrich Koch leitet seit 2003 die SWR Landeskulturredaktion Rheinland-Pfalz in Mainz nach Stationen beim NDR, WDR sowie den ORF in Wien. Für den SWR konzipierte er mehrere Veranstaltungsreihen, die er auch selbst moderiert. Seine Schwerpunkte sind Kultur- und Gesellschaftspolitik sowie das politische Kabarett. Seit 2011 hat er einen Lehrauftrag an der TU Kaiserslautern.

Gerald Nestler
Künstler, Wien

Gerald Nestler beschäftigt sich mit dem Einfluss globaler ökonomischer Entwicklungen auf Individuen und Gesellschaft. Er studierte an der Akademie der bildenden Künste, betrieb später als Broker und Trader Feldforschung innerhalb des Finanzsystems und erhielt 2003 das »Österreichische Staatsstipendium für bildende Kunst«. 2010 war er Mitherausgeber der Bände 200 und 201 des Kunstmagazins Kunstforum International zum Thema »Kunst und Wirtschaft« (mit Dieter Buchhart). Nestler ist practice-based PhD candidate am Centre for Research Architecture, Goldsmiths, University of London und erhielt 2010 die »Department of Visual Cultures Research Bursary«.

Prof. Dr. Julian Nida-Rümelin
Philosoph, Staatsminister a.D. für Kultur u. Medien, LMU München

Julian Nida-Rümelin hat Philosophie, Physik, Mathematik und Politikwissenschaft studiert. Nach Promotion und Habilitation lehrte er Philosophie in München, Minneapolis (USA), Tübingen, Göttingen, Brügge (Belgien), Berlin, St. Gallen (Schweiz) und seit April 2004 wieder in München. Von 2001 bis 2002 war er als Kulturstaatsminister Mitglied der Bundesregierung. Ein besonderer Schwerpunkt seiner Lehr- und Forschungstätigkeit liegt im Grenzbereich von Ökonomie und Philosophie.

Dr.-Ing. Werner Preißing
Unternehmer, Architekt, BfI Mainz, Stuttgart

Werner Preißing, Architekt, Systemanalytiker und Autor, gilt als Vordenker für Neuronales Management und Visual Thinking. 2003 gründet er den Studiengang Architekturmanagement an der Steinbeis-Hochschule Berlin. Er ist Mitbegründer des Zentrums für Kunsttransfer an der TU Dortmund, Vorstand der Dr.-Ing. Preißing AG und des BfI, Büro für Innovationsforschung, Mainz.

Albert Schmitt
Musiker, Managing Director, Deutsche Kammerphilharmonie Bremen

Albert Schmitt ist seit 1999 als Managing Director, zusammen mit Jean-Claude Leclère, maßgeblich für die strategische Neuausrichtung und den Umbau des Orchesters zum Unternehmen verantwortlich und führte es in die Weltspitze. Das innovative Konzept wurde seit 2006 mit diversen Preisen ausgezeichnet, u.a. mit dem »Zukunftsaward« für die »beste soziale Innovation«, Sonderpreis des »Deutschen Gründerpreises«, Sonderpreis »INVENTIO 2008«.

Prof. Dr. Metin Tolan
Physiker, TU Dortmund

Metin Tolan, seit 2008 Prorektor für Forschung an der TU Dortmund, ist Vorsitzender des Wissenschaftlichen Rats von DESY in Hamburg. Er ist Vorstandsmitglied der Deutschen Physikalischen Gesellschaft (DPG) sowie seit 2003 ord. Mitglied der Nordrhein-Westfälischen Akademie der Wissenschaften. Seine unkonventionellen Publikationen weisen ihn als non-linearen Denker aus.

Prof. Timm Ulrichs
Künstler, Hannover, Münster, Berlin

Wortwitz, Humor und Ironie prägen das geistreiche Werk von Timm Ulrichs, das in der Tradition von Marcel Duchamp und dem Dadaismus gesehen wird. Der Documenta-Teilnehmer bezeichnet sich selbst als »Totalkünstler« und überschreitet mit seinen Arbeiten gerne die Grenzen gesellschaftlicher und ästhetischer Konventionen. Seine Arbeit wurde kürzlich mit dem bundesweit größten Kunst-am-Bau-Preis, dem »mfi-Preis«, ausgezeichnet.

Prof. Peter Weibel
ZKM, Zentrum für Kunst und Medientechnologie, Karlsruhe

Peter Weibel studierte Literatur, Medizin, Logik, Philosophie und Film in Paris und Wien. Durch seine vielfältigen Aktivitäten wurde er eine zentrale Figur in der europäischen Medienkunst. Seit 1999 ist er Vorstand des ZKM|Zentrum für Kunst und Medientechnologie Karlsruhe. Er erhielt Professuren an renommierten Universitäten im In- und Ausland und leitete wichtige Institutionen wie das Institut für Neue Medien an der Städelschule in Frankfurt und die Ars Electronica in Linz. Für seine Arbeit wurde er mit vielen hochrangigen Preisen und Ehrungen ausgezeichnet, u.a. mit dem »Österreichischen Ehrenkreuz für Wissenschaft und Kunst 1. Klasse«. 2011 ist er künstlerischer Direktor der 4. Moskau Biennale für zeitgenössische Kunst.

Die Informationen zu Werk und Vita der bildenden Künstler **Francis Alÿs**, **Maria Eichhorn**, **Erwin Wurm**, **Thomas Locher**, **Santiago Sierra**, **Andreas Gursky** und **Mika Rottenberg** sind direkt mit der Abbildung im Buch verbunden.

BILDNACHWEISE

BILDNACHWEISE

S. 7: Symposiumsteilnehmerin, Foto: Mark Wohlrab
S. 8 links: Prof. Dr. Ursula Gather, Rektorin der Technischen Universität Dortmund, Foto: Mark Wohlrab
S. 8 rechts: Prof. Dr. Oliver Scheytt, Geschäftsführer der RUHR.2010 GmbH, Foto: Mark Wohlrab
S. 18–19: Symposiumsansicht, Foto: Mark Wohlrab
S. 20: Prof. Ursula Bertram, Foto: Mark Wohlrab
S. 30–31: Francis Alÿs, »When Faith Moves Mountains«, in collaboration with Cuauthemoc Medina and Raffael Ortega, Photographic documentation of an event, Lima, Peru, April 11th, 2002, Courtesy the artist and Galerie Peter Kilchmann, Zürich
S. 32: Prof. Ursula Bertram, Foto: Mark Wohlrab
S. 41: Ursus Wehrli: »Beethovens ›für Elise‹ aufräumen«, aus: ders., »Noch mehr Kunst aufräumen«, Zürich: Kein & Aber 2004, S. 40/41
S. 42: Werner Preißing, »Geschlossene und offene Systeme«, Zeichnung, aus: Werner Preißing: Visual Thinking, Freiburg: Haufe 2008, S. 130
S. 51: Maria Eichhorn, »Aktiengesellschaft«, Detail: Präsentation Maria Eichhorn Aktiengesellschaft, 50.000 Euro in 500er Banknoten, Safe, Fridericianum Kassel, Documenta11, Kassel 2002, Van Abbemuseum, Eindhoven (Sammlung), Foto: Werner Maschmann, © Maria Eichhorn und VG Bild-Kunst, Bonn, 2012
S. 53: Maria Eichhorn, »Aktiengesellschaft«, Detail: Präsentation Maria Eichhorn Aktiengesellschaft von 2007 bis 2010, Documenta11, Kassel 2002, Van Abbemuseum, Eindhoven (Sammlung), Foto: Peter Cox, © Maria Eichhorn und VG Bild-Kunst, Bonn, 2012
S. 54: Prof. Dr. Gerhard Kilger, Foto: Mark Wohlrab
S. 55: Arnaud Malon, »Der B 612 Asteroid«, Foto: Arnaud Malon, Paris
S. 57 links: Elementarraum »geistige Kompetenz«, DASA-Ausstellung »Arbeitswelt«, 2000, Foto: Uwe Völkner
S. 57 rechts: Formendes Gestalten (Lehm), Foto: Uwe Völkner
S. 58: Erfahrung der Elektrizität, DASA-Ausstellung 2010, Foto: Harald Hoffmann
S. 59 oben: Wolfgang Bier, »Sturz«, begehbare Plastik, 1993, Foto: DASA
S. 59 unten: Historische Verortung von Potentialen, Foto: DASA
S. 62: ICL Stuhl, DASA-Ausstellung, Foto: Uwe Völkner
S. 63: Blick in den DASA-Zeitraum, Raumkonzept: M. Bradke, Raumgestaltung: Atelier Wobser, Foto: Harald Hoffmann
S. 64 unten links: Erika Wobser, Wertepyramide zur Ideenfindung
S. 64 unten rechts: Erika Wobser, Vermittlungspyramide zur Ideenfindung
S. 65: Macht Musik in der DASA, Ausstellungsansicht, DASA-Ausstellung »Arbeitswelt«, Foto: Harald Hoffmann
S. 66: informal learning, Foto: Harald Hoffmann
S. 67: Eberhard Linke, »Legionär«, Foto: Eberhard Linke
S. 70: Albert Schmitt, Foto: Mark Wohlrab
S. 80: Prof. Timm Ulrichs, Foto: Ansgar Schnurr
S. 82–85: Prof. Timm Ulrichs, »Wolf im Schafspelz – Schaf im Wolfspelz. Ein Verwandlungskunststück«, 2005/10, Foto: Berenika Oblonczyk, LWL-Museum für Naturkunde, Münster, © VG Bild-Kunst, Bonn 2011
S. 86: Dr. Simon Grand, Foto: Xandra Linsin
S. 104: Prof. Dr. Metin Tolan, Foto: Mark Wohlrab
S. 105: Darstellung der unterschiedlichen Bewegungs- und Kraftrichtungen beim Sprung von der Klippe.
S. 107: Versuch zum Unabhängigkeitsprinzip für Bewegungen.
S. 109: Berechnete Flugbahn von James Bond und dem Flugzeug nach Verlassen der Klippe.
S. 111: Berechnete Entfernung von der Klippe.
S. 116–117: Erwin Wurm, »Carrying Edelbert Köb«, Serie: »Don´t trust your Curator (Be nice to your curator)«, C-print, 115 x 140 cm, 2006, Foto: Studio Wurm, © VG Bild-Kunst, Bonn, 2011, Courtesy Gallery Thaddeus Ropac, Paris, France

BILDNACHWEISE

S. 118: Prof. Peter Weibel, Foto: ONUK
S. 126: Reinhild Hoffmann, Foto: Mark Wohlrab
S. 128–129, 130–131: Reinhild Hoffmann, »Vier«, 1992, Foto: Klaus Lefebvre
S. 132–133, 134–135: Reinhild Hoffmann, »Bretter«, 1980, Foto: Klaus Lefebvre
S. 136–137, 138–139: Reinhild Hoffmann, »Solo mit Sofa«, 1977, Foto: Klaus Lefebvre, Silvia Lelli
S. 140: Prof. Dr. Gerald Hüther, Foto: Mark Wohlrab
S. 148: Sylvia Eckermann / Gerald Nestler, Foto: Ronald Kodritsch, Courtesy by the artists
S. 154-155: Sylvia Eckermann / Gerald Nestler, »The Trend Is Your Friend!«, 2009, mit freundlicher Genehmigung der Künstler
S. 159: Sylvia Eckermann / Gerald Nestler, »The Trend Is Your Friend!«, TIYF_installationsansicht01, 2009, mit freundlicher Genehmigung der Künstler
S. 160: Eckard Foltin, Foto: Mark Wohlrab
S. 161: Die globalen Megatrends, Foto: Eckard Foltin
S. 162: »future_bizz«-community, Foto: Eckard Foltin
S. 163 oben: Prozessschritt der »future_bizz«-Projekte, Foto: Eckard Foltin
S. 163 unten: »Connect-Creativity«-Arbeitsgruppen, Foto: Eckard Foltin
S. 164: Beispiel Zielgruppen, Fotos: Eckard Foltin
S. 165: Der Veranstaltungsort [ID]factory an der Technischen Universität Dortmund, Foto: Karl-Georg Degenhardt
S. 166–168: Eindrücke aus der Projektarbeit, Fotos: Karl-Georg Degenhardt
S. 169 oben: ein Projektteam, Foto: Karl-Georg Degenhardt
S. 169 unten: Eindrücke aus der Projektarbeit, Fotos: Karl-Georg Degenhardt
S. 170: Innovationen von morgen, Foto: Eckard Foltin
S. 171: FotoConnect creativity: Projektziele und -ergebnisse, Foto: Eckard Foltin
S. 175: Thomas Locher, »EXZERPT AUS DEM EXZERPT #8«, 51 x 41 x 3 cm, 2006, Ausstellungsansicht, Georg Kargl Fine Arts, Vienna, © VG Bild-Kunst, Bonn, 2011, mit freundlicher Genehmigung des Künstlers
S. 176–177: Thomas Locher, »# 12«, 156 x 180 cm [157,2 x 181,2 x 4 cm], Holz, Acrylfarbe, Aluminium, Galerie Charim Ungar Contemporary in Berlin, 2008, © VG Bild-Kunst, Bonn, 2011, mit freundlicher Genehmigung des Künstlers
S. 176–177: Thomas Locher, »# 11«, 156 x 180 cm [157,2 x 181,2 x 4 cm], Holz, Acrylfarbe, Aluminium, Galerie Charim Ungar Contemporary in Berlin, 2008, © VG Bild-Kunst, Bonn, 2011, mit freundlicher Genehmigung des Künstlers
S. 178: Prof. Jean-Baptiste Joly, Foto: Oliver Menanteau
S. 186: Himbeeren, Quelle: fotolia
S. 188: Dr.-Ing. Werner Preißing, Foto: Mark Wohlrab
S. 190 oben: Höhlenmalerei, Lascaux, Frankreich, Quelle: Wikipedia
S. 190 unten links: Tibetan Medical Thangka of the four Medical Tantras Cai Jingfeng, July 1987, Lhasa, Published by Tibet Peoples Publishing house, First edition and print 1994.8, ISBN 7-223-00217-4 / R.8
S. 190 unten rechts: Tibetan Medical Thangka of the four Medical Tantras Cai Jingfeng, July 1987, Lhasa, Published by Tibet Peoples Publishing house, First edition and print 1994.8, Detail
S. 191 oben: Verzierter Steinblock (Türstein). Hügelgrab, Newgrange, Irland, Quelle: Wikipedia
S. 191 Mitte: Mindmap
S. 191 unten: Diverse Chartdarstelllungen
S. 192: Joseph Beuys, Tafelbild, Zeichnungen . Skulpturen . Objekte, Edition Achenbach, 1988
S. 193: Rudolf Steiner, Wandtafelzeichnungen 1919–1924, Hrsg. Walter Kugler, Kunsthaus Zürich, 21. Mai – 1. Aug. 1999, Dumont
S. 195: Eindeutigkeit bildhafter Darstellungen, Skizze: Werner Preißing
S. 196: Kunst fördert Wirtschaft, Skizze: Werner Preißing

S. 197 oben: System mit seinen Elementen in einem abgegrenzten Gebiet, Skizze: Werner Preißing
S. 197 unten: Sichtweise, Skizze: Werner Preißing
S. 198: Denkskizze zur Vortragsvorbereitung, Skizze: Werner Preißing
S. 199 oben: Denkskizze zum »Visual Thinking«, Skizze: Werner Preißing
S. 199 unten: Vereinfachte Denkskizze, Skizze: Werner Preißing
S. 200 oben: Lineare Betrachtung von Status zum Ziel, Skizze: Werner Preißing
S. 200 unten: Non-lineare Betrachtung, Skizze: Werner Preißing
S. 201 oben: Non-lineare Betrachtung + Ideenebene, Skizze: Werner Preißing
S. 201 unten: Organisation Hierarchie, Skizze: Werner Preißing
S. 202 oben: Organisation Hierarchie – Netz, Skizze: Werner Preißing
S. 202 Mitte: Einfache Spindelstruktur: funktionale Organisation, Skizze: Werner Preißing
S. 202 unten: Komplexe Spindelstruktur: Organisation eines Unternehmens in der Baubranche, Skizze: Werner Preißing
S. 203: OPO, Skizze: Werner Preißing
S. 204–205: Skizzen: Werner Preißing
S. 206: Spickzettel, Skizze: Werner Preißing
S. 207: Werkzeugkasten Visual Thinking, Skizze: Werner Preißing
S. 208: Reflexion, Skizze: Werner Preißing
S. 212–213: Santiago Sierra, »250 cm line tattooed on six paid people«, Espacio Aglutinador, Havana, Kuba, Dezember 1999, Photographic documentation of the event, Courtesy of the artist and Galerie Peter Kilchmann, Zürich, © VG Bild-Kunst, Bonn, 2011, mit freundlicher Genehmigung des Künstlers
S. 214: Prof. Dr. Julian Nida-Rümelin, Foto: Mark Wohlrab
S. 226–227: Andreas Gursky, »Chicago Board of Trade II«, C-Print, 205 x 335 x 6,2 cm (gerahmt), 1999, © Andreas Gursky / VG Bild-Kunst, Bonn, 2011, Courtesy Sprüth Magers, Berlin, London
S. 229: Podiumsdiskussion während des Symposiums, Foto: Mark Wohlrab
S. 235–239: Fotos: Andrea Fabry
S. 242–243: Mika Rottenberg, »Squeeze«, Single channel video installation and digital C-print, Duration: 20 min., Dimensions variable, Edition of 6, 2010, © Nicole Klagsbrun Gallery, Courtesy of Nicole Klagsbrun Gallery
S. 246–251: Impressionen vom Symposium, Fotos: Mark Wohlrab und Andreas Wahlbrink

IMPRESSUM

Herausgeberin: Ursula Bertram
Redaktion: Ursula Bertram, Brigitte Hitschler
Grafik und Satz: Frank Georgy, kopfsprung.de
Korrektorat: Tanja Jentsch
Druck: Majuskel Medienproduktion GmbH, Wetzlar

Abbildung Umschlag: Werk: Alischa Leutner, Foto: Mark Wohlrab

ISBN 978-3-8376-2102-0

Dortmunder Schriften zur Kunst | Kunsttransfer, Band 2

Publikation im Anschluss an das Symposium »Kunst fördert Wirtschaft« vom 21. und 22. November 2010, veranstaltet von der Technischen Universität Dortmund / [ID]factory, dem BfI Büro für Innovationsforschung Mainz, in Kooperation mit der DASA Arbeitswelt Ausstellung, Dortmund

Die Verwertung der Texte und Bilder ist ohne Zustimmung des Verlages urheberrechtswidrig und strafbar. Das gilt auch für Vervielfältigungen, Übersetzungen, Mikroverfilmungen und für die Verarbeitung mit elektronischen Systemen.

Bibliografische Informationen der Deutschen Bibliothek
Die Deutsche Bibliothek verzeichnet diese Publikation in der deutschen Nationalbibliographie; detaillierte bibliografische Daten sind im Internet über <http://dnb.ddb.de> abrufbar.

© 2012 transcript Verlag, Bielefeld

Deutschland Land der Ideen
Ausgewählter Ort 2012

Im Wettbewerb »Deutschland – Land der Ideen« wurde das Zentrum für Kunsttransfer/[ID]factory für seine innovativen Projekte als ausgewählter Ort 2012 ausgezeichnet.

Zentrum für Kunsttransfer
[ID] factory

technische universität dortmund

:Dasa
Arbeitswelt Ausstellung

Image

Katja Hoffmann
Ausstellungen als Wissensordnungen
Zur Transformation des Kunstbegriffs
auf der Documenta 11

Dezember 2012, ca. 496 Seiten, kart.,
zahlr. z.T. farb. Abb., ca. 39,80 €,
ISBN 978-3-8376-2020-7

Lill-Ann Körber
Badende Männer
Der nackte männliche Körper
in der skandinavischen Malerei
und Fotografie
des frühen 20. Jahrhunderts

November 2012, 280 Seiten, kart., zahlr. Abb., 31,80 €,
ISBN 978-3-8376-2093-1

Annette Jael Lehmann
Environments: Künste – Medien – Umwelt
Facetten der künstlerischen Auseinandersetzung
mit Landschaft und Natur

November 2012, ca. 250 Seiten, kart., zahlr. Abb., ca. 28,80 €,
ISBN 978-3-8376-1633-0

**Leseproben, weitere Informationen und Bestellmöglichkeiten
finden Sie unter www.transcript-verlag.de**

Image

Thomas Abel, Martin Roman Deppner (Hg.)
Undisziplinierte Bilder
Fotografie als dialogische Struktur

November 2012, ca. 280 Seiten, kart.,
zahlr. z.T. farb. Abb., ca. 29,80 €,
ISBN 978-3-8376-1491-6

Ulrich Blanché
Konsumkunst
Kultur und Kommerz
bei Banksy und Damien Hirst

Oktober 2012, ca. 372 Seiten, kart., zahlr. Abb., 32,80 €,
ISBN 978-3-8376-2139-6

Lilian Haberer, Annette Urban (Hg.)
Bildprojektionen
Filmisch-fotografische Dispositive
in Kunst und Architektur

April 2013, ca. 220 Seiten, kart., zahlr. Abb., ca. 26,80 €,
ISBN 978-3-8376-1711-5

Leseproben, weitere Informationen und Bestellmöglichkeiten
finden Sie unter www.transcript-verlag.de